全球视域下的教师教育政策与研究

［英］黛安娜·迈耶（Diane Mayer）/主编
姚锐/译
杨婕/审校

中国·武汉

First published in English under the title Teacher Education Policy and Research: Global Perspectives

edited by Diane Mayer, edition: 1

Copyright © The Editor(s) (if applicable) and The Author(s), under exclusive license to Springer Nature Singapore Pte Ltd., 2021

This edition has been translated and published under licence from Springer Nature Singapore Pte Ltd..

Springer Nature Singapore Pte Ltd. takes no responsibility and shall not be made liable for the accuracy of the translation.

图书在版编目(CIP)数据

全球视域下的教师教育政策与研究 /（英）黛安娜·迈耶（Diane Mayer）主编；姚锐译. 武汉：华中科技大学出版社，2025.6. -- ISBN 978-7-5772-1672-0
Ⅰ. G659.1

中国国家版本馆 CIP 数据核字第 2025FT8871 号
湖北省版权局著作权合同登记 图字：17-2025-003 号

全球视域下的教师教育政策与研究　　　　　　　　　　　　　　　［英］黛安娜·迈耶　主编
QUANQIU SHIYU XIA DE JIAOSHI JIAOYU ZHENGCE YU YANJIU　　姚　锐　译
　　　　　　　　　　　　　　　　　　　　　　　　　　　　　　杨　婕　审校

策划编辑：杨玉斌	责任编辑：严心彤
封面设计：金　金	责任校对：林宇婕
责任监印：朱　玢	

出版发行：华中科技大学出版社（中国·武汉）　　电话：(027)81321913
　　　　　武汉市东湖新技术开发区华工科技园　　邮编：430223

录　　排：华中科技大学惠友文印中心
印　　刷：湖北金港彩印有限公司
开　　本：710mm×1000mm　1/16
印　　张：15.75
字　　数：272千字
版　　次：2025年6月第1版第1次印刷
定　　价：68.00元

本书若有印装质量问题，请向出版社营销中心调换
全国免费服务热线：400-6679-118　竭诚为您服务
版权所有　侵权必究

主编和参编

主编

黛安娜·迈耶(Diane Mayer)是英国牛津大学教师教育学教授、哈里斯·曼彻斯特学院(Harris Manchester College,HMC)教授级研究员。她的研究和学术成果主要集中在教师教育和教师早期教学生涯研究,以及与教师工作和教师教育的政策和实践相关的问题。

参编

保罗·亚当斯(Paul Adams):英国思克莱德大学(University of Strathclyde)

史蒂文·布鲁尼尔(Steven Bruneel):比利时鲁汶大学(University of Leuven)

凯瑟琳·伯恩(Katharine Burn):英国牛津大学(University of Oxford)

马克·卡弗(Mark Carver):英国思克莱德大学(University of Strathclyde)

郑美红(May M. H. Cheng):中国香港教育大学(The Education University of Hong Kong)

安·蔡尔兹(Ann Childs):英国牛津大学(University of Oxford)

洛尔·克里斯蒂安斯(Lore Christiaens):比利时鲁汶大学(University of Leuven)

琳达·克拉克(Linda Clarke):英国阿尔斯特大学(Ulster University)

韦恩·科顿(Wayne Cotton):澳大利亚悉尼大学(University of Sydney)

菲奥娜·埃尔(Fiona Ell):新西兰奥克兰大学(University of Auckland)

玛丽亚·阿松桑·弗洛里斯(Maria Assunção Flores):葡萄牙米尼奥大学(University of Minho)

约翰·弗朗(John Furlong):英国牛津大学(University of Oxford)

葛文林(A. Lin Goodwin):中国香港大学(The University of Hong Kong)

珍妮弗·戈尔(Jennifer Gore):澳大利亚纽卡斯尔大学(University of

Newcastle)

杰里米·格里菲思(Jeremy Griffiths):英国班戈大学(Bangor University)

塞西莉亚·汉尼根-戴维斯(Cecilia Hannigan-Davies):英国卡迪夫城市大学(Cardiff Metropolitan University)

阿尔玛·哈里斯(Alma Harris):英国斯旺西大学(Swansea University)

尤卡·胡苏(Jukka Husu):芬兰图尔库大学(University of Turku)

米歇尔·琼斯(Michelle Jones):英国斯旺西大学(Swansea University)

艾琳·肯尼迪(Aileen Kennedy):英国思克莱德大学(University of Strathclyde)

黛安娜·迈耶:英国牛津大学(University of Oxford)

保罗·麦克弗林(Paul McFlynn):英国阿尔斯特大学(Ulster University)

波利安·C.梅杰(Paulien C. Meijer):荷兰奈梅亨大学(Radboud University)

妮科尔·莫克勒(Nicole Mockler):澳大利亚悉尼大学(University of Sydney)

吉尔·D.莫里斯(Jill D. Morris):加拿大不列颠哥伦比亚大学(University of British Columbia)

特雷弗·马顿(Trevor Mutton):英国牛津大学(University of Oxford)

安妮·M.费伦(Anne M. Phelan):加拿大不列颠哥伦比亚大学(University of British Columbia)

艾莉森·辛普森(Alyson Simpson):澳大利亚悉尼大学(University of Sydney)

邓怡勋(Sylvia Y. F. Tang):中国香港教育大学(The Education University of Hong Kong)

玛丽亚·特蕾莎·塔托(Maria Teresa Tatto):美国亚利桑那州立大学(Arizona State University)

伊恩·汤普森(Ian Thompson):英国牛津大学(University of Oxford)

奥利·托姆(Auli Toom):芬兰赫尔辛基大学(University of Helsinki)

埃利纳·瓦纳什(Eline Vanassche):比利时鲁汶大学(University of Leuven)

译者序

教育之根本在于教师，教师教育的重要性不言而喻。在全球范围内，教师教育已成为各国极为重视并广泛实施改革的政策议题。2019年，来自多个国家或地区的教师教育研究领军人物共同创立了"全球教师教育联盟"，旨在深入探究这些国家或地区的教师教育政策与研究现状。这一联盟的成立，标志着教师教育政策研究领域全球合作的新典范，为不同政治和文化背景下的对话与交流开辟了广阔空间。

《全球视域下的教师教育政策与研究》作为全球教师教育联盟的首部著作，汇聚了来自13个国家或地区的学者智慧，生动展现了亚太、欧洲和北美等地区在经济、政治和文化多样性背景下教师教育政策与研究的最新动态。本书从多角度总结了13个国家或地区教师教育改革的经验与教训，深刻揭示了在全球化与本土化两大张力下教师教育政策制定与教育研究的互动关系，充分彰显了教育政策研究的重要价值，堪称本世纪以来的教师教育政策研究领域的里程碑之作。

现今世界，尽管某些国家出现孤立主义思潮，掀起反全球化的逆流，但全球化视野对教育政策与改革的影响仍是一个具有战略意义的议题。为了在全球化背景下推动中国教育的更好发展，中国始终需要加强与国际学术界的联系，积极融入并影响全球化进程，深度融入日益互联互通的世界。译者希望通过翻译本书，为这一进程贡献一份力量。

本书对我国教育界同行具有重要的现实借鉴和启发意义。强国必先强教，强教必先强师。教师是立教之本、兴教之源，是教育事业发展的第一资源。当前，我国正处于加快推进教育现代化、建设教育强国的关键时期，发展教育必须首先解决教师队伍问题，因此建设高素质、专业化的教师队伍已成为当务之急。教师教育作为教师队伍建设的前提和基础，其高质量发展的重要性前所未有。

本书通过深入分析一些国家或地区教师教育改革案例，揭示教师教育面临的共性问题，例如如何吸引更多优秀人才参与教师教育项目，如何加强质量保障，怎样将国际经验与本土需求相结合等。可以预见，本书将为我国教师教育政策研究与实践提供宝贵的国际经验，对教育行政部门、师范院校、教师发展机构及研究人员具有重要的借鉴作用。

翻译本书是一项艰巨的任务，幸得各方鼎力支持。海南大学外语学院副院长杨婕教授对全书进行了审校。海南大学韩云生老师负责校对第一章至第七章，外语学院研究生符雅校对第八章至第十二章，王攀琦校对第十三章至第十五章。在翻译过程中，华中科技大学出版社副编审杨玉斌、编辑严心彤给予了重要的学术指导，并与译者共同推敲、确定了关键概念的译法。本书的出版得到了琼台师范学院的资助。在此，译者向为本书出版作出贡献的各位专家、琼台师范学院以及华中科技大学出版社表示衷心的感谢。

由于译者水平有限，书中难免存在词不达意甚至错漏之处，恳请读者批评指正。

姚锐

2025 年 2 月

目录

第一章 教师教育政策与研究:导论 … 1
引言 … 2
教师教育政策 … 3
教师教育政策与教师专业化概念 … 6
教师教育研究与政策 … 8
本书的价值 … 9
本章编者 … 10

第二章 澳大利亚教师教育(工作者):政策干预下的职业塑造 … 11
引言 … 12
背景 … 12
职前教师教育培养途径 … 14
影响澳大利亚职前教师教育的政策(2008—2020 年) … 14
职业准备 … 16
设立国家议程 … 17
推动国家卓越职前教师教育 … 18
发展国家愿景 … 20
讨论 … 21
总结 … 26
本章编者 … 26

第三章　关于比利时佛兰德大区现行教师教育政策中对教师专业化概念的批判性审视　27

引言　28
2018年颁布的法令的背景　30
现行政策立法中教师专业化话语的制定　35
讨论　40
本章编者　42

第四章　后疫情时代加拿大的教学和教师教育：背景、危机、批判和复杂性　43

引言　44
危机　46
批判　48
复杂性　54
本章编者　57

第五章　英国英格兰职前教师教育的复杂政策格局　59

引言　60
英国英格兰职前教师教育和培训的背景　61
英国英格兰近期的职前教师教育政策制定概况　63
英国英格兰教师教育的问题是什么？　67
在"问题的表述"基础上所隐含的假设或前提是什么？　69
对"问题的表述"是如何产生的？　69
在该问题的表述中，有没有"问题"没有提到的地方？这个"问题"可以换个角度思考吗？　70
"问题的表述"会产生什么影响？　71
这种"问题"的表述是如何或者在哪里产生、传播和得到辩护的？　71
结论　72
本章编者　72

第六章　芬兰学术型教师教育的实践、研究与问责制转向分析　　75

引言　　76
芬兰的教师教育：主要特点　　77
教师教育的转向：实践、研究和问责制　　79
讨论　　83
本章编者　　84

第七章　在一个前所未有的充满不确定性挑战的时代培养高素质的教师教育毕业生：以中国香港为例　　87

引言　　88
香港幼儿园、小学及中学教师的培养途径　　89
教师政策背景：T-标准$^+$和新入职教师的培训要求　　92
培养高质素的职前教师教育毕业生：以香港教育大学职前教师教育本科课程为例　　93
一个前所未有的充满不确定性挑战的时代　　97
在一个前所未有的充满不确定性挑战的时代，专业能力与教师韧性的重要性　　100
本章编者　　102

第八章　压力之下荷兰教师教育的质量　　103

引言　　104
背景　　105
荷兰的教师教育研究　　108
荷兰当前的政策　　108
分析　　111
本章编者　　114

第九章　新西兰教师教育政策：全球趋势与本土需求　　115

新西兰的优质教学　　118
职前教师教育新政策　　120

《我们的守则,我们的标准》	120
《教师职前培养项目审批、监测和审查要求》	121
本土化和国际化对职前教师教育政策的影响	122
关于文化背景对新西兰职前教师教育政策影响的证据	124
关于国际政策对新西兰职前教师教育政策影响的证据	126
政策响应:关于职前教师教育课程如何回应《怀唐伊条约》应对种族主义和的研究	129
结论	131
本章编者	132

第十章　英国北爱尔兰教师教育:政策、实践和实用主义　　133

引言	134
教师教育课程	136
教师教育历史回顾	137
教育研究	139
疫情发生期间的教师教育:语用学和持续的影响	142
结论	144
本章编者	145

第十一章　博洛尼亚进程背景下葡萄牙教师教育的经验和面临的挑战　　147

引言	148
葡萄牙教师行业概览:从教师数量饱和转向急需吸引新力量加入的迫切现状	149
教师教育与政策语境:对统一性的理解	150
博洛尼亚进程和职前教师教育方案的改组	152
经验教训及面临的挑战	153
结论	161
本章编者	163

第十二章　英国苏格兰教师教育质量评估：特定情景下的尝试　　165

引言　　166
职前教师教育质量评价模式项目　　167
职前教师教育质量评价的概念化　　171
职前教师教育质量评价模式框架　　174
英国苏格兰的职前教师教育质量评价　　176
外语准备　　176
职业意向　　179
非"最终"报告：职前教师教育质量评价模式的持续影响　　183
本章编者　　185

第十三章　美国教师教育：政策、途径、问题及相关研究总览　　187

引言　　188
政策举措及其对美国教师教育的影响　　189
美国联邦政府对教师教育提供者进行监管的尝试　　193
美国的教师教育系统　　196
教师专业和职业发展　　199
美国教师教育面临的问题　　199
本章编者　　205

第十四章　英国威尔士职前教师教育的研究方法：目的、案例与反思　　207

引言　　208
研究指导实践　　208
政策背景　　210
英国威尔士的研究指导教师教育　　213
总结　　218
本章编者　　219

第十五章　教师教育政策：未来研究、超多元化背景下的教学与早期职业教学　　221

引言　　222
13 个国家或地区的教师教育政策　　223
教师教育研究的未来可能性和机遇、超多元化背景下的教育公平和教师培养
　　及新任教师的职业发展　　226
教师早期职业生涯　　232
课堂准备不是最终解决办法　　232
教师在职业生涯早期的流失与"培养"　　234
结论　　235
本章编者　　235

参考文献　　237

第一章
教师教育政策与研究:导论

黛安娜·迈耶

摘要： 在许多国家，教师教育正日益成为一个需要国家提供解决方案和进行大规模改革的政策问题。在此背景下，来自多个国家或地区的顶尖教师教育研究专家组成了全球教师教育联盟（Global Teacher Education Consortium，GTEC），以研究这些国家或地区内外的教师教育政策和相关改革产生的影响。本书是全球教师教育联盟的第一部作品，各章分别分析了澳大利亚、比利时、加拿大、英国英格兰、芬兰、中国香港、荷兰、新西兰、英国北爱尔兰、葡萄牙、英国苏格兰、美国和英国威尔士这些国家或地区现行的教师教育政策。本章作为导论，概述了教师教育政策的全球趋势和相关专业理念，以及教师教育政策与研究之间的联系和区别。

引言

近几十年来，众多的国家或地区的政府致力于提高教学质量，推进了许多政策和改革，教师教育也经历了政策和改革的不断变化。然而，不同国家或地区的政策往往惊人地相似。当然，也有一些有趣而独特的例外。在本书中，来自澳大利亚、比利时、加拿大、英国英格兰、芬兰、中国香港、荷兰、新西兰、英国北爱尔兰、葡萄牙、英国苏格兰、美国和英国威尔士的主要教师教育研究人员在各自的教育背景下分析了他们所在环境中的教师教育政策和研究。这本书还是全球教师教育联盟成立后的第一部著作。该联盟成立于2019年，旨在探索各个国家或地区的教师教育政策和研究。本书的作者们将近几十年来经历了诸多教师教育政策变革的国家或地区联系了起来。在许多情况下，教师教育被视为一个需要国家提供解决方案的政策问题，并且政策制定者希望通过大规模的改革来"解决问题"（Cochran-Smith et al.，2018；Furlong，2013；Furlong et al.，2009）。然而，尽管政策制定者在制定政策时都会说政策是基于实际情况制定的，但许多政策本质上是以意识形态为基础，而不是以研究为基础的。在大多数情况下，仅有为数不多的教师教育研究被用来为政策提供指导，而且政策制定者通常是根据与规模、方法和普遍性相关的具体标准，或者仅仅是根据研究结果与意识形态和政治立场相一致的特定标准来进行相应的研究选择。

政策及其相关的改革通常包含更复杂、更严格的问责制度，其依据的是这样一种假设，即相关政策的制定和改革是改进教师教育从而提高教学质量的基础。有时，新的政策和改革甚至在前一轮改革的效果真正显现之前就已制定并实施。出现这种情况可能是因为政府的更迭和新的政治议程的提出。在其他时候，改革的催化剂是对最新国际评估结果的关注，以及认识到另一个国家或地区在"教师教育政策方面做得更好"。

在监管日益加强的社会背景下，政府鼓励研究人员调查教师教育项目的影响和效果。政府的优先事项和相关的研究资助计划通常包含一系列与问责要求相一致的效果指标。这些指标包括应届师范生的就业率、新教师的流失率和留任率，以及与教师素质直接相关的学生学业成绩水平。政府还会定期征询用人单位和新教师本人的意见，了解他们是否为教学做好了准备。通常，这类调查发生在教师教育项目结束时或结束之后不久，尽管在第一年的教学中，就业类型（即是在编教师还是聘任制教师）以及教师在学校环境中获得的支持、持续的专业学习和发展的机会已经被证明在很大程度上影响了新教师的备课方式和教学效果（Mayer et al.，2017）。

全球教师教育联盟认为，需要一种更全面的方法来认识各种教师教育政策和实践的成效，并且该方法应包括调查教师教育政策和实践对以下几个方面的影响：教师和教学、教师教育者、学校和社区（包括学生和他们的学习）及整个教育系统。我们假定教师教育是一个复杂系统的一部分（Cochran-Smith et al.，2014），这将使我们能够更细致地理解这些政策在制定和重构教师教育乃至教师职业时产生的影响。我们认为，在国际范围内实施这样的研究计划，既可以全面分析各种教师教育政策的影响，也可以为未来的教师教育政策和实践提供指导基础。

本章介绍了本书所收录的有关澳大利亚、比利时、加拿大、英国英格兰、芬兰、中国香港、荷兰、新西兰、英国北爱尔兰、葡萄牙、英国苏格兰、美国和英国威尔士的教师教育政策和研究的分析。本章概述了教师教育政策的全球趋势和相关专业概念，并讨论了教师教育政策与研究之间的联系和区别。

教师教育政策

与更普遍的教育政策一样，教师教育政策已经成为全球新自由主义政策的想象和对改革运动的一种表达（Ball，2012；Rizvi and Lingard，2010）。新自由主义主导的教师教育话语被表述为"教师教育问题的建构"（Cochran-Smith et al.，2013）。各种教师教育政策举措都展示了市场化、自由市场竞争和问责机制的特征,即通过评估即将毕业的师范生对教学的准备程度和对学生学习成绩的影响来对政策的实施效果进行衡量。国家或地区之间的比较和与国际评估有关的竞争促进了旨在提高教师素质和教师教育效率的政策制定。政府常常通过各种问责机制,确保能精准把控教师教育的方方面面,这些问责机制也成了改革议程的重点。

全球化以及相关的人员、知识和实践经验的流动意味着各国或者各地区的教师教育政策,或者至少是其中的一部分政策,可能看起来很相似。在某些情况下,以麦肯锡公司(McKinsey and Company,2007)为代表的全球企业以及经济合作与发展组织(Organization for Economic Cooperation and Development,OECD,2019)等跨国实体成为政策制定的重要推动者,并将政策制定的重点从教育行政机构转移到其他方面(Sellar and Lingard,2013)。这些全球企业和跨国实体发布的报告经常被引用为政策需要改变和改革的依据。在这种情况下,政策的改变或改革会出现不考虑实际情况的政策借鉴,但往往类似于一种"零敲碎打""挑拣混合"的方法,这种方法忽视了教育政策和实践之间的生态关系以及相互关联的实践是一整个生态系统的事实(Chung,2016,p. 207)。然而,也有人认为,这种现象更适合被描述为政策转化,因为"政策不仅仅是跨越时间和空间的转移……它们的形式和效果也被这些过程所改变"(Peck and Theodore,2015,p. 29)。

全球化对教师教育政策的另一个影响是人员的跨境流动。旅行教师或国际教师(Mayer et al.,2008)通常被政府视为一个挑战,因为政府要确保在其管辖范围内有足够数量的教师,特别是在学校学生人数不断增长、教师流失率高或教师职业缺乏吸引力的背景下,这些问题引起了政府对教师短缺的担忧。因此,新获得教师资格的教师向其他地区的流动被视为一种"浪费",并且在一些情况下,国家或地区的监管机构会试图让教师教育提供者对其毕业生的就业率(有时是教师在教育行业的留任率)以及毕业生的教学效果负责。

尽管现行政策众多,但各国政府仍不懈努力,致力于在当地落实其新推政策和改革议程,并从国家层面为这些变革提供具体的依据。通常,这一过程会采取建立政府遴选的评估小组的形式,负责征求相关利益者的意见、评估其他国家或地区的实践(通常是那些在国际评估中表现优异的国家或地区)、评估相关研究(通常是上述跨国实体的报告),并提出一系列可行的建议,这些建议可以在政府任期内直接转化为政策和改革议程。一般来说,政府首选的方向是明确的,例如在2014年,澳大利亚教育部部长向媒体宣布了教师教育部长级师资咨询小组(Teacher Education Ministerial Advisory Group,TEMAG)的评估结果:

有证据表明我们的教师教育体系还未达到标准。我们不再像以前那样可以吸引优秀的学生参加教师课程,这可能是因为课程过于理论化、意识形态化和时尚化,而不是基于对教授专业知识等重要内容的实证研究。而且一些教育机构的标准过低,几乎每个人都能轻松通过考核。[①]

关于教师教育质量的危机讨论热度在不断地升温,同时有国家或地区声称自己的教师教育系统在国际评估中落后于其他国家或地区,以及公众对教师教育质量十分关切,这又进一步加剧了这种讨论。因此,教师教育是一个需要解决的问题,而且这些讨论还会让人感觉这一问题迫切需要解决。人们通常将解决方案视为更严格的问责框架和标准,同时强调教师教育提供者负责确保"合适的"人才进入教师教育行业,并确保新教师可以对课程负责。在某些情况下,通过一些替代途径来培养教师人才被认为是一种解决办法,但这些途径降低或消除了大学在教师教育中的作用。其中一些问题将在后面的章节进行进一步探讨。

实践转向(Zeichner,2012)的倾向是显而易见的,教师教育的作用被更严格地定义为培养教学实践技能的能力。在更为极端的观点支配下,教学被视为一门最好在工作中学习的手艺【例如,Department of Education,DfE(英国教育部),2010】。在英国英格兰,这一观点导致"以中小学实践为主导"的教师培养途径显著增加(Whiting et al.,2018),政策话语越来越多地被关于教师专业教育应该由中小学实践主导还是由大学培养主导的二元辩论所左右。

因此,很明显,教师教育政策会受到多方面因素的影响,反过来,这些因素又影响着教师教育的实践和研究,但是,需要明确的是这些关系都不是线性的。正如维多维奇(Vidovich)提醒我们的那样,教育政策研究"已经从宏观层面的中央权威转向纳入单个机构内多种(通常是相互矛盾的)政策实践的微观层面"(Vidovich,2007,p.

---

① Christopher Pyne, Minister for Education. Sydney Morning Herald,18 February,2014.

285)。与其他学者一样,维多维奇主张政策分析必须将全球和国家政策背景的"大局"与学校和课堂内的政策和实践的"小局"明确联系起来(Vidovich,2007,p. 285)。为此,她提出了一个政策分析框架,如图 1.1 所示。在框架中,整个政策过程的影响因素被划为宏观、中间和微观三个层面。在宏观层面,考虑了影响政策进程的国际因素。在微观层面的影响包括对特定本土化语境的分析。政策效应是由不同层次的"影响因素"和"政策制定"的复杂相互作用产生的,并且这些效应可以作为影响因素再次参与循环。

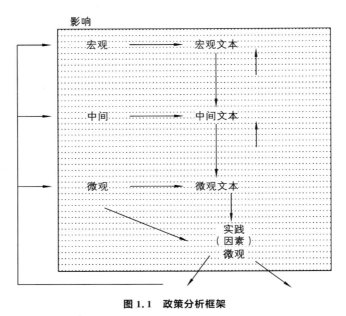

图 1.1　政策分析框架

来源:Vidovich 2007,p. 291

维多维奇于 2007 年提出了这一框架,用以指导分析全球影响、国家政策和本土化表达与实践之间的复杂关系。接下来将重点讨论各个国家政策轨迹中的影响因素和关系。

教师教育政策与教师专业化概念

如上所述,教师教育被视为一个政策问题,政府开始通过加强监管和完善问责制来改善教师教育的现状。人们更为频繁地使用专业标准和教师表现性评估,将教师的工作与国家目标和经济议程挂钩,从而将专业化与问责水平的提高与否联系在一起(Connell,2009)。与此同时,教师数量的短缺促使各国或地区政府支持人们从其他途径进入教师行业,例如旨在增加所有人受教育的机会的"全民教育"(Teacher for All)网络组织,该组织也为解决教师教育问题贡献了一部分力量。同时教师教育在教授教学知识方面的重要性在降低,而学科知识和在职学习则被认为是有效教学的关键决定因素。

越来越多的问责制和标准,以及日益发展的表现性评估,正在影响着教师教育政策与实践,同时又构建出组织或管理的专业化,但反过来也导致教师教育行业开始规避风险并变得过于循规蹈矩(Sachs,2016)。同样地,埃维茨(Evetts)于 2013 年强调了组织专业化的观念,这种观念通过纳入权威的法治形式以及责任和决策的层级结构来进行话语控制;组织专业化涉及工作程序和管理控制的进一步标准化,并依赖外部形式的规章和责任制措施,例如制定目标和绩效评估。这些类型的绩效文化和标准化意味着对教师和教师教育者的信任度在降低。因此,政府开始制定教师和教师教育者的工作标准,并建立问责机制,要求他们提供其提高绩效的证据。这种组织专业化在本书中多处都有提及,因为其展现了当地的政策背景。

另外,职业的专业化是根据集体的权威、信任、自主和专业判断来构建的,并以职业道德准则为指导(Evetts,2013)。同样,萨克斯(Sachs)提出的积极教学专业化的观念强调了民主专业性,重点关注团队关系和协作工作实践。然而,这些专业化的思维方式通常受到教师的青睐而非政府的青睐。教师和教师教育者所展现的专业化包括行为(他们在工作中实际是在做什么)、态度(工作中持有的态度)和智慧(他们对知识的理解以及他们的知识结构)这三个组成部分(Evans,2011)。通过教师和教师教育工作者的能动作用,这种付诸实施的专业化也在不断重塑。

因此,上述讨论的教师教育政策背景的重点是通过加强问责制、完善标准和提高绩效,来展示出教师和教师教育者的组织性或管理专业化。虽然越来越多的教学研究是从"有效性"的角度来进行评判,并根据是否使用了特定的方法来判断"有效性"对教师的价值(Burns and Schuller,2007),但有人呼吁围绕教师和课堂研究来了解和改进教学实践。这就要求教师从专业认同的角度重新进行思考。这需要教师具备研究素养,以便判断已经公开的研究对其教学的价值,同时也需要教师自身成为研究人员,以便调查并改进他们自己的课堂实践。这两种方法都构建了一种专业化,即通过指导专业判断和教学决策来提高学生的学习成绩。英国教育研究学会(British Educational Research Association,BERA)的报告提出了对教师专业化的重新定位,该报告指出,在一个自我完善的教育系统的新环境中,教师需要具备研究素养,并有机会开展研究和探索。这就要求中小学和高等院校为教师提供研究氛围浓厚的工作环境(BERA,2014,p. 5)。同样,本书其他章节也有关于专业化塑造的论述。

教师教育研究与政策

不同于教学研究,教师教育研究是一个相对较新的研究领域。虽然教师教育研究在过去几十年里不断取得进展,但关于这项工作的综述往往指出教师教育研究发展尚不成熟、规模较小、理论不足,且理论呈现碎片化的本土化特点(Menter et al.,2010;Murray et al.,2008;Sleeter,2014)。尽管较小规模的研究确实为当地的教师教育实践提供了正面的指导,但这样小规模的研究并不能提供政策制定者需要的数据集和调研结果。普遍的观点认为,教师教育研究没有系统地建立一个符合教师教育政策的知识库(Sleeter,2014)。政策制定者会建议进行更大规模的纵向研究。有人认为,目前的教师教育研究体系已经被扭曲和滥用(Zeichner and Conklin,2017),这些人为了给加强教师教育的问责制度建设和进行重大改革提供理由,一直在营造一种教师教育研究已经失败的论调(Cochran-Smith et al.,2018)。此外,人们普遍认为不严谨的研究会被解读为缺乏证明教师教育有效性的证据,因此得出教师教育必然无效的结论。

总体而言,教师教育研究似乎与教师教育政策毫不相干。研究很少为政策提供指导,更不被认为是教师教育问责框架的一部分。根据维多维奇的政策分析框架,教师教育研究似乎主要发生在初级层面,很少成为政策文本编制的影响因素,也很少出现在更广泛的政策讨论领域。然而,我们必须记住,教师教育项目在不断地变化和调整,因此如果使用更传统的研究和分析方法,那么研究这样一个动态系统是很困难的(Cochran-Smith et al.,2014;Gray and Colucci,2010)。

证据的概念正在被广泛纳入问责制的框架中,这就要求教师教育项目提供证据证明其有效性和影响。虽然这可以看作是教师教育研究的一个机会,但规定中所要求的证据通常与实际的教师教育项目及其课程几乎无关。正如前文中所指出的,有效性指标包括应届师范生的就业率、新任教师的流失率和留任率,以及与教师素质直接相关的学生学业成绩水平。然而,对相关文献的研究和对澳大利亚教师教育政策相关论文的分析表明,无论是教师教育工作者还是政策制定者,他们在理解教师教育有效性的基础和框架时都需要进行更深入的研究,这样才能使教师教育研究在问责制的框架下发挥作用(Mayer et al. ,2017)。此外,正如赫尔格顿(Helgetun)和门特(Menter)在2020年提醒我们的那样,在当前的政策"强调证据"的大环境下,证据往往是出于政治目的并且是基于意识形态构建的。这可能意味着特定的研究主题、方法和目的会被政府优先考虑。但现实是,政策所需的证据通常是教师教育项目及其课程所不需要的,这样一来,教师教育研究进一步变得边缘化,教师教育工作者的工作也变得非专业化。

另一个需要更多反思才能给未来研究方向提供指导的维度是,我们需要假设教师教育与应届师范生的质量之间存在单一且不复杂的联系。虽然这似乎暗示了未来研究方向的可能性,但仍需要考虑以高等院校为基础的教师教育对教育系统产生影响的多种方式,以便展示教师教育在培养合格教师这一功能以外的发展空间。Ell等(2019)利用复杂性理论(complexity theory),提出了一种细致入微的方法来概念化教师教育的影响,该方法认识到了教育系统的整体性,以及可以让所有利益相关者共同努力改善学生学习环境的方式。通过这种方法,教师教育研究就可以考察教师教育对教师和教学、教师教育工作者、学校及其社区(包括学生及其学习),还有整个教育系统的影响。

本书的价值

这本书是全球教师教育联盟的第一部作品,分析了澳大利亚、比利时、加拿大、英国英格兰、芬兰、中国香港、荷兰、新西兰、英国北爱尔兰、葡萄牙、英国苏格兰、美国和英国威尔士这些国家或地区现行的教师教育政策。本书对这13个国家或地区的教师教育政策和研究进行了分析,并采用了更全面的研究框架和有效性指标来为教师教育研究奠定基础。全球教师教育联盟承诺在各个国家或地区之间持续开展合作。本书强调了教师教育政策与研究之间的联系和区别,并将为未来的教师教育研究提供信息和指导。在最后一章中,我们将对各个国家或地区的问题、机遇和挑战进行分析,并讨论未来教师教育政策和研究的可能性和机遇,其中包括教师教育研究,如何在超级多元化背景下促进教育公平和教师培养,以及新入职教师的职业发展。

本章编者

戴安娜·迈耶(Diane Mayer)是英国牛津大学教师教育学教授、哈里斯·曼彻斯特学院(Harris Manchester College, HMC)教授级研究员。她的研究和学术成果主要集中在教师教育和教师早期教学生涯研究,以及与教师工作和教师教育的政策和实践相关的问题。

第二章

澳大利亚教师教育（工作者）：政策干预下的职业塑造

艾莉森·辛普森，韦恩·科顿，珍妮弗·戈尔

摘要：本章概述了澳大利亚近期推动改进职前教师教育（initial teacher education, ITE）的关键政策变化。这些变化反映了教师教育提供者在构建职前教师教育话语框架、教师教育工作者主体化进程以及按政策要求实际影响职前教师教育方面所面临的挑战。通过分析州政府和联邦政策的连锁效应，研究人员揭示了塑造教师教育职业竞争性的复杂性。澳大利亚的所有教师都必须参加正式认证的学习课程。因此，我们强烈呼吁重视教师教育工作者在引领变革、与利益相关者协商建立高效伙伴关系以及有效应对政治干预方面所发挥的关键作用。本章对澳大利亚职前教师教育的优点给予了高度评价，并深入探讨了复杂的政策环境如何与教师教育工作者持续塑造教育职业的努力相互交织、相互影响。

引言

与大多数国家一样，澳大利亚的教师教育是一个备受政治关注的领域，因为学生的学习成绩取决于他们的教师，进而也取决于这些教师所接受的培养。长期以来的教师教育改革最近在提高教师素质和教师教育质量的名义下愈演愈烈。本章概述了近年来澳大利亚出现的关键教师教育政策演变。在此过程中，我们呈现了现行教师教育系统和职前教师教育提供者所面临的主要挑战，并对此进行了分析。该分析强调了澳大利亚的教学和教师教育有很多值得赞扬的地方，包括日益彰显的专业化、通过教育实现社会公平的承诺以及追求卓越的奉献精神。与此同时，我们还揭示了几个必须克服的矛盾：①试图通过加强监管和提高制度标准化来提高教学和职前教师教育的地位；②在追求卓越与劳动力需求之间取得平衡；③根据不同的证据和衡量标准对职前教师教育质量进行审核；④在面对外部压力时，教师教育工作者需坚持把教学和职前教师教育当作知识性和创造性活动。我们认为，教师教育工作者必须继续带头塑造这一职业，以实现我们自己的目标，并从我们所服务的政府和教育系统中获得更多的信任。

背景

本章所述的关键时期是从 2008 年到 2019 年，其中，澳大利亚政府于 2008 年颁布了《墨尔本宣言：澳大利亚青年教育目标》（*Melbourne Declaration on Educational*

Goals for Young Australians,以下简称《墨尔本宣言》),2019 年颁布了《爱丽斯泉教育宣言》【*Alice Springs* (*Mparntwe*) *Education Declaration*】。《墨尔本宣言》推动了过去十年的许多政策改革,包括国家课程方法的概念化。《墨尔本宣言》由澳大利亚政府委员会(Council of Australian Governments,COAG)的教育部门发起,澳大利亚所有州和地方的教育部部长都签署了该政策文件。到 2019 年,一项更新的协议获得政府批准,该协议的重点依旧是国家教育愿景,并表明澳大利亚政府将继续致力于提高教育成果。修订后的协议明确了澳大利亚政府对以下几点的关注:支持教育工作者的核心行动、加强幼儿教育、推动世界一流的课程和评估。我们下面的讨论追踪了正在进行的改革所涉及的竞争话语体系之间的复杂相互作用,并强调了如何通过加强监管来构建职前教师教育的学术自主权。首先,我们提供了一些当地的背景情况,让大家深入了解影响澳大利亚教师教育工作的重要政治和体制因素。

澳大利亚的政治体制包括联邦政府和州政府。联邦政府主要负责高等教育,而州政府负责管理基础教育。自 2009 年以来,联邦政府扩大了对学校教育和教师工作的影响,因此对职前教师教育的影响也在不断增加,尽管其中存在一些交叉影响。例如,在澳大利亚新南威尔士州,"优质教学,启发式学习"(Great Teaching,Inspired Learning,GTIL)的蓝图促进了教师教育的改革,其中包括在 2013 年为教师教育毕业生设计的识字和计算能力测试。这一做法随后在澳大利亚全国范围内被采纳,政府要求澳大利亚所有职前教师教育学生在毕业前参加识字和计算能力测试。这项测试被称为职前教师教育识字和计算能力测试(Literacy and Numeracy Test for Initial Teacher Education,LANTITE)。同样,所有小学职前教师都必须发展"教师专业化",但联邦政府和州政府的指导方针对专业化程度的要求却存在明显差异。

澳大利亚的基础教育系统主要由小学(5~12 岁的学生)和中学(13~18 岁的学生)组成。2018 年,澳大利亚的 9,500 所学校招收了近 400 万名学生,其中 85% 的学生顺利完成学业毕业。在近 400 万名学生中,65.7% 的学生就读于公立学校,19.7% 的学生就读于天主教学校,14.6% 的学生就读于私立学校。在所有学校中,生师比(学校在读学生人数与在职教师人数的比例关系)为 13.5∶1($n = \sim$290,000 名在职教师)。教师队伍中以女性为主,女性教师的人数占教师总人数的 72%(数据来源:澳大利亚统计局)。

目前,澳大利亚有48家职前教师教育机构。大多数机构都提供一系列的职前教师教育项目,涵盖了小学和中学各学科的教师教育课程,有时还包括本科和研究生层次的课程。根据澳大利亚教学和学校领导协会(Australian Institute for Teaching and School Leadership,AITSL)于2020年提供的数据,现有350多个认证课程。在2017年,只有不到10万名大学生参加了这些课程(AITSL,2019)。

职前教师教育培养途径

在澳大利亚,教师可以通过若干途径接受培养,包括:

- 四年制的学士学位课程(如教育学士);
- 双学士学位课程(例如,文学学士/教育学学士或者理学学士/教育学学士),通常是中学教师的培养途径;
- 硕士学位课程(如教育学硕士),适用于已经拥有非教育类学士学位的人士;
- 替代途径,如"为澳而教"(Teach for Australia)课程,接受这一培养途径的人较少。

在发生新型冠状病毒肺炎疫情之前,有四分之一的职前教师教育学生已经开始接受线上的职前教师教育学习(AITSL,2019)。然而,在疫情发生期间,由于无法恢复线下校园教学,所有的职前教师教育项目都是通过线上授课的形式来完成的。澳大利亚的职前教师教育项目通常包括专业学习、课程学习、专业实践或实习,以及相关教学领域的学科或知识学习。在项目实施期间,专业实践或实习包括在学年期间的一系列受指导的实践课程,一般为期12~20周,根据项目的时间长短而定。中学教师通常会接受两个学科领域的培养,而小学教师则要接受所有学科领域的培养,包括艺术、英语、健康和体育、人文和社会科学、语言、数学、科学和技术(Mayer et al.,2017)。

影响澳大利亚职前教师教育的政策(2008—2020年)

澳大利亚的职前教师教育政策往往基于这样一个前提,即学生在国内或国际考试中成绩不佳是教师素质偏低的直接结果,因此可以推断出教师教育的质量也不高。这种观点过于简化了教育作为社会情境系统的复杂性(Ell et al.,2019)。针对这种看法,这些年来澳大利亚政府采取了多种政策试图监管职前教师教育,但教师教育工作者并未放弃行使自己的专业自主权。本章中,我们使用巴基(Bacchi)于2009年提出的分析框架来理解与职前教师教育有关的政策制定,为我们探索与职前教师教育相关的重大政策变动时期提供指导。当我们研读政策文件时,我们的重点是职前教师教育的话语框架(已经讨论/未被讨论的内容),教师教育工作者的主体化(政策如何代表和定位教师教育工作者),以及政策要求对职前教师教育的实际影响(教师教育项目如何应对政策变化)。鉴于澳大利亚联邦教育部部长最近宣布的针对职前教师教育的新一轮评估(Tudge,2021),我们认为,为了让人们可以信任教师教育工作者,使教师教育提供者能够对自己行使的自主权负责任,并收集验证教师教育提供者的教育方法可以用于实践的证据,政策的生命周期需要拉长。此外,教师教育工作者还需要对已确定问题的话语框架施加影响,以便更充分地认识到教育系统的复杂性。

我们首先回顾了最近对职前教师教育产生影响的主要政策,并从一整套政策中选择了具有代表性的政策,以反映其动态变化以及会相互冲突的影响。表2.1中描述的政策按时间顺序分为四个关键阶段,并在每个阶段注明了年份、主要的改革驱动力和支持改革的目的。我们对塑造澳大利亚当前职前教师教育行业的主要政策驱动因素进行总体回顾,为我们在讨论中所做的全面分析提供重要背景。

表 2.1 2008—2019 年澳大利亚职前教师教育主要改革概况

阶段	年份	主要的改革驱动力	目的/描述
职业准备	1998	关于职前教师教育国家标准和指导方针的报告[1]	本报告侧重于强调为职前教师教育创新制定国家标准和指导方针的必要性
设立国家议程	2008	颁布《墨尔本宣言》	澳大利亚各地的教育部部长共同承诺加强职前教师教育创新

续表

阶段	年份	主要的改革驱动力	目的/描述
推动国家卓越职前教师教育	2010	澳大利亚教学和学校领导协会成立	澳大利亚教学和学校领导协会的宗旨是为澳大利亚各级政府提供领导力,以促进卓越的教学和学校领导力
	2011	颁布澳大利亚全国教师专业标准(Australian Professional Standards for Teachers, APST)	这份来自澳大利亚教学和学校领导协会的详细声明描述了澳大利亚教师在学位、熟练度、高完成度和领导水平上应具备的专业知识、实践技能和参与度
推动国家卓越职前教师教育	2014	成立教师教育部长级师资咨询小组	教师教育部长级师资咨询小组的成立是为了确保新教师拥有课堂所需的学术和实践技能
	2015	介绍了国家认证职前教师教育项目的标准和程序	澳大利亚各地的教育部部长都认可了这些标准和程序,以确保每个职前教师教育项目都可以培养出具备必要技能和知识的教师,从而对学生产生积极影响。这包括引入强制性识字和计算能力测试(自 2016 年起)和顶点课程[2]教学(自 2017 年起)
发展国家愿景	2019	颁布《爱丽斯泉教育宣言》	《爱丽斯泉教育宣言》阐述了澳大利亚的教育愿景以及澳大利亚政府对改善教育成果的承诺

注:[1] 虽然本报告不是发布于 2008—2019 年期间,但其仍被纳入本表,因为它介绍了澳大利亚教育学院院长最初推动的(部分)澳大利亚职前教师教育政策和改革的情况。

[2] 本科生教育最后阶段开设的课程,旨在进一步增强学生对所学知识的"整体结构力"。

职业准备

为了说明这一分析的背景,需要指出的是,1996 年澳大利亚联邦就业、教育、培训及青年事务部(Australian Commonwealth Department for Employment,

Education, Training and Youth Affairs, DEETYA)曾批准了一个项目资金,以制定一套职前教师教育的国家标准和指导方针。澳大利亚教育院长理事会(Australian Council of Deans of Education, ACDE)积极抓住了这一机会,主导了一场相关的辩论活动,并在与职前教师教育的众多利益相关者协商后,发表了题为《职业准备》(*Preparing a Profession*)的报告(ACDE,1998)。这份报告的显著成果是制定了澳大利亚第一套职前教师教育的国家标准和指导方针,也就是说,产生了一个最初由行业内部主导的强有力的框架和结构,用于判断职前教师教育项目的质量。

这些标准和指导方针旨在用于职前教师教育项目的外部评议,以获得批准或认证(ACDE,1998,p.7)。该报告得到了教师教育工作者的广泛支持,因为它具有专业可信度,并且具有灵活性,可以适应不同大学的各种职前教师教育途径。

虽然这份报告是在我们选择的2008—2020年政策分析窗口期的10年前撰写的,但它不仅展示了该领域内卓越领导力的明确证据,而且还展示了职前教师教育者参与有关教师教育质量对话的历史。事实上,报告序言的最后一句话是:"正确使用它(报告)将有助于建设一支具有最高国际标准的教师队伍"(ACDE,1998,p.2)。

设立国家议程

在早期工作的基础上,包括《职业准备》(ACDE,1998)和澳大利亚教育、就业、培训与青年事务部长委员会(Ministerial Council on Education, Employment, Training and Youth Affairs, MCEETYA)于1999年提出的《阿德莱德宣言:21世纪教育的国家目标》(*The Adelaide Declaration on the National Goals for Schooling in the Twenty-First Century*),澳大利亚各个地区的教育部部长于2008年在墨尔本召开会议,承诺为所有澳大利亚年轻人提供优质的学校教育。《墨尔本宣言》旨在根据两个总体教育目标制定2009年至2018年的国家教育议程,这两个教育目标即:

1. 澳大利亚的教育提倡公平和卓越。
2. 所有的澳大利亚年轻人都是成功的学习者、自信且富有创造力的个体,以及积极且有见识的公民。

虽然《墨尔本宣言》的大部分内容侧重于学校教育,但澳大利亚各个地区的教育部部长也集体承诺将加强职前教师教育(MCEETYA,1999,p.11)。这一承诺也为未来促进澳大利亚职前教师教育的卓越发展铺平了道路。

推动国家卓越职前教师教育

为了实现 2008 年《墨尔本宣言》中所做出的承诺,澳大利亚联邦政府于 2010 年成立了澳大利亚教学和学校领导协会,以促进教学和学校领导力的卓越发展。澳大利亚教学和学校领导协会与重要的教育利益相关者密切合作,制定了全国教师专业标准。该标准的第一版于 2011 年发布。随后澳大利亚教学和学校领导协会对该专业标准进行了修订(AITSL 2016a),并得到了研究文献的支持(Louden,2015a,2015b;Mayer,2015)。

2014 年,联邦教育部部长成立了教师教育部长级师资咨询小组,就职前教师教育项目如何进一步确保应届师范生拥有学术和实践技能的恰当组合结构向政府提供建议。2015 年,由大学校长、学院院长、教育学教授、中小学校长和其他教育专业人士组成的教师教育部长级师资咨询小组发布了名为《行动起来:为课堂做好准备的教师》(*Action Now: Classroom Ready Teachers*)的报告。

该报告提出职前教师教育需要在以下五个领域进行重大改革:

1. 加强职前教师教育课程的质量保障。
2. 严格筛选职前教师教育课程。
3. 为师范生提供高质量且有结构的专业实践机会。
4. 加强对毕业生的评估,确保他们为课堂教学做好充分的准备。
5. 职前教师教育需具备全国性的研究和对劳动力的规划能力。

提出这些改进措施是为了回应教师用人单位对师范生课堂准备情况的担忧,以及提高公众对职前教师教育项目的信心。《行动起来:为课堂做好准备的教师》这一报告就如何改进职前教师教育项目向澳大利亚不同地区的教育部部长提供了具体建议。为此,部长们批准了一系列标准和程序,以确保每一个职前教师教育项目都能培养出具备必要技能和知识的教师,从而对学生的学习产生积极影响。《职前教师教育培养方案——澳大利亚的认证》(*Accreditation of Initial Teacher Education*

Programs in Australia：Standards and Procedures）概述了职前教师教育项目获得国家认证需要满足的要求。

国家项目标准的一个重要因素是要求所有的提供者在他们的职前教师教育项目中进行一个有效的、可靠的和适度的教学表现性评价（Teaching Performance Assessment，TPA）。教学表现性评价被规定为"顶点"，旨在课程结束时，评估课程是否提供了专业知识、专业判断和专业实践。澳大利亚的教学表现性评价与美国加州教学表现性评价（Performance Assessment for California Teachers，PACT）、美国教学表现性评价类似，但澳大利亚设计的教学表现性评价是基于本地实际情况产生的模型，是由以大学学者为主要人员的国家专家咨询小组来评估和认定的。

澳大利亚教学和学校领导协会的计划是到 2018 年底在所有职前教师教育项目中实施教学表现性评价。为了启动这一进程，澳大利亚教学和学校领导协会在 2017 年资助了两个职前教师教育提供者组成的联盟来开发各自的教学表现性评价工具。从那时起，以联盟或个体机构形式开展工作的职前教师教育提供者设计并使用了各种教学表现性评价。截至 2021 年中，澳大利亚已批准十多个教学表现性评价，涉及一半以上的职前教师教育提供者。然而，澳大利亚尚未进行教学表现性评价横向比较基准测试，并且还无法判定各种教学表现性评价的预测效度。

《行动起来：为课堂做好准备的教师》中提出的另一项强制性要求是进行职前教师教育识字和计算能力测试。职前教师教育识字和计算能力测试于 2016 年推出，旨在确保澳大利亚所有职前教师教育毕业生的个人读写能力和计算能力都可以排在总人口的前 30% 左右。

值得注意的是，虽然澳大利亚联邦机构与澳大利亚教学和学校领导协会负责制定和实施全国教师专业标准和职前教师教育项目标准，但实际上相关课程是由各个州或地区的教师监管机构来进行审批的。例如，在澳大利亚新南威尔士州，新南威尔士州教育标准局（NSW Education Standards Authority，NESA）负责对教师的聘用资格进行认证，并根据国家项目标准来评估职前教师教育课程。

这种两级的政策结构允许州和地区的监管机构在澳大利亚教学和学校领导协会制定的标准之外增加符合当地特色的具体课程要求。《NESA 优先领域计划》

(*NESA Elaborations in Priority Areas*,2017)就是一个例子,该计划要求新南威尔士州的职前教师教育提供者必须明确展示其课程设计如何助力毕业生在由新南威尔士州教育标准局界定的优先领域内,获取所需的技能和知识。优先领域包括澳大利亚原住民和托雷斯海峡岛民教育、课堂管理、信息和通信技术、读写和计算能力,以及残疾学生和英语非母语学生的教学。

两级政策结构的另一个显而易见的实例是职前教师教育识字和计算能力测试要求的实施方式。2016年职前教师教育识字和计算能力测试课程标准规定,职前教师教育课程必须具备确保只有通过识字和计算能力测试的职前教师才有资格毕业的机制。澳大利亚各个州和地区以不同的方式落实了这一要求。有些州要求学生只有通过职前教师教育识字和计算能力测试才能进行最后的实习,而另一些州则要求学生只有通过测试才可以注册或受聘为教师。这种制度本土化的后果往往是产生很多混乱,特别是对那些跨州或地区工作或生活的职前教师教育提供者和学生而言。

发展国家愿景

2019年底,在《墨尔本宣言》发表十年多后,澳大利亚各个州和地区的教育部部长再次齐聚一堂,讨论澳大利亚未来十年的教育计划。由此颁布的《爱丽斯泉教育宣言》认识到教师、教育工作者和领导者对实现未来教育目标至关重要。《爱丽斯泉教育宣言》(2019)强调了教师教育工作者的作用,宣言中指出:

澳大利亚各个州和地区的政府和教育界,包括大学,必须共同努力,培养高质量的教学和领导力……教师、教育工作者和领导者对实现澳大利亚年轻人的教育目标至关重要。澳大利亚有幸拥有优秀的教师和教育工作者,他们的专业精神、专业知识和在澳大利亚教育发展方面的持续参与将是至关重要的。(p. 11)

尽管有这些宣言、法规和政策,公众对职前教师教育的价值仍然抱有怀疑的态度。不幸的是,澳大利亚教育院长理事会在22年前提出的"教师从未像今天这样受到如此严格的检视评议"(ACDE,1998,p. 4)的说法仍然在引起公众的共鸣。2008年,劳登(Louden)发现在过去的30年里,政府对职前教师教育进行了超过100次调查。从那时起,我们看到了针对职前教师教育的要求发生了巨大的变化。即使是现在,辩论的焦点依然在于政府应如何通过恰当途径确立透明的标准,以提升职前教师教育的质量,并作出承诺,确保这些标准的严谨性,同时鼓励并促进以国家为基础的行业与机构实现自我管理。时间会告诉我们,澳大利亚当前的政府评议、行动方案及政策是否能对职前教师教育课程及其毕业生的成果产生积极且可量化的影响。与此同时,教师教育工作者始终表现出愿意在改革中发挥作用,甚至愿意引领改革,并以灵活和友善的方式应对变革。

讨论

上述政策概况展示了许多现行政策所依据的前提,并强调了需要持续改进的职前教师教育的永久话语框架。将职前教师教育描绘成一个政策问题也无助于将教师教育工作者定位为有待研究的主体。我们过于关注职前教育教师培训而忽视了其他会对学生学习产生重大影响的因素。政策的要求与教师教育工作者能够实现的实际目标之间也存在明显的脱节。在本章中,我们讨论了政策在职前教师教育课程中所体现的"实际"影响。我们简要叙述了最近对教师教育产生影响的主要政策,突出了澳大利亚教学和职前教师教育许多值得称赞的地方。我们已经看到随着澳大利亚国家课程认证方法的出现,职前教师教育的专业化程度越来越高。我们在所有的职前教师教育项目中都嵌入了对社会公正的重视,例如,在信守《墨尔本宣言》和《爱丽斯泉教育宣言》作出的承诺的同时,我们还要求在特殊教育方面开展工作。通过制定和实施教学表现性评价,我们要求教师提供课堂准备完成的证据,这展现了我们对卓越的不懈追求。在更广泛的层面上,有迹象表明,由于教师工作在新型冠状病毒肺炎疫情发生期间得到了更多的社会认可,人们对教师这一职业有了新的认识(Garoni and Lampert,2020)。尽管有越来越多的政策干预,但我们仍然坚持不懈地塑造了我们引以为豪的职前教师教育专业和体系,这意味着澳大利亚的职前教师教育在全球舞台上享有很高的声誉。

与此同时,我们的分析表明,澳大利亚已经或正在处一些明显的矛盾,而这些矛盾不太可能只在澳大利亚的教育体系中存在。

首先,政府通过加强监管和标准化的程度来努力提高职前教师教育的地位,这种做法需要经历一个微妙的平衡过程。正如在课程标准中所看到的那样,加强监管有助于强化人们对专业领域的认知并使其行为更加规范。但过度的检评会剥夺教师教育工作者的自主权,削弱他们在该领域内知识和观念的领导地位。提高毕业生的培养标准可以增强人们对各教育机构所培养教师准备充分程度的认可。然而,过度标准化也存在一定风险,即职前教师教育课程可能会因追求易于衡量的统一技能,而阻碍毕业生成为具有创新思维和较强适应性的教师。同样,将在识字和计算能力测试中排名前30%的人纳入受严格评议的职前教师教育领域,可能会阻碍该领域吸引其他成绩优异的学生,从而进一步降低教师的地位(Gore et al.,2016)。在许多地区,评议机构以及个别职前教师教育提供者抓住机遇,通过在课程中融入本地特色,来超越澳大利亚教学与学校领导协会所规定的"最低标准",实现了一个更具本土适应性的教育提升,比如培养了更多具备本土文化素养的教师。这种通过超越规定标准,对统一的职前教师教育方法和管理进行创新和拓展的方式,鲜明地体现了教师教育工作者在专业领域内的领导力和创新能力。

此外,在职前教师教育专业化的进程中,存在着由教师教育工作者内部发起或领导的力量与来自政府或该领域智库代表的外部力量之间的持续紧张关系(Goss et al.,2017)。公众和媒体对职前教师教育质量的质疑,引发了人们对这一职业价值的普遍低估,并促使政府干预的力度日益增强。例如,外部对课程标准、识字和计算能力测试标准的推动,以及对课堂准备情况评估的重视,在提升职前教师教育的质量和关注度方面发挥了积极作用。很多人认为,澳大利亚教学与学校领导协会制定的标准,作为国家层面的规范,有助于促进合作、实现实践经验的共享,从而赋予教师教育工作者更大的自主行动空间。然而,颇具争议的是,这些举措在某种程度上反映出一种对教师教育工作者能否对其课程质量负起责任的不信任态度。尽管《职业准备》报告(ACDE,1998)已经明确阐述了该领域所做出的承诺,但领域内仍需持续努力,以确保教师教育工作者能够积极参与并影响新政策方向的确立过程。

在当前的制度框架下,职前教师教育提供者需负责广泛收集和整理文件资料,以证实其课程设置符合既定标准,并有效证明这些课程能够对职前教师及其未来教授的学生产生积极的促进作用。诚然,报告和认证系统不仅费用高昂且耗时冗长,然而职前教师教育工作者仍愿意投身于这一过程中。全球教师教育联盟与课程认证机构达成了战略性合作,旨在通过课程中的创新举措,推动相关政策与时俱进,确保教育政策能够紧跟时代步伐。目前,随着自 2021 年 12 月启动的新一轮职前教师教育评估的发布,我们面临时间紧迫的挑战,难以在规定时间内编制出澳大利亚教师教育部长级师资咨询小组所要求的连贯性证据。不断变化的评估标准再次成为障碍,阻碍了教师教育工作者从长期视角出发,持续跟踪预备教师在培训期间以及正式成为教师后前五年的表现。我们期待在未来的某个时刻,教师教育工作者能够获得更加充分的信任,这种信任将激励他们在课程设计领域进行更为广泛的创新,使他们能更有效地满足本地需求,并开展更为严谨和全面的证据收集工作。

其次,尽管政府为进入职前教师教育领域设定了门槛,这显然是追求卓越教育及专业化进程的一部分,然而,澳大利亚当前的劳动力市场需求清晰地显示,教师短缺问题已到了刻不容缓的地步。据估计,有 8%~50% 的澳大利亚教师会在入职后的五年内离开教师行业(AITSL,2016b)。澳大利亚教师的平均年龄(目前为 43 岁)也反映出了教师短缺问题的紧迫性(Gore and Rickards,2020)。更值得注意的是,澳大利亚目前专业教师供不应求,越来越多的教师被迫在自己的非专业领域内授课(du Plessis,2019)。面对劳动力需求的持续变化,将学术卓越视为进入职前教师教育行业的唯一必要条件,或许并非一个可持续的长久之策。此外,这一政策缺乏充分的证据支持。"学习成绩优异的学生必将成为优秀教师"的观念,目前尚未得到确凿的证明(Aspland,2019)。此外,我们在学生 17 岁或 18 岁时就评估其是否适合成为教师,这种做法过分强调了"投入"(即学生在学年结束时取得的成就以及他们进入职前教师教育课程时的成绩),而非"产出"(即学生在完成该学位后所达到的实际成就与能力),这实际上削弱了职前教师教育的价值,因为该教育的核心目标乃是培育出未来的杰出教师。

近年来,教师教育工作者被要求在课程学术标准中纳入非学术指标。这一举措在某种程度上认可了学生的综合能力,不再仅仅依赖于将学生的评估局限于由中学学业成绩转化而来的单一数字化指标——澳大利亚高等教育入学排名(Australian Tertiary Admission Rank,ATAR)上。对于这一要求,各职前教师教育提供者的回应存在显著差异。部分机构引入了心理测试,而另一些则采用面试、学习能力评估或学校提供的成绩单等多样化的入学评估措施。澳大利亚教学与学校领导协会目前正要求教师教育工作者收集学生信息,旨在探究学生入学特征、大学学业成绩以及后续作为教师表现之间是否存在关联性(AITSL,2015)。虽然这种方法成功地将关注焦点从"投入"转向了更为关键的"产出",但由于职前教师教育提供者往往在学生毕业后难以与他们保持联系,因此收集相关数据变得相当困难。当然,教师教育工作者对探索从学习到就业整个过程中展现出的各种关系抱有浓厚兴趣,但此类数据收集工作必须确保他们充分考虑到数据收集的复杂性(Ell et al.,2019)。

再次,尽管过去十年中出台了一系列政策要求(如关于职前教师教育中的识字与计算能力测试,以及教师教育部长级师资咨询小组的相关政策),旨在强化教师教育工作者对提升教师教育质量的责任感,但关于何为高质量的确凿证据仍存在疑问。我们如何确切地证明毕业生已充分准备好承担教师这一重要职责呢?在教学领域本身,这构成了一个显著的问题,因为该领域常常诉诸简单或机械化的手段(如仅凭考试成绩,而不考虑学生的学术背景),却未能有效应对问题的核心所在。一个恰当的例子是,"课堂准备"这一概念于2014年由教师教育部长级师资咨询小组正式提出。该小组旨在确保毕业生在踏入教师岗位的第一天就能充分准备,从而强化了职前教师教育体系应培养出"未来可靠教师"的核心理念。尽管澳大利亚政策规定所有教师都必须完成正式认证的学习课程,并在大量实习后方可进行教学,但在最终评估中仍需纳入一个额外的与"准备充分程度"相关的考量因素。我们认为,这种"准备就绪"的观念与教师职业所要求的发展性和适应性专业知识是相冲突的。相反,这些政策加剧了整个教育行业对数据收集和各类报告的需求,而在这一领域,我们目前仍在努力清晰地区分证据与衡量之间的不同概念(Mills and Goos,2017)。

同样,教师教育工作者也意识到了在应对不断变化的定义和变量时所面临的挑战。虽然各种评估不断对职前教师教育的有效性提出质疑,但我们在深入分析多份报告后发现,关于职前教师教育所被指出的"问题",实际上在"有效性"这一核心术语上并未形成统一或一致的定义(Louden,2008;Mayer et al.,2017)。一个显著的概念混淆案例出现在学位课程要求中,其中"专业化"一词在澳大利亚国家和各州政府的一级文件中被赋予了不同的定义。教师教育工作者会定期发表论文并出席会议,在会议上批判性地讨论与职前教师教育措施相关的概念、方法和实践问题。此类研究在以下两个方面尤为重要,一是评估目前用于提升毕业生就业能力的工具的有效性,二是对这些工具进行审视与质疑,以确保该领域的持续领导力,尤其是这些工具常常是由那些可能未充分考虑教学和职前教师教育实际情况的政策制定者推动的。

最后,面对诸多外部压力,尤其是来自政府的压力,教师教育工作者在维持教学及职前教师教育领域的思想活跃性和创造力方面所付出的努力,始终是一个亟待解决的难题。由于澳大利亚的学校在国际排名(ACER,2019)及一些衡量学生表现的内部指标,如澳大利亚全国读写与计算能力评价项目(National Assessment Program for Literacy and Numeracy,NAPLAN)上的表现相对停滞不前,职前教师教育因此成了一个易于受到批评的领域。公众指责政府未能为教师提供充分支持,以有效管理课堂行为并满足学生和社区日益增长的多元化需求。然而,这些具体指责往往更多地反映的是公众对直言不讳者的压力反应,而非基于严谨证据所揭示的教育课程或政策上的实际缺陷。公众对教学和职前教师教育的浓厚兴趣,往往与政治议程交织在一起,导致职前教师教育被置于一个持续不断的评估循环之中。尽管在教师教育评估体系中设有多级监管、监督和问责机制,但我们仍对教师教育领域缺乏足够的信任感,这一现状在最近教师教育部长级师资咨询小组的工作及其提出的相关要求中显得尤为突出。政策变化的快速步伐让教师教育工作者难以有机会深入研究新的教育结构和实践,并收集到足以评估其对教师教育影响的充分证据。实际上,我们在制定长期计划时一直处于被动局面。目前,政策变动与课程周期以及数据跟踪、收集及分析的步调完全脱节。如果信任能在课程设计和审批流程中扮演积极角色,为职前教师教育项目争取更多时间,以便提供关于入学标准、毕业综合评估及其与未来毕业表现和留任意愿之间关系的详尽数据,那么职前教师教育或许能够获得更加坚实和稳定的支持。

综上所述,一方面,澳大利亚对职前教师教育的重视程度是显而易见的,这一点在大学学科排名、职前教师教育领域权威期刊的编辑地位以及多项机构绩效指标中均得到了充分体现。另一方面,澳大利亚的众多教师教育工作者常感疲惫不堪,因为他们不断遭受批评,尽管他们所从事的工作极其重要且成果显著,却往往被公众低估其价值。在政策层面上所推崇的"教学模式"的推广与指导教师教育者行动的教育系统复杂模型之间,存在明显的冲突。尽管面临着实际影响、话语框架以及主体化等多重挑战,但在教学表现性评价的设计、实施与调适过程中,我们已观察到跨机构合作的积极迹象,这无疑是专业领导力得到强化的一个显著标志。如上所述,我们认为,教师教育工作者必须持续在塑造教育专业方面发挥知识引领的作用,以实现我们自身的目标,并赢得我们所服务的政府和教育系统更多的信任。

总结

在本章中,我们证明了在过去的至少十年里,教师教育工作者一直在努力引领并塑造澳大利亚教师职业的发展。尽管对课程设计和毕业生素质的评议日益严格,但只要我们能在政策决策中拥有一定的话语权,教师教育工作者就会积极参与改革并发挥主导作用。与政府机构保持接触依然至关重要,这不仅能够增强公众对我们工作的信任与尊重,还能使我们在当前进行的评估与改革进程中继续贡献智慧,发挥重要的引领作用。如果我们希望未来的领导者能够深刻理解教师教育所做过的一切以及推动教育改革的历史,并能够将这种理解置于更广阔的全球教育格局之中,那么本章所进行的分析就显得尤为重要。更好地兼顾毕业生的期望与用人单位的实际需求,同时充分考虑政府的政策导向,对于我们精准把握工作方向,确保职前教师教育能够有效支持每一位学生的成长,并助力实现构建世界一流教育体系的国家整体愿景而言,具有不可或缺的重要作用。

本章编者

艾莉森·辛普森是澳大利亚悉尼大学艺术与社会科学学院的教授兼教育学院副院长。她的研究主要集中在儿童文学在教育中的作用、教师能动性和对话学习的力量这三个方面。她与来自英国、加拿大、芬兰、新西兰、中国和美国的教师教育工作者建立了合作关系。她目前的研究项目包括混合式学习设计、教学绩效评估、教师效能的构建和对话研究模型。

韦恩·科顿是澳大利亚悉尼大学教育与社会工作学院的副教授兼学术合作与参与部的主任。他拥有健康与体育教育和计算机研究的硕士学位,教育技术学博士学位。韦恩·科顿从事教育教学和研究工作近30年,其中在澳大利亚高中工作了10年。他利用这些经历来设计和评估创新教育课程。

珍妮弗·戈尔是澳大利亚纽卡斯尔大学教师与教学研究中心的荣誉教授和主任,英国牛津大学客座教授,美国教育研究协会会员。她的研究重点是质量和公平、教师发展、教学改革和提高学生成绩的方法。她目前的工作重点是高质量教学研讨对教师和学生的影响,以及在校期间教育愿望的形成。

第三章
关于比利时佛兰德大区现行教师教育政策中对教师专业化概念的批判性审视

埃利纳·瓦纳什,
史蒂文·布鲁尼尔,洛尔·克里斯蒂安

摘要： 本章深入探讨了比利时佛兰德大区当前教师教育政策中所确立的教师专业化理念，并就该理念提出了一系列值得思考的问题。探讨的切入点聚焦于 2018 年颁布的《教师教育法》(Decree on Teacher Education) 及其配套政策措施。这些法规不仅促使佛兰德大区职前教师教育的整体格局发生了大规模的重组，还明确阐述了一种特定的规范性框架，即在当前教育环境中，成为一名教师所承载的意义与期望。在简要回顾《教师教育法》出台前的政策措施背景后，我们重新诠释了当前政策立法框架下教师专业化概念的特定表述，这一表述基于三个核心前提，一是专业化是教师个体所获取、拥有并展现的一种能力特质；二是专业化体现为对"高效教学方法"的认知与实践；三是专业化过程及成果应具备可量化和可评估的性质。本章在最后部分，通过指出两个关键盲点，对这一论述的重要意义给予了深入关注。政策往往倾向于将教师专业化视为教师个人所具备的属性，这一视角虽强调了个人知识、技能及态度的核心地位，却可能不经意间忽视了决定教学"成功"或"失败"背后更为错综复杂的社会、文化和制度背景因素。这样的忽视可能限制了我们对教育成效全面而深刻的理解。将专业化单纯视为一种技术素质，虽然强调了"有效/无效"的技术性问题，却不经意间将焦点从教师在教学实践中面临的更为根本的规范性问题——"教育应当追求何种效果"上转移开了。

引言

在佛兰德大区，教师教育政策的改革正如众多国家或地区一样，是教育政策领域中的一项重要议程。尽管佛兰德大区的政策制定与部署相较于比利时的周边国家显得不够迅速，但过去几十年间，该地区的教师教育改革一直在进行实质性的推进。然而，这些改革常因准备不充分和实施效果欠佳而备受质疑，未能有效满足佛兰德大区教师职业的"核心"需求。国际教师教育论坛上持续探讨的一些"常见问题"持续激发着人们对教育改革的兴趣，这些问题包括理论与实践之间的鸿沟、快速变迁的社会对教师素质提出的更高要求（或多样化需求）、职前教师与学校之间合作机制的匮乏、各级教育阶段及多数学科领域内长期存在的教师短缺现象、较高的教师流失率，以及根据国际指标【例如国际学生评估项目 (Programme for International Student Assessment, PISA)】的评估结果所显示的，佛兰德大区教育系统质量呈现出的下滑趋势。2018 年比利时颁布的《关于高等学校职业培训项目整合和教师教育项目

第三章 关于比利时佛兰德大区现行教师教育政策中对教师专业化概念的批判性审视

改革措施的法令》(*Decree on the integration of vocational training programmes in Higher Education Colleges and transfer measures for teacher education programmes*)暂时调整了教育改革的方向和步骤。该法令的标题清晰地揭示了其双重宗旨,一是整合职业培训项目,具体举措包括将成人教育中心和高中教育机构(如护士学校)提供的培训计划纳入高等教育体系之中;二是重构佛兰德大区职前教师教育的格局,这一点将是本章讨论的核心内容。

本章将深入论证,过去三十年的教育改革不仅为佛兰德大区的职前教师教育带来了深远的结构性变革,还塑造了教师职业形象及其专业化的独特风貌。在这里,我们使用"专业化"一词来精准地描述教师的核心特质,即他们在职业生涯中所展现出的知识、技能以及态度的专业性和系统性。这些特征共同构成了教师投入工作时的独特风貌。本章旨在探讨近期政策法规中关于教师专业化的具体方向以及所涵盖的教师类型。这体现了人们对语言措辞维度的兴趣,也显示了将语言运用视为一种社会实践形式的研究倾向(Fairclough,1993,p. 134;Jorgensen and Philips,2002)。根据 Simons 和 Kelchtermans(2008)、Ball 等(2012)以及 Lester 等(2017)的研究,政策文本并非仅仅被视为塑造和变革职前教师教育结构的法律手段,而是被看作是在当前教育环境下,对于"成为一名教师究竟意味着什么"这一问题的一种极具特定性(且规范性)的话语表达(Simons and Kelchtermans,2008,p. 283)。换言之,政策法规的制定者在探讨并撰写关于新任教师的教学、教育(或更精确地说是培训)方式时,不仅为各利益相关者的行动、角色及其相互关系设定了特定的框架,同时也限制了其他潜在的路径与可能性。例如,政策法规中强调了提升教学和教师教育的吸引力(Ministry of the Flemish Community,2015,p. 17),同时指出需要立即以特定方式构建教师职业形象,这往往侧重于突出教师职业的某些方面,而相对忽视了其他方面。此外,政策还明确了为职前教师教育设定的具体目标和行动指南,从而在某种程度上引导了关注焦点,转移了对其他潜在重要领域的注意力。肯尼斯·伯克(Kenneth Burke)有一句广为流传的格言:"每一种看见的方式也是一种视而不见的方式。"(Every way of seeing is also a way of not seeing)这一深邃的见解在探讨政策时尤为贴切,因为它提醒我们,人们的视角在聚焦于某些值得注意的事物时,也无形中忽略了其他可能同样重要的方面。正如格言所揭示的,视角的选择具有双重性,既揭示了部分真相,也遮蔽了其他视角下的风景。

本章将进一步拓展这一隐喻的内涵,深入分析当前教育政策聚焦于教师专业化的哪些具体层面,同时,对那些被忽视或鲜少提及的方面提出质疑与探讨。更具体地来说,我们将2018年颁布的法令及其配套的政策措施视为一个信息丰富的案例(Patton,1990),以此揭示当前政策话语中的独特要素。我们认为,政策将教师专业化视为教师个人所具备并展现的一种技术素质,这种素质应当是可衡量且可评估的。政策在将教师专业化定位为个体属性的同时,确实强调了个人知识、技能和态度的重要性,然而却在一定程度上忽视了环境因素的综合影响。这些环境因素包括但不限于团队中的同事关系、学校的运作机制,以及这些机制如何与教师个人的教学理念、学生的多样化需求、课程内隐含的信息、可获取的教学资源,甚至是时间管理等关键要素相互交织、共同作用于教学实践。因此,全面审视并整合这些环境因素对于促进教师专业化发展至关重要。此外,比利时于2018年颁布的法令将专业化单纯视为一种技术素质,虽然强调了"有效/无效"的技术性问题,却不经意间将焦点从教师在教学实践中面临的更为根本的规范性问题——"教育应当追求何种效果"上转移开了。

本章的结构如下。首先,我们基于2018年法令颁布之前的政策措施,深入讨论该法令所设定的改革目标。其次,我们细致分析在最近一次教育改革中,关于"成为一名教师"所蕴含的特定规范性话语,以及针对这些话语所采取的政策举措,如教师资格要求的更新、入职考试的改革等。最后,我们将目光聚焦于当前政策中可能存在的忽视之处,即强调教师专业化不仅是一项制度要求,更是教师个人所应具备并展现出来的技术素质。

2018年颁布的法令的背景

三十年改革的概述

自1989年比利时佛兰德社区政府在比利时的教育政策中获得完全法律地位以来,教师教育改革就成了政策制定者关注的核心问题。[①] 自那以后,佛兰德社区政府委托开展了多项研究项目和评估报告,这些报告证实了被称为"政策问题"方法的有

[①] 1988—1989年的宪法改革确立了三个自治的教育政策体系:佛兰德社区体系、法语社区体系和德语社区体系。在这些体系中,大区政府负责制定并发布法令,而联邦政府则负责颁布相关的法律。

第三章 关于比利时佛兰德大区现行教师教育政策中对教师专业化概念的批判性审视

效性(Cochran-Smith,2004),该方法侧重于制定能够积极影响教师素质和预期学校成果的良好政策。正如 White(2016)所阐释的,这种对政策问题的聚焦也催生了一种固定的"问题解决模式或研究范式"(p.53)。人们期望研究能够为政策制定提供必要的经验证据和明确结论。

政策问题的逻辑性在 1996 年颁布的关于教师教育和在职培训的法令中得到了充分体现,该法令的核心目标是对教师教育进行全面改革,其依据在于高质量的教育体系离不开高素质的教师和学校领导者(Flemish Government,1996,p.2)。该法令为 1998 年确立教师专业化形象提供了法律框架,并对教师的工作内容、所需技能、支持性知识以及专业态度进行了全面而系统的描述(Flemish Government,1996,p.10)。这些描述构成了核心能力的基础,并为所有职前教师教育毕业生确立了最低水平的基准要求。自那时起,教师素质要求和核心能力便成了教育体系中不可或缺的一环,大约每十年更新一次(最近两次分别在 2008 年和 2017 年),以紧跟社会需求的不断变化并契合政策的优先事项。尽管职前教师教育提供者有权自主设计课程和教学方法,但相应的审计机制被引入,以确保这些课程确实体现了教师的核心能力。因此,"教师的素质要求—核心能力—职前教师教育方案"这一链条构成了一个相当严谨的系统(Ministry of the Flemish Community,2008,p.7)。

2018 年实施的法令改革广泛涉及了 2006 年颁布的《佛兰德大区教师教育课程法令》(*Decree on Teacher Education Programmes in Flanders*)。2006 年的法令的主要目标是,遵循《博洛尼亚宣言》(*Bologna Declaration*)的原则,将职前教师教育整合进学士-硕士教育结构之中。该法令明确规定了可以进入教师行业的两种主要途径,这两条途径分别由三个职前教师教育提供方负责实施,每条途径均承载着特定的功能,并面向特定的教师候选人群体。第一条途径是通过高等院校(特指非大学类的理工学院)提供的学士层次的"综合课程"。该课程包含 180 个欧洲学分转换与积累系统(European Credit Transfer and Accumulation System,ECTS)的学分,内容广泛覆盖学科知识、教育学/德育知识以及多次学校实习经验。根据学生的课程选择,学生可获得在幼儿园、小学或初中任教的相应资格。第二种途径是由成人教育中心和高等院校联合提供的"特定课程",主要面向那些已经获得(或正在攻读)某一学科的第一学位,或具备相关工作经验,并希望成为教师的人群。大学提供60 个欧洲学分转换与积累系统认证的硕士课程的学分,这些课程通常面向处于本科最后几个学年的学生,特别是那些主修特定学科(如心理学、数学或物理)的学生。完成这些课程后,学生将获得资格在高中及高等教育机构中教授其所学学科。高等院校与成人教育中心提供了一系列组织灵活的非全日制培训途径,这些途径主要面向(但不限于)拥有工作经验的从业人员(如木工、理发师等),旨在帮助他们转型成为合格的中小学教师。所有成功完成培训课程的学员均可获得教学资格证书,该证书将使他们能够即刻且无限期地投身于教育行业。

自2006年实施重大改革以来,政策制定者对教师教育的关注度并未减弱,这一点通过众多研究项目的开展、对教师教育项目的定期大规模审计,以及历届教育部部长所委托的外部评估委员会的设立得到了充分体现。荷兰教育学家格特·别斯塔(Gert Biesta)领导的一个外部评估委员会于2013年发布了一份具有批判性的报告,该报告成了推动2018年法令颁布并实施改革目标的一个重要因素。该委员会旨在监测佛兰德大区职前教师教育的质量,尤其聚焦于2006年出台的关于教师教育的法令对教师教育结构与教学实践所产生的影响(Ministry of the Flemish Community,2013,p. 5)。该委员会得出的结论是,三个职前教师教育提供方所提供的"特定课程"在实际操作中并未能充分贯彻平等原则。他们观察到,高等院校与成人教育中心在资金筹措机制、学生权益保障、对学科教学的重视程度以及学校安排的实习时长等方面均存在显著的差异。除了这些结构性的差异之外,报告还呼吁对职前教师教育领域进行"定性的"(qualitative)的改革。尤为令人关切的是如何确保教师候选人的数量充足且质量可靠,如何有效缩小理论与实践之间的鸿沟,如何应对职前教师教育毕业生及教师教育工作者普遍感受到的"准备不充分"问题,以及如何为新入职教师提供充足的支持与指导。这份报告与2001年的外部评估结果相呼应,同时也指出了改进的迹象。然而,别斯塔在报告中针对职前教师教育所做的深入细致的分析以及提出的审慎改进建议,却很快在新闻媒体的关注中淡出,导致佛兰德大区的教师教育领域遭受了公开的"审视"或"质疑"。

随后,比利时教育部成立了六个政策咨询小组,每个小组分别聚焦于六个不同的主题开展工作,这些主题包括师范生招生、特定课程设置、教师教育课程内容、职前教师教育毕业生的特征与素质、对新任教师的支持措施,以及塑造教师教育工作者的专业形象。这些咨询小组的主要职责是将由别斯塔领导的委员会所提出的建议转化为切实可行的政策方案。2016年3月,佛兰德大区政府正式批准了一份名为

第三章 关于比利时佛兰德大区现行教师教育政策中对教师专业化概念的批判性审视

《加强教师教育：以优质教师教育项目为基石，促进教育质量全面提升》(*Strengthening Teacher Education: Compelling and Quality Teacher Education Programmes as a Foundation for Quality Education*)的概念文件。该文件为随后于 2018 年颁布的法令及其配套法规所推动的职前教师教育大规模改革提供了框架，其中涵盖了 2017 年对教师素质要求与核心能力的最新修订。

2018 年颁布的法令

2018 年颁布的法令并未对高等院校所开设的"综合课程"带来显著的结构性变革，针对这些课程的改革主要聚焦于"课程内容的强化与更新"(Flemish Government, 2018, p. 4)，具体举措包括加大对语言教学和课堂管理的重视，以及致力于培养能够适应日益多元化社会的合格教师。2018 年的法令主要聚焦于由高等院校和成人教育中心所开设的"特定课程"的改革。自 2019 年起，原先由大学提供的为期一年的"专升本"课程被全新的"教育硕士"课程所取代。这 120 个基于欧洲学分转换与积累系统学分的硕士课程完全聚焦于学生对特定专业领域或学科的深入学习，不仅要求学生掌握该学科(如经济学或心理学)的知识，还注重培养其该学科的教学方法论能力。随着这些硕士课程的设立，以大学为基础的培训在佛兰德大区的职前教师教育体系中占据了新的重要地位，而原先由成人教育中心提供的课程则全面停止。自 2019 年起，佛兰德大区的职前教师教育将仅由高等院校提供，这一排他性政策标志着成人教育中心在提供教师职业教育课程实践部分的主导角色被正式取消(传统上，成人教育中心在这一领域发挥着关键作用)。该法令的解释性备忘录(*Memorie van Toelichting*)明确指出，将职前教师教育从成人教育体系(即成人教育中心)转移至高等教育体系(即大学和学院)的决定，是佛兰德大区推动教师教育学院化(academisation)进程中的一个关键步骤。佛兰德大区政府在 2018 年指出，尽管近几十年来比利时人口的平均受教育水平有所提升，但每一代新入职教师中拥有硕士学位的比例却呈现下降趋势。与 1996 年改革的核心逻辑相呼应，2018 年的法令再次凸显了教育质量、教师素质以及教师教育之间不可分割的紧密联系。

这一决定在当地民众中引发了广泛的关注与讨论。2018 年颁布的法令剥夺了佛兰德大区成人教育中心对教师进行教育和认证的法律权限(成人教育中心已积累了独特的专业知识，并长期以有志成为教师的群体为服务对象)，同时，教师教育工作者的职业身份、角色定位及工作环境也经历了重新定义。自 2019 年起，教师教育工作者这一职业群体主要被重新界定为高等教育机构聘用的专业人员,对他们的期望是积极参与并投身于研究工作,为教育领域的学习与教学提供有力指导。尽管高等院校近年来开始致力于发展研究专业知识,但成人教育中心在此方面却未有明显进展,这导致许多教师教育工作者被认为无法胜任高等教育部门对教师教育工作者的角色要求。因此,相当一部分教师教育工作者,他们中的大多数原本在学校担任"初级"教师职务,如今在新的工作环境中感到"格格不入",甚至有人已经离开了教师教育行业。

在该法令的推动下,佛兰德大区政府采取了一系列法律措施,以进一步塑造和优化职前教师教育的结构和组织。首先,将原先针对幼儿教育、小学教育和中学教育分别设定的三套独立核心能力体系,整合为一套统一的通用能力框架,同时不再遵循 2016 年概念文件中提出的关于区分不同核心能力水平的建议。其次,政府的目标是"招收更优秀的学生"(Flemish Government,2016,p. 12),为此,佛兰德大区自 2017 年起开始实施职前教师教育的入学考试制度。该考试支持线上进行,主要考查考生的语言能力(包括对小学数学知识的掌握)、学习技巧以及从事教师职业的动机。最终,在 2016 年,政府资助开设了一个专门面向教师教育工作者的硕士课程,该课程采用欧洲学分转换与积累系统,共计 20 个学分,聚焦于教师教育者的身份认同、课程设计、实践研究、合作教学以及反思性学习等多个维度。尽管政府持续强调教师教育工作者在提升教育质量中的核心作用,但遗憾的是,针对该课程的专项资助于 2020 年 10 月被终止。

尽管 2018 年法令所附的解释性备忘录将此次改革描述为一项旨在优化"课程设置、资金配置及人员地位"的结构性调整工作(Flemish Government,2018,p. 1),但显而易见的是,该法令及其配套法律措施同样体现了对教师职业及教师专业化所持的独特见解,这一点将在后续内容中得到进一步论证。这种观点既非新颖,也非随 2018 年法令的颁布而突然出现。实际上,2018 年法令的措辞和文本在很大程度上与过去的法律文件保持着相似性。本文旨在论证,当前的政策话语延续了对教师职业的一种特殊视角,即一种高度个体化的论述倾向,它将教师专业化简化为教师个人所拥有并展现的一种技术素质,这种素质被视为可量化和评估的对象。

第三章　关于比利时佛兰德大区现行教师教育政策中
对教师专业化概念的批判性审视

现行政策立法中教师专业化话语的制定

本节基于以下三个关键前提,重新构建了当前政策法规中所阐述的教师专业化话语:

前提 1:专业化是指教师个体所获得、拥有并能在实践中展现出的一种特定素质或能力。

前提 2:专业化要求教师不仅了解,而且能够有效地实施一系列"高效的方法或策略"。

前提 3:专业化的程度在一定程度上是可以被量化和评估的。

前提 1:专业化是指教师个体所获得、拥有并能在实践中展现出的一种特定素质或能力

当前的政策话语在探讨教师专业化时,倾向于采用一种个体化的视角,即认为专业化是教师通过参与职前教师教育以及持续专业发展(Continuing Professional Development,CPD)所逐步获得并内化为个人成就与特质的过程。[①] 在这一逻辑框架下,专业化被视为"一种持续追求并有待实现的状态"(Lingard,2012,p.52),它涵盖了每位教师是否具备或尚待提升的专业化水平,以及教师在教学实践中的专业表现程度。鉴于这种个体化的政策逻辑在教育领域拥有深厚的理论根基,因此其存在并不令人意外。例如,舍恩(Schön)于 1987 年提出的教师反思性实践模型,以及科尔布(Kolb)在 1984 年提出的经验学习理论,均已被广泛融入大多数职前教师教育课程的规划理念之中,两者均强调以学习者个人为中心的重要性。尽管职前教师教育中社会文化学习理论的兴起(Kelly 2006)显著强调了学习(及教学)在社会和文化维度上的重要性,但学习者个体在很大程度上仍被视为职前教师教育过程中的积极能动者。也就是说,学习(包括教学)往往被概念化为"主要发生在个体头脑中的过程"(Merriam and Caffarela,1999,p.55),而通过这种学习过程产生的知识则被视为学习者个人的财产或成果。

[①] 林加德(Lingard)于 2012 年对医学教育中关于能力看法的批判性分析,为上述前提提供了有力的支持。在该分析中,林加德运用能力的概念来阐释卫生专业人员的综合素质,其中就涵盖了专业化的内容。

专业化作为个体的一种重要素质，在2017年引入的职前教师教育入学测试中得到了显著的体现。该测试的主要目的是选拔出具备潜力的教师候选人。值得注意的是，这一测试是自愿参加的，其结果并不会成为学生参加所选学习课程的障碍。相反，这项测试被精心构思为一个反馈机制，其目的在于"为教师候选人提供一面自我审视的镜子，并巩固他们所选的学习方向"(Flemish government, 2019, p. 1)。职前教师教育的入学测试显然旨在帮助候选人个人识别自身的优势与不足，并使得教育机构能够通过制定"个性化的内容补救计划"来有效地弥补这些不足之处(Flemish government, 2019, p. 1)。政策传达的信息十分明确，即教学能力(以及学习如何教学的能力)是每位个体所应具备的素养。

该制度不仅旨在选拔个人成为教师，还承担着教育并培养个人以获得教师资格的重任，同时为新任教师和经验丰富的教师提供支持和帮助。职前教师教育与持续专业发展已成为一个亟待解决的问题，这两者需要携手助力新任教师从相对不胜任的教学状态逐步过渡到胜任阶段，并进而迈向专家级的教学水平。教师核心能力和素质要求中采用的表述，进一步揭示了当前政策背后隐含的个体化视角，如"教师作为学习过程的促进者""教师作为教学领域的专家"以及"教师作为教育创新的推动者"等，这些均彰显了教师个体在专业化进程中展现出的独特行为能力和角色定位。尽管"教师作为学校团队的一员"这一表述内在地蕴含了对教师专业化在更深层次的关系与协作方面的理解，但这种理解在实践中往往被狭义地归结为一系列个人能力，特别是"与学校团队合作和协商的能力""激励教师与团队分享并讨论自身教学与教学方法的能力"以及"对学校团队协作效能进行反思的能力"(Decision of the Flemish government, 2017, p. 3)。

展示个人主义逻辑的另一个有趣视角是，2010年，时任佛兰德大区教育部部长帕斯卡尔·斯梅(Pascal Smet)发起了一场"职业辩论"，旨在与所有参与者共同制定一项"职业契约"，其目标在于"提升教师的工作条件，使之更具吸引力，从而确保佛兰德大区能够吸引并培养出足够数量、既优秀又多元化的教师队伍"(Flemish government, 2015, p. 5)。职业辩论的一个核心议题聚焦于能力发展，该议题以职业阶梯模型为基石，旨在构建一个体系，使教师能够依据其能力表现逐步晋升，并伴随相应的薪酬增长。职业阶梯制度是一种旨在破解教师职业发展瓶颈的尝试，它通过为优秀教师提供明确的晋升路径来激励个体发展，但这一制度也需审慎实施，以避免对尚未获得晋升机会的教师造成不利影响。尽管整体协议尚未最终确定，但该协议的核心逻辑再次强调了专业化是教师个人所应拥有并实践的能力，且这种能力可以根据关键的职业决策（如晋升）来进行评估和考量。

前提 2：专业化要求教师不仅了解，而且能够有效地实施一系列"高效的方法或策略"

正如别斯塔所述，支撑当前政策话语的第二个核心前提是"专业化必须体现为有效的干预手段"（Biesta，2007，p.7）。其内在逻辑在于"专业人士通过执行特定行动……以达成既定的效果"（Biesta，2007，p.7）。教师在设计学习环境、进行授课、支持团队合作、与同事协作以及与家长沟通的过程中，所有努力均旨在实现预期的教育效果。近期的政策文件中频繁出现的"有效教师""有效教学"及"有效教育"等术语，均彰显了上述逻辑。同时，对"循证教学"与"循证实践"的日益重视，也进一步印证了这一逻辑导向。教师的专业化进程往往受限于"哪些教学方法有效/哪些教学方法无效"的技术性框架之中。教师素质要求与核心能力便是这一逻辑框架下的直接体现，这些政策工具旨在汇聚并推广那些经实践验证有效的知识、技能与态度。

若我们深入研读法令的文本内容，不难发现"哪些教学方法有效/哪些教学方法无效"的界定实则蕴含了双重逻辑。一方面，这种界定借鉴了科学研究方案，这些方案旨在探索影响有效教学与教师教育的关键因素（或变量），并据此构建了一个供教师和教师教育工作者参考的知识库（Vanassche and Berry，2019，p.11）。这不仅明确界定了何为有价值的研究，还进一步将实践、政策与研究之间的关系构想为一种技术性、线性且相对直接的"因果"链（Vanassche and Berry，2019，p.11）。在这一视角下，教师专业化聚焦于运用基于研究的知识体系来解决实际问题。这催生了一系列旨在缩小实践与研究之间鸿沟，并促进从业者更便捷地获取及运用研究成果的举措。例如，在过去的十年里，佛兰德大区教育委员会资助了多项以实践为导向的文献综述项目，这些项目旨在汇总"委员会成员当前及未来所需知识的科学证据"（Flemish Educational Council，2018）。这其中包括对课堂多样性的探讨（Struyven et al.，2013）、对神经科学与教育之间关系的深入理解（van Camp et al.，2015），以及对有效阅读理解策略的研究（Gobyn et al.，2019）。教师角色正在发生转变，他们不再仅仅是研究成果的被动接受者，而是越来越多地被鼓励参与到研究过程中来，共同构建并验证哪些教学方法真正有效的证据体系。例如，在解释性备忘录中，政府明确鼓励教师进行以教育学为核心的研究活动。另一方面,最新的政策文件则对"有效"这一概念进行了界定,具体关联到学校系统所需的专业人员数量与种类。正如 Simons 和 Kelchtermans(2008)所阐述的,"昨日'有效'的政策,往往会成为明日政策制定的指导原则,因而,过去的教学实践引领并塑造了下一代教师的教育发展方向"(p. 289)。在解释性备忘录中,师范生及教职工对报告中反映出的"准备不充分"问题所表现出的高度关注,充分印证了这一点。解释性备忘录对 2017 年职前教师核心能力咨询小组构成的更新产生了直接影响,该小组最终由来自职前教师教育机构、教职工以及教师工会的代表共同组成。

教师专业化的话语,即了解和实施"何为有效的教学实践",有时可能被误解为与具体情境脱节且范围过于宽泛的专业化理念。我们再次以最新的核心能力改革为例,根据教师素质要求的模型,将原本分别针对幼儿教师、小学教师和中学教师的三套不同核心能力进行了重新整合与编排,形成了一套统一的核心能力体系。这是一次明确的尝试,旨在构建一个适用于各种具体情境的通用框架,以确保"教师在任何教育环境中都能胜任其工作"(Flemish Educational Council, 2017, p. 2)。人们普遍认为,在初等教育中证明有效的教学方法,在中学教育中同样可能有效,反之,中学教育中成功的教学方法也可能适用于初等教育。

"哪些方法有效"的技术方案不仅用于评估个别教师的专业能力,更为整个职前教师教育领域的改革树立了典范。在这方面,一个显著的例子是,在重构职前教师教育领域框架的过程中,该技术方案采取了"整合高等院校现有提供者的专业知识"的方式,旨在提供更为透明、更符合传统且能满足更广泛职前教师教育入学群体需求的课程。政策制定者所面临的核心挑战在于优化现有的职前教师教育结构,以确保能够培养出数量充足且具备卓越教学技能的教师。在此过程中,灵活性与可及性被视为达成这一目标的关键要素(Flemish government, 2018, p. 6)。

前提 3:专业化的程度在一定程度上是可以被量化和评估的

1998 年,随着教师核心能力和素质要求的明确,我们不仅构建了一个讨论新任教师与经验教师专业化的话语体系,还设立了一个系统,旨在量化评估并考核个别教师的专业水平,从而有效区分新任教师与专家教师。"教师素质要求"是对教师为履行职责所必须具备的知识、技能及态度的详尽阐述(Ministry of the Flemish

第三章　关于比利时佛兰德大区现行教师教育政策中对教师专业化概念的批判性审视

Community,1999,p. 3)。而"核心能力"则作为衡量教师教育毕业生最低成就水平的基准,直接源自教师素质要求,但采用了更为基础、门槛较低的表述方式(Ministry of the Flemish Community,1999,p. 23)。这两种工具均建立在这样一个核心假设之上:我们能够明确识别并界定何为专业教师的标准。进而,我们可以假设教师的知识、技能及态度是可以被量化的(即形成教师素质要求),随后这些量化的标准可作为教育领域新入职教师教育的参考模板(即核心能力框架)。

这些教师素质要求的基本依据不仅在于教学质量,更在于教师所承担的责任。例如,政府向学校提供的教师手册中详细介绍了2008年修订的中学教师素质要求,这些要求被阐述为"教育界及社会对资深教师与新手教师的共同期望"。政府通过这些要求确立了教师的最低质量标准,旨在让家长及外部合作伙伴清晰了解教师所能提供的教育服务质量水平(Ministry of the Flemish Community,2008,p. 9)。教师素质要求是对优质且可接受的专业行为标准的清晰界定。从这一视角出发,教师素质要求犹如一张详尽的蓝图(Kelchtermans,2013),或是一份全面的清单,其中列出了教师个人必须掌握或至少需积极追求的知识、技能与态度,以确保他们能够自信地自称为"专业"教育工作者(Vanassche and Berry,2019,p. 11)。教师素质要求的明确以及随之制定的相关法规和惯例,标志着教育领域的一个重要转变:从单纯描述教师特定专业化的构成要素,转向具体规定教师在个人工作中应展现出的特征和标准。因此,通过教师素质要求对教师专业化进行分类和描绘,我们不仅能够(或至少有可能)在专业教师与非专业教师之间,或者在经验丰富的专家教师与初出茅庐的新手教师之间,划清界限并作出明确区分。

在过去的二十年中,教师素质要求已经逐渐成了教育领域的核心要素,或者如Ceulemans等(2012)所描述的那样,已经成了一种"既定事实"。这些要求不言而喻,它们不仅根植于"哪些方法有效"的深入研究(前提2),还获得了政策层面的坚实支持,彰显了我们对于提供优质教育的道德承诺。这些要求使我们能够全面监控个体、机构及系统层面的表现,同时兼具实用性和便捷性。例如,在评估师范生时,教师教育工作者和导师会依据这些教师素质要求进行评估;学校管理者在招聘新教师时,也会将这些要求作为重要的参考标准;职前教师教育提供者在设计教育课程时,会充分融入并考虑这些素质要求;同时,咨询委员会在审核职前教师教育提供者的过程中,也会严格参照这些标准;更重要的是,佛兰德大区教育部在制定未来教育政策时，也会将教师素质要求作为重要的决策依据。因此，佛兰德大区教师教育者协会（Flemish Association of Teacher Educators）在 2012 年提出了针对教师教育工作者的专业素质要求，随后在 2015 年，基于"最新的科学研究成果"，对这些要求进行了及时的更新（Mets and van den Hauwe, 2015, p.4）。这一连续性的举措显得尤为合理且必要。

有趣的是，尽管这些专业素质要求的焦点在于个别教师（教育工作者）的表现，但它们却意外地成了衡量整个教师教育课程质量的重要且有力的评估指标。职前教师教育提供者采用核心能力作为课程设计的核心框架及持续改进课程的关键工具，同时，在向包括政府在内的广泛利益相关者报告成果时，着重聚焦于核心能力的达成情况。这些核心能力构成了 2015 年政府委托的评估委员会的指导框架，旨在检视并评估"特定教师教育课程"的教学质量。

讨论

本章以 2018 年颁布的关于教师教育的法令及其配套政策措施为切入点，深入剖析了比利时佛兰德大区当前教师教育政策框架下所构建的教师专业化概念。这一概念清晰地反映出政策话语将教师专业化视为教师个体所获得、拥有并能在实践中展现的一种特定素质（前提 1），专业化的构建过程紧密围绕"高效的方法或策略"展开（前提 2），并且专业化的程度在一定程度上是可以被量化和评估的（前提 3）。

鉴于肯尼斯·伯克的观点——"每一种视角也是一种视而不见的方式"，我们已经阐明，政策法规中关于教师专业化的讨论与表述方式并非毫无影响或后果。政策话语在很大程度上塑造了人们对教师教育课程中教学内容及评估标准的看法，它确立或重新构建了关于职前教师教育应致力于培养何种类型教师的主导价值观。政策话语倾向于将研究与实践之间的关系重新构建为一种"因果关系"模式：研究为有效教学（及教师教育）的决定因素提供了科学证据，而教师（及教师教育工作者）则获取这些证据，并将这一知识体系融入他们的实际工作中。

我们完全可以说，这种因果逻辑并未止步于此。当前的政策话语着重强调，教师个人必须掌握必要的知识、技能和态度，以展现卓越表现，并认为提升教学质量的

第三章　关于比利时佛兰德大区现行教师教育政策中
　　　　对教师专业化概念的批判性审视

核心在于教师个体的素质与能力。这种对个人能力的过度高估,以及伴随而来的个人主义话语倾向,不仅可能误导对教师能力的评价,还可能加剧公众对教育质量的持续批评。然而,政策制定者却试图通过忽视教学成功与失败背后复杂背景因素的重要性,来消除这些批评,这种做法显然是不切实际的。文献中的众多实例表明,教师及其个人所具备的知识、技能和态度的重要性,或许并不完全如政策文件中所强调的那般显著。举例来说,教师间的同事关系(例如,Shah,2012)、微观政治动态(例如,Kelchtermans and Vanassche,2017)、个人教学信念与机构教学信念之间的契合度(例如,Vanassche and Kelchtermans,2016),以及学校领导力的影响(例如,Kelchtermans and Piot,2013)等因素,均非仅限于教师个体层面,它们同样在学校组织的文化和结构层面发挥着关键作用,是教师身份构建、学习体验、工作表现及"有效性"的核心影响因素。然而,在政策制定的话语体系中,却往往过分聚焦于教师个体这一单一要素,而忽视了其他同等重要的层面。

在政策审视教师专业化的过程中,第二个盲点在于过分地将教学视为一项单纯的技术性任务,从而忽视了其中所蕴含的道德维度与考量。例如,当一个学生未能掌握某个概念的核心时,老师面临是否继续当前教学进度的抉择。这一决策表面上看似是关于差异化教学或教学指导的技术性选择,实则深藏着老师对教学目标与宗旨的深思熟虑(Kelchtermans,2009)。这个例子揭示了"有效性"或"什么有效"的问题(前提2)可能是一个误导性的设问。正如别斯塔在2007年所阐释的,"有效性"本质上是一种工具性价值,因为它关注的是过程的质量,而非干预措施所追求的目标及其背后的深层意义。这意味着,单纯地谈论有效的教学或有效的学校教育是缺乏深度的,因为我们始终需要追问的是这种有效性是相对于什么而言的?(Biesta,2007,p.7-8)因此,教师的专业化不仅体现在他们知道如何在工作中运用研究证据(即支持循证教学概念的基本原理),更在于他们能够根据特定学生在特定学习阶段的学习和发展需求,设定有意义的目的和目标,并据此采取行动(Vanassche and Berry,2019)。在过分强调教师专业化的技术层面的同时,相关政策可能不经意间将我们的关注焦点从教师在教育实践中面临的更为深层次的道德问题和考量上转移开了。

这一分析明确指出,政策制定者与研究人员在讨论和阐述教师专业化问题时所采用的方式至关重要。他们所运用的语言框架不仅映射出我们所探讨(或意图提升)的现实——即教师专业化,而且还在一定程度上塑造了这一现实。政策话语具有选择性和倾向性,这一观点早在 Burke(1935)的论述中就已得到体现。

本章编者

埃利纳·瓦纳什博士是比利时鲁汶大学心理学与教育科学学院的终身教授。她曾是英国东伦敦大学的玛丽·居里研究员,并在荷兰马斯特里赫特大学担任过助理教授。瓦纳什博士的研究兴趣广泛,其中包括从话语分析的角度探索教师教育。近期,她的研究重点转向了定位理论和框架分析,旨在深入理解微观与宏观语境中意义生成的过程及其相互之间的作用。

史蒂文·布鲁尼尔是比利时鲁汶大学心理学与教育科学学院的博士研究生。他同样在比利时鲁汶大学获得了教育学硕士学位。布鲁尼尔的博士论文聚焦于职前教师教育背景下的导师指导制度,特别是深入分析实习期间实习教师、导师与教师教育工作者之间的相互作用与关系。

洛尔·克里斯蒂安是比利时鲁汶大学心理学与教育科学学院的博士研究生。在她的博士论文中,她采用了生态学视角来探讨教师能动性,并将教师能动性界定为教师所拥有的意愿、技能以及为教育实践提供指导的机遇。

第四章

后疫情时代加拿大的教学和教师教育：背景、危机、批判和复杂性

安妮·M.费伦，吉尔·D.莫里斯

摘要：在过去 25 年中，加拿大的教师教育持续展现出教学专业化的倾向。然而，一个令人忧虑的现象是，由于缺乏全国统一的教育体系，这种倾向并未能有效促进加拿大各省内部及跨省份间教师教育课程的整合。加拿大各大学学院的院长们通过加拿大教育院长协会（Association of Canadian Deans of Education，ACDE）共同达成了一项协议，该协议旨在由协会牵头，构建并推动一个跨越全加拿大的公共教育平台，以便就公共（教师）教育领域的关键议题展开深入对话与交流。在此背景下，我们深入研读了加拿大教育院长协会于 2020 年发布的一份重要立场文件，标题为《后疫情时代加拿大的教学和教师教育》(*Teaching and Teacher Education for a Post-pandemic Canada*，以下简称"立场文件"）。该文件不仅强调了加拿大政府对教学和教师教育领域进行投资的重要性，还提出了对该领域进行深刻反思与重新规划的呼吁。我们对这份立场文件的福柯式分析（Foucauldian analysis）揭示，该文件并未以变革之名颠覆主流教育话语或现有权力结构，相反，它似乎在为加拿大提供了一系列"相似却可能更为不利"的要素。我们明确并深入研究了构成该立场文件的四种核心权力关系：全球化与本土化、学校与社会、研究与实践以及中心与边缘。这些关系深刻地揭示了加拿大教学与教师教育领域正面临的趋势，即教育日益被工具主义（instrumentalism，强调教师教育的主要目标在于服务于经济需求）和共识主义（consensualism，旨在将多元观点整合为单一共识）所主导的现象。最后，我们提出假设，"去身份化"（disidentification，即个体或群体主动剥离固定身份标签，以更开放的态度承认并接纳多种相互冲突的关系和立场）的过程，或许能为加拿大在当前时代背景下重新审视和定义教学与教师教育提供更加有利的视角。

引言

过去 25 年间，加拿大教师教育的显著特征在于其日益增强的教学专业化倾向，这一趋势伴随着知识体系、实践方法以及教师身份认同的同步发展与巩固（Perlaza and Tardif，2016）。然而，一些加拿大研究人员担忧，在缺乏统一教育系统的背景下，这种倾向并未能成功促进加拿大各省及地区内部，以及跨省份之间的教师教育课程的有效整合。这些研究人员的目标是在全国范围内，就教师教育的结构和内容达成一项全面覆盖加拿大的共识（Hirschkorn et al.，2013），尤其是鉴于《加拿大国内贸易协定》(Internal Trade Agreement，ITA）促进了教师跨省流动性的显著提升。

第四章　后疫情时代加拿大的教学和教师教育：背景、危机、批判和复杂性

然而，对于另一部分人来说，一个更为紧迫的议题，是如何满足不同辖区如不列颠哥伦比亚省、萨斯喀彻温省及努纳武特地区等各自的本地教育需求（Perlaza and Tardif, 2016）。加拿大教育院长协会（该协会致力于在加拿大全国范围内引领专业与教师教育、教育研究以及教育政策制定）已达成一项妥协协议，并公布了《泛加拿大教师教育协议》（*Pan-Canadian Accord on Teacher Education*），这是加拿大教育院长协会就其在加拿大公共教育体系中的功能与责任所做出的最为公开透明的协议之一。《泛加拿大教师教育协议》总结了一系列与教育紧密相关的共同承诺与价值观，同时明确指出了在提供教师教育课程的机构之间存在着"独特的地区性、机构间以及语言上的差异"。加拿大教育院长协会的一个重要既定宗旨是构建并推动一个覆盖全国的公共教育平台，以便就公共教育的关键议题展开广泛对话。

尽管加拿大教育院长协会以往的出版物，尤其是《泛加拿大教师教育协议》，均是其与全国各地教育机构广泛协商的结晶，但协会最近发布的那份立场文件却具有前所未有的开创性和里程碑式的意义。该立场文件的核心目的在于明确阐述教育的优先发展事项，并指出政府应在教师教育、教师培训及科研领域加大投资的具体方向，以此作为推动教育恢复与发展的战略举措（ACDE, 2020, p.3）。在该立场文件中，加拿大教育院长协会详尽地列举了当前社会背景下加拿大教育环境的七大显著特征（例如，教育专业人员正承受日益加剧的工作压力；公平获取在线教育资源的挑战；女性在教育应对策略中的关键作用；教师候选人学业受限的情况；教师资源短缺的问题；以及教师与学生面临的健康需求与潜在风险）。协会进而呼吁加拿大政府与高等教育机构聚焦于一系列"优先发展事项"（包括心理健康支持、即时且相关的研究、专业教育质量的提升、以公平为核心的教育对策，以及教师教育项目的可持续性发展）（ACDE, 2020, p.9）。此外，协会还明确了实现成功的五大关键要素：关注心理健康与福祉，促进尊重、和解与权利保护，培养能力与才干，增强连通感与内聚力，以及提升韧性与变革能力（ACDE, 2020, p.11）。

在本章中，我们强调，在发生疫情风险的背景下，立场文件的出现具有不可忽视的重要意义。这份文件不仅是对当前状况的一种描述性概述，更蕴含了对未来发展方向的一种规范性指导与声明（Schapira, 2019）。有观点认为，当前教育领域所面临的困境，为重新构想一个以实体学校为核心的教育体系既带来了挑战，也提供了前所未有的机遇（ACDE, 2020, p.1）。若当前正值重新构想教育体系并凸显教师教育

重要性的关键时刻，人们自然会期望加拿大教育院长协会发布的立场文件能够突破现有的教育论述框架，并对现有的权力结构提出挑战。然而，我们的分析结果显示，实际情况并未如此。在认可立场文件中确实存在若干紧张关系的同时，我们可以确定的是，该文件并未带来我们所期待的变革，反而呈现出一种"相似却可能更为不利"的局面（Latour, 2020）。我们认为，该立场文件预示着加拿大教师教育领域即将陷入由"工具主义"与"共识主义"构成的"话语双寡头垄断"局面（Clarke, 2012）。在此框架下，工具主义普遍将教师教育的主要目标视为服务于经济需求，而共识主义则侧重于将多元化的观点整合为一个统一的立场（Clarke and Phelan, 2017）。尽管立场文件确实识别了教育领域的多元参与者，但它却试图将这些参与者整合到一个统一的视角或"有序的多样性"框架之中（Foucault, 1979）。在本章的结尾部分，我们推测，采用一种"去身份化"的过程（Muñoz, 1999），即承认并融合多种关系和立场，可能更有助于我们为当前时代重新构想和设计教师教育的课程体系。

危机

20世纪期间，北美的教育与教师教育领域历经了多重危机。1983年，美国全国高质量教育委员会（National Commission on Excellence in Education）发布的《国家处在危险之中：教育改革势在必行》（*A Nation at Risk*）报告警示称，教育质量的平庸正严重威胁着美国在全球经济中的领先地位。随后，在1987年，美国历史教育学家黛安娜·拉维奇（Diane Ravitch）与教育学家小切斯特·E. 芬恩（Chester E. Finn, Jr.）共同出版的《我们17岁的孩子知道什么：关于首次全国历史与文学评估的报告》（*What do our 17-year-olds know: A Report on the First National Assessment of History and Literature*）进一步指出，鉴于美国青少年在历史知识方面的匮乏，维持并提升公民的整体知识水平成了一项艰巨的挑战。这两份报告与著作均强调了制定统一课程标准（或共同课程）的迫切性与重要性。在这两个案例中，美国关于国家教育标准的讨论均隐含了教育在社会再生产中的关键作用，明确承认了变革的迫切性，并将推动这一变革的责任直接指向了教师及教师教育领域。

加拿大同样经历了一段教育危机史，尽管其表达方式没有美国那么激进，且这些危机在影响范围上也未及美国广泛。1995年9月，时任加拿大安大略省保守党政

第四章　后疫情时代加拿大的教学和教师教育：背景、危机、批判和复杂性

府教育部长约翰·斯诺贝伦(John Snobelen)被揭露曾"人为制造危机,以激发公众对本省教育系统进行全面改革的支持"(Brennan,1995,p. A3)。25年后的今天,我们正处于一个前所未有的特殊时期。在审视传染病对教育与教师教育所带来的影响时,加拿大人正面临着一场全新的危机。然而,在这段过往与当前之间,我们察觉到了一种共鸣,这为我们提供了一个宝贵的契机,促使我们深入思考这一"危机"时刻所蕴含的深层意义与潜在机遇。

约翰·斯诺贝伦在安大略省所引发的教育困境,与当前社会对教育提出的实质性挑战虽属不同范畴,但两者在"危机叙事"的构建上或许存在共通之处。在这些论述中,特定的干预措施被认定为合理且可行的方法(Cordero,2017,p. 144)。加拿大教育院长协会在其2020年发布的立场文件中宣称,"当前的变革已通过对教育和教师教育的重塑与重新构想,永久性地转变了教育的格局",并坚称这些提议是构成"复兴战略"不可或缺的组成部分(ACDE,2020,p. 2)。然而,正如Cordero(2017)所阐释的,依据福柯(Foucault)的理论,变革的核心在于对抗"恢复"的惯性,重新构想则是一个持续探索与突破的过程,它视危机为不竭的批判动力。在这种批判视角下,一切均处于流动与变化之中,无一物是永恒不变的,万物皆蕴含"危险"的潜力,而任何概念都展现出一种富有创造力的"脆弱性",因为它们随时可能成为变革的催化剂。这与新自由主义的核心理念相悖,后者建立在一种特定的话语体系之上,该体系试图通过设定"可能的、合理的及恰当的界限"来"界定政治与社会空间的边界",包括教育等领域内的权力关系,尤其是在危机时期更为明显(ACDE,2020,p. 146)。那么,加拿大教育院长协会的立场文件究竟能在何种程度上利用这一"危机"时刻作为契机,去瓦解那些塑造我们对当前教育及教师教育认知的既有权力关系?同时,这份立场文件又在何种层面上挑战了现有的教育论述,进而为我们重新构想教师、教师候选人及教育研究者的角色定位与意义提供了实质性的可能?

我们对这些问题的探讨采用了福柯式问题化的分析框架。问题化作为一种将思考过程视为实践活动的方法论,深入剖析了某一问题或现象被"问题化"的"参照框架"——即其形成与演变的过程(Bacchi,2010,p. 1)。我们对待问题的处理方式,揭示了我们认为需要变革的方面,并进而决定了我们如何界定或"构成"这个问题(Bacchi,2010,p. 4)。通过详尽分析加拿大教育院长协会于2020年颁布的立场文件中明确提出的优先事项、预期成果及成功标准(或称为"标记"),我们能够更深刻地

洞察加拿大教育领导者如何将教师教育视为一个需要深思熟虑与规划的思想课题，并从福柯理论的视角出发，探讨他们如何将教师教育作为一个亟待解决的"问题"来加以处理。这一假设建立在一个核心认知之上，即教师教育并非孤立于由特定知识体系与规则所构建的权力关系之外。政策制定者往往倾向于将教师教育视为一种由稳定政策驱动的实践，并在此框架内寻求所谓的"最佳教育模式"，这种做法实际上体现了"嵌入于话语地位层级中的复杂权力关系网络"（Eveline and Bacchi, 2010, p.147）。在构建"问题"框架的过程中，加拿大教育院长协会的立场文件似乎不经意间将教师教育置于了一个包含多重限制与排斥因素的系统之内。

我们对立场文件的分析涵盖了两个维度。首先，我们深入探讨了在当前社会背景下，教师教育是如何被分类、检评、质疑及剖析的，具体分析了话语实践如何界定"教师""教育""教师教育工作者"及"教育专业人员"等核心概念。其次，我们明确了支撑这些分类背后的权力关系网络，包括可思考与可认知的边界，以及随之产生的紧张关系与矛盾点。一场危机往往被视为对既有"常态"的颠覆，它可能成为重新构想与重塑的契机。然而，同时需要注意的是，危机也极易被主流理论机制所利用，进而加剧其影响力。简而言之，我们的目标是通过对"常规做法、既定安排及现有结构"的常态化过程进行批判性审视（Spencer and Taylor, 2010, p.48），将教师教育作为立场文件探讨的核心议题，以此促进教师教育的开放性讨论，进而审视、剖析并挑战那些影响教师教育产生、制定与维持的深层次权力关系。

批判

无论危机是人为制造的、虚构的，还是源自真实事件，最令人担忧的是其失控的状态，即无人能完全掌控这一局势（Bauman, 2005）。这或许是立场文件在危机时刻倾向于不大幅偏离既有现实的一个原因，即便它们往往包含慷慨激昂的言辞。加拿大教育院长协会发布的立场文件亦不例外，该文件采用了"机构可理解和可管理的框架"（Matus and McCarthy, 2008, p.74），旨在提供一个清晰、有序的优先事项列表，以及行动计划和成功指标的详细说明。然而，在此过程中，立场文件却突出了一种熟悉的"技术主义论述"，它围绕着专家、专业技能以及界限维护等议题展开，同时融入了新自由主义的术语，如"投资""创新""世界一流""经济效益"及"人力资本"

等。接下来,我们的分析将聚焦于立场文件中明确提出的四种关键权力关系:全球化与本土化、学校与社会、研究与实践以及中心与边缘。

全球化与本土化:民主的削弱

加拿大教育院长协会在其立场文件中呼吁各国或地区政府及高等教育机构共同投资于一项国家战略,旨在促进并恢复教师教育的活力与效能(ACDE,2020,p.11)。然而,关于谁将主导该战略制定的疑问,虽然在初期可能引发困惑,但这一问题并不会长期悬而未决。决定课堂内发生的事情的首要因素及其相互关系,在立场文件中由于普遍性的考量而显得不那么直观明确。特别是,加拿大教育院长协会发布的立场文件,其引用资料中引用最为频繁的是来自经济合作与发展组织的资源。经济合作与发展组织致力于协调国际合作,旨在推动以经济进步为核心指标的国家发展。因此,在立场文件中提及的"衡量当前及疫情后加拿大繁荣程度的一个重要量化指标",便是"探究教育如何通过增强人力资本、促进创新及加速知识转移,对加拿大疫情后的经济表现产生积极影响的机制"(ACED,2020,p.11)。立场文件建议读者在阅读时采用量化分析的方法,鉴于"世界银行的研究显示,那些拥有成熟且经过实践检验的信息工具及应急反应计划的系统,在从紧急情况中恢复方面展现出了更优的表现"(ACED,2020,p.11)。显然,"恢复战略"高度依赖于大数据、复杂算法以及最佳实践,而在实施这些最佳实践的过程中,学生和教师被视为达成战略目标的关键因素或手段。在立场文件中,一个更为精炼且语法正确的表达可以是"在加拿大,我们致力于通过提升学校及学习环境中的创新力、效率、公平性与反应速度,来构建一个领先且世界级的教育体系。"(ACED,2020,p.9)加拿大明确表达的愿景是使其学校体系成为公认的"世界一流"的教育体系,这一愿景强化了加拿大在国际社会中的地位,特别是与经济合作与发展组织等国际机构之间的权力关系。我们教育体系的目标,若仅仅依据经济合作与发展组织的国际学生评估项目中的竞争条款来定义,可能会受到局限,因为这将导致教育领域内的话语被经济话语所主导,并在相关文本中得到体现。这可能会促使学生个人及集体倾向于接受通过"象征性媒介"获得的教育经验,而非传统的"直接"教育经验(Clarke and Phelan,2017,p.18-20)。此外,学校作为社会舞台的重要作用往往被忽视,在这个舞台上,人们每天都能直接体验生活并重塑民主观念,防止以包容之名行排斥民主之实(Hansen and Phelan,2019)。

鲜有人否认，我们的生活和教育工作目前正置身于全球化与本土化之间的紧张关系之中。这呼吁我们不仅要培养新的地域意识，还要对全球化带来的变革做出全新的回应(Smith 2008,p.36)。我们认为,这种回应应当包括对全球化意图的密切关注,以及全球化对我们产生的具体影响的深入审视。加拿大教育院长协会对经济合作与发展组织及世界银行等机构所倡导的全球及全球化话语的依赖已成为一种常态,这进一步印证了伯格(Berger)在2014年对全球化趋势的阐述,即个别国家或地区政府的管理权正逐渐受到全球力量的影响与重塑。加拿大教育院长协会是否也应该更加关注民主原则的式微？此外,我们也需要审视所谓的泛加拿大教师教育思想理念中的这种式微现象是否存在。

学校和社会:对教师负责

加拿大教育院长协会无疑将教师视为其组织的核心组成部分。教师作为风险与安全话语之间的关键纽带,是推动社会和教育发展的关键角色。用来描述教师及其职业的语言,以及探讨教师与自我之间伦理关系的表述,深刻揭示了作为教师的身份认同及其可能遭遇的意义局限性——我之所以将自己视为教师,很大程度上是因为我符合当前社会语境下所界定的职业规范与价值体系。正如立场文件(ACDE,2020,p.6)所强调的,女性教育工作者占据了教育工作者总数的84%,即便在长期存在的性别不平等和针对女性群体的刻板印象背景下,她们依然能够被视为"教育策略的引领者"。尽管教学职业中明显的女性化倾向蕴含了诸多值得深入探讨的层面(且众多学者正致力于这一重要课题),但此处的预设是,教师这一角色往往具备自我奉献的精神特质。教师在自己承担风险的情况下,完成了超出其职责范围的工作任务。教师对于工作量的担忧,过去常被简单地视为个人因素,融入其职业体验之中。然而,这一视角现已得到巧妙转换,使我们能够更全面地审视其背后可能存在的系统性问题(或潜在的不公正),并探讨如何正确认识及有效应对这些挑战。教师的自我牺牲精神和愿意超负荷工作的态度被视为其独特的"能力"体现。政府和高等院校应当正视并合理解释这种超额工作量,同时有效利用这一资源,以确保教师能够持续在教育领域发挥引领作用。这一现象不仅显著揭示了教师与学校或教育机构之间的权力关系,还构建了教师在伦理层面上的自我认知,即他们如何理解自己的角色、能力以及应当承担的职责。

要求教师对无法控制的事情负起责任或要求他们正视并努力克服系统性的不

平等,也体现了立场文件中"韧性"概念的精髓。立场文件将"韧性"定义为一种能够克服挑战并从不利环境中恢复过来的品质,并着重指出,为了维持"学生在当前复杂社会环境下的学习能力",必须"将学生、教师及教师候选人的心理健康与福祉置于首要考虑位置"(ACDE,2020,p.9)。早先,学校对于心理健康问题的应对策略在很大程度上便已被"韧性"这一概念所框定,人们普遍认为,教师能够找到应对日益严苛的问责制度所带来的巨大压力的方法(这无疑是过往"危机"论述的直接产物,比如1995年斯诺贝伦在安大略省主动引发的教育危机便是一个典型例证)。人们普遍期望教师自身具备韧性,并承担起培养学生韧性的重要责任。加拿大教育院长协会发布的立场文件,在当前背景下仅提出继续前行的呼吁,这一举措深刻揭示了危机话语所带来的复杂与困惑。该协会在教育与教师教育投资方面所追求的"高水平"成就的一个显著标志,是将"韧性"与"变革"两大要素相融合(ACDE,2020,p.10)。这一融合揭示了概念层面的内在张力,这种张力有可能(或潜在地)挑战并重塑立场文件所反映的当前教育危机话语的既有逻辑与合理性。韧性被广泛认为是教师的核心定义特征之一,也是教师教育工作者应当为当前及未来教师着力培养的能力。它体现了一种在逆境中坚持不懈,并在遭遇挑战后迅速恢复常态的价值观,是教师职业精神的重要组成部分(ACDE,2020,p.8)。如果"变革"被理解为对现状的根本性改变,那么过度强调韧性可能会在某种程度上限制教师主动寻求变革的意愿和能力,从而无意中使教师再次被置于"被动适应变革"而非"积极引领变革"的角色中(ACDE,2020,p.10)。这种变革的定义是"通过人力资本的发展、创新以及知识的转移来提升加拿大当前的经济表现"(ACDE,2020,p.11)。同时,投资于创新的教育研究与开发,旨在创造新的知识技术或话语实践,以应对教育领域中可能出现的限制和挑战(ACDE,2020,p.10)。

研究与实践:探究的边界

加拿大教育院长协会的立场文件对教育研究者的工作及其所产生的知识,与教师和教师候选人的实际经验(或经验不足)之间进行了明确的区分。在这份立场文件中,教师研究人员和教育工作者被明确界定为"专业知识"的"传播者"或"贡献者"(ACDE,2020,p.8)。教师、教师候选人,以及教师教育工作者,常被视作"专业支持和学习"活动的"接受者"或"参与者"(ACDE,2020,p.9)。这种权力结构往往导致教师和教师候选人被定位为知识的被动接受者,而非积极的知识生产者。然而,尽管教育研究者的权威性在某种程度上依赖于教师的从属地位以及他们所掌握的信息，但这种关系并不直接等同于赋予教育研究者额外的权力。教育研究者之所以被界定为知识的创造者与传播者，是因为他们具备在公认的教育领域内，基于当前认知的"真实"或可验证的知识基础，提供明确且可识别的专业见解与知识的能力。因此，教育研究往往受到知识权力的影响，这种权力根植于教育工具主义的理论之中，即教育专业知识的价值被评估为其与学校实际情境的"相关性"和"响应性"程度。

当前的危机环境凸显了这一重点：研究必须"聚焦于支持当前的教学创新"（ACDE，2020，p.8）。需要明确的是，关于学校现状的知识和权力，并非仅仅源自教师或教师候选人的个人经验。立场文件中的核心观点是，借助对实时数据的独立深入分析，我们能够洞悉教师教育系统各个组成部分的活动状况、成果成效以及实际需求（ACDE，2020，p.10）。该文件非但没有对传统教育研究者、教师及教育知识之间的权力关系提出挑战或进行变革，反而借助当前危机的特殊性，即社会对教育系统可能发生的变革的迫切应对需求，强化了与教育及教育研究相关且被视为有益的因素。

而且，从目前的发展趋势来看，数字技术在教师教育领域中的重要性愈发凸显。数字技术被公认为应对"实体学校"所面临挑战的有效方案，如今它展现出变革乃至重塑传统学校形态的巨大潜力，这包括我们熟知的课程内容、教学方法、时间空间布局，以及学校与社区之间的关联模式（Gauthier，2020，p.1）。然而，尽管数字技术日益普及，学校形式非但没有消失，反而在其影响下得到了进一步的演进（Gauthier，2020，p.10）。例如，借助 Zoom（一体化智能协作平台）等数字工具，学校能够实施包括增强监控在内的新的管理方式，这些在数字技术的推动下成为可能。

在危机时刻，人们往往会采取权宜之计，将研究人员对知识的强调误解为一种基于当前事件而自认为的、拥有发言和行动资格的假设（Smith，2008，p.37）。尽管如此，"基础主义往往在文化动荡的时代里茁壮成长，为那些复杂难解且广泛涉及的问题提供清晰而简洁的答案"（Smith，2008，p.44）。史密斯（Smith）认为，一个传统上常被探讨的问题——"什么知识最有价值？"——如今正逐渐被"这个知识值多少钱？"这一更为实际的问题所取代。作为教师教育工作者，我们或许需要深刻反思，在当前的背景下，研究者的知识是否应当成为教学和教师教育价值评判的最终权威。这一思考不禁让我们联想到贯穿整个立场文件的核心议题——"公平"问题。

中心与边缘：分歧解决

在立场文件中,教育和公平问题往往被置于经济学的视角下进行探讨和解决方案的提出。尽管经济是教育和公平领域中的一个重要因素,但仅从经济价值的角度出发来探讨教育或教育与公平的相互协调,可能会限制我们对两者深层次潜力和相互关系的全面理解。在探讨教育和公平的构建时,除了经济学的视角外,我们更应关注的是,经济学的基本论述往往侧重于增长与进步的推动,从而赋予"创新"这一概念以极高的重视。"创新"一词常与技术进步紧密相连,尽管两者常被提及于同一语境,但它们并不完全等同,因此不宜简单互换。另外,"技术"一词在现今语境下,已逐渐趋向于成为数字网络的代名词。加拿大教育院长协会的立场文件明确指出,加拿大教育体系的成功应基于其能否公平地利用计算机和互联网技术,为加拿大构建一个强大的社会与经济未来。这一目标的实现与解决原住民社区、有色人种社区以及多样化学习环境中持续存在的系统性和结构性不平等问题紧密相连,且这些不平等问题可视为影响教育体系成功的直接因素(ACDE,2020,p.5)。

可以明确的是,为了遏制传染病的传播而实施的面对面教学限制措施,加剧了我们对各级数字教育技术的需求。例如,为偏远的原住民社区提供稳定的互联网接入,并"拓宽对'实践'范畴的理解,以便认可并采纳那些经过监督的数字教学经验"(ACDE,2020,p.7)。这些紧迫的需求进一步加剧了当前学习机会和学习质量方面的不平等现象(ACDE,2020,p.5)。然而,这里有一个隐含的前提,即高质量的学习被界定为掌握与技术创新紧密相关的当前技能和机制,且这种学习质量与经济进步之间存在着直接的关联。通过教育技术实现公平地获取一个基于经济理性的系统,该系统试图将复杂的人类需求简化为如"教师供给"(ACDE,2020,p.7)、"机会成本"(ACDE,2020,p.6)及"目标公平群体"(ACDE,2020,p.9)等客观衡量标准,但这种做法并不等同于对教育或公平概念的"重新构想"或"根本性变革"(ACDE,2020,p.2)。

这并不是说数字互联互通水平的提升不能助力除狭义数字技术之外的其他类型创新,例如,通过融入尊重原住民文化价值观——这些价值观强调平衡、互惠和环境管理——来重新构想在线教育课程。这种创新形式将超越经济视角的局限,实质性地挑战并打破那些传统及现有的权力架构，这些架构往往赋予教育系统对原住民文化和社区的某种凌驾地位。这种转变将使我们更难以将向原住民、梅蒂斯人和因纽特人社区提供的特定信息、指导和支持中可能存在的殖民主义倾向，而与"尊重"和"和解"的意愿相混淆（ACDE，2020，p. 11）。公平与教育的真正意义，并非仅仅在于向边缘化的"他人"传授那些仅在特定话语体系下才能显得客观的知识，以迫使他们与处于所谓的主流地位的"我们"保持一致。相反，它在于提供一个包容、平等的学习环境，让所有人都能根据自身的文化背景和经历，自由探索知识，追求个人成长与发展。公平需要达到真正的客观性，这种客观性体现为一种能够保护事物内在脆弱性的能力，从而使人们有可能共同构想事物的不同可能性。

复杂性

正如斯诺贝伦所洞察的那样，危机往往最能为变革性的政治干预铺平道路。危机的暴发意味着在面对威胁或突如其来的危险时，人们需要迅速做出反应与决策。对危机的政治回应与政治行动在本质上是有所区别的。就政治行动最基础的形式而言，它通常表现为民众因认为政府在某些领域表现不佳而采取的举措，比如通过投票来更换政府代表（Cordero，2017，p. 141）。就政治行动概念的局限性而言，政治行动可以被视作一种批判性实践，它源自人们对共同关切问题的持续且多元化的批判性参与。在这种被视为批判性实践的政治对话中，我们的观点和看法各不相同。这些差异在一定程度上是被允许、鼓励甚至可以说是被接纳的，因为它们促使我们不仅仅局限于"该做什么"的层面，而是激发我们保持开放心态，去探索更多可能性，想象还有什么可以进一步实现。然而，政治对话中的分歧所引发的紧张和不安，也影响了我们思考和回应权威的方式。在这一全面的观念里，批判性的政治行动不仅使我们和我们的世界受到审视，激励我们持续行动，还为我们开辟了想象不同情境、探索新的可能性的道路。

当危机降临时，我们或许更倾向于团结一致。面对危机，大多数人会选择放下分歧，携手合作，共同应对危机，以期顺利渡过难关。当周遭一切似乎都岌岌可危时，我们更可能倾向于将批判精神及因差异而生的质疑视为不受欢迎，乃至可疑之物。危机时刻虽然看似可能导致政治行动的暂时减缓，但实际上却使我们变得格外易受"治理成效显著时刻"的影响(Cordero,2017,p.141)。这样的时刻更容易左右我们的决策和行动方向。危机为治理变革铺平了道路,为通过实施救援措施、推动经济复苏及明确未来发展路径来扩展和加强知识体制提供了契机。在这一关键时刻,新自由主义理论往往能够展现出其独特的优势,特别是在应对"不稳定和混乱"的危机局面时表现尤为突出(Cordero,2017,p.144)。通过将问题简单归咎于个人的非理性和不负责任行为,政府机构可能会倾向于提供一种看似客观的解决方案,即一种明确且直接的答案,这种方案往往呼吁个人暂时搁置分歧,专注于眼前急需解决的任务,而不太考虑长远的后果。然而,这种做法可能忽视了问题的复杂性和多维度性。

在危机的唤起、现状的诊断以及对教学和教师教育前景的预测过程中,立场文件自然而然地引导加拿大教育工作者趋向一种既定的标准或规范。"唤起危机本质上要求存在一个参照的规范,因为危机的界定依赖于一个比较状态,即判断其相对于何种状态而言构成了危机"(Roitman,2014,p.18)。此处所指的"规范",即为加拿大教育院长协会在未来将秉持的立场或原则。

福柯强调,他的观点并非"一种必须全盘接受或全盘否定的教条式陈述"(Foucault,1991,p.90-91),而是应被视为一种诚挚的邀请,鼓励我们参与到他所发起的深刻对话中来。尽管我们明确认识到理论探讨与政策制定之间存在差异,但不可否认的是,类似加拿大教育院长协会这样的组织所发布的立场文件,在学术界中扮演着举足轻重的角色,它们似乎成了表达和传播特定教育理念与词汇的关键媒介(Ball,1995)。加拿大教育院长协会选择将其目标定位于"本质上遵循衡量教育政策社会成果的功利主义传统"(ACDE,2020,p.266)。该协会对以往的问题假设进行了重新构建,该假设原先聚焦于教育专业人员(含研究人员)在"通过科学和技术手段实现事件的'掌握'或控制,进而达成渐进、有序的增长或发展"过程中所扮演的角色(ACDE,2020,p.267-268)。例如,教师教育和教育研究的实践与政策之间常常相互交织、相互影响,而我们却往往天真地将它们视为具有中立地位的力量,认为它们是反抗不平等的积极推动力。这种观念实则是自欺欺人的。

加拿大教育院长协会对疫情的反应凸显了一场激烈的竞争,明确了我们作为教育工作者的身份定位以及我们工作的潜在价值与意义。我们尝试通过采取补救措施和做出承诺来摆脱无能为力的感觉,但在这一过程中,我们过度地接纳了全球资本主义中关于生产、竞争和未来主义的主导观念。然而,在重新构想教学与教师教育的过程中,需要实施的是"去身份化"的管理与协商策略,而非同化或排斥主流意识形态。"去身份化"能够以一种策略性的方式,对文化形式同时产生积极影响(Muñoz,1999,p.12)。除了选择通过认同来屈从新自由主义话语的压力,或是试图以反认同或乌托邦主义的方式逃避之外,我们是否能在教育领域实践一种更为积极的政治学？例如,相较于制定一份立场鲜明的文件,发布一份讨论性质的文件,为教育领导者提供探索多元观点和思维模式的平台,可能更具战略眼光。诚然,我们无法完全摆脱主流意识形态的影响,但我们可以编纂政策文件,这些文件不仅体现复杂性,还蕴含反思性,认识到我们的理性乌托邦愿景往往是在我们试图超越或批判的现有话语框架中逐步形成的(Ball,1995)。作为教育领导者,我们或许会面临一个关键抉择:在管理流程中,是仅仅执行既定任务,成为高效的社会管理技术人员,还是勇于自我重塑,成为知识分子与文化批评家？在实践中,"去身份化"的过程可能看似会引发"身份认同的模糊",从而削弱我们那种"被需要"的感觉,但这恰恰是我们追求的变革之目的所在。我们的目标是通过这种转变,促进更深层次的教育反思与创新。我们的表达、思考与领导,在最大程度上,都带有试探性、不确定性和非确定性(de Lauretis,1990)。基于这一精神,我们特此提出以下伦理与政治问题,以供深入审议与探讨:

- 我们是否能在当前疫情危机的背景下,视所面临的伦理与政治问题为一个契机,重新将教育空间界定为一个"模糊地带"(Agamben,1990),在这一地带中,常规的规则得以暂时搁置,从而为通常主导教育领域的新自由主义乌托邦逻辑带来一次创新性的突破或重构？

- 我们是否应有机会重新评估研究人员的角色定位,作为专家、顾问或道德引导者,以持续增强学校教师在自我调节和适应变化方面的能力(Ball,1995)？

- 我们是否能在当前疫情危机的背景下,寻找到契机去重塑一个充满多样性的、灵活性的且非线性的公共空间,让教育工作者能够在此携手合作,无需预设的支持体系,没有既定的指导原则,也不强求达成一致的共识？

- 我们是否能在这场疫情危机中抓住一个契机,重新审视并重视联系、交集与

第四章　后疫情时代加拿大的教学和教师教育：
背景、危机、批判和复杂性

不连续性的价值,而非过度依赖于在思考与引导过程中追求的同一性、统一性与连续性？

在当今社会高速发展的背景下,诸多令人沮丧的事件频发。这些危机之所以可能升级为灾难,很大程度上是因为我们倾向于以预先设定的判断去应对,过度依赖那些熟悉而有限的参考框架(Arendt 1993)。这种做法往往导致我们错失了在危机中发现其本身所蕴含的深刻反思与成长的机会。

本章编者

安妮·M. 费伦,现任加拿大不列颠哥伦比亚大学课程与教学法系教授,并兼任中国香港教育大学政策与领导学系的名誉教授。她的主要研究领域聚焦促进教师自主性与主动性的教师教育政策、规划与实践目标的制定。

吉尔·D. 莫里斯,加拿大不列颠哥伦比亚大学课程与教学法系课程研究领域的博士研究生,专注于将现象学理论应用于教育领域,通过剖析物质课堂环境与师生关系的"饱和事件",以此作为拓宽教育概念边界的有效途径。她的学术研究深受其二十余年经历加拿大安大略省高中教学实践体验的启迪与影响。

第五章
英国英格兰职前教师教育的复杂政策格局

特雷弗·马顿,凯瑟琳·伯恩,
伊恩·汤普森,安·蔡尔兹

摘要：英国英格兰的教师教育政策与实践不仅与众多其他国家存在显著差异，就连在英国本土，也与其他地区有所不同。政府对教师教育的干预日益增强，这一现象使得英国英格兰的政策格局显得复杂且存在一定的混乱。英国英格兰当前的教师教育政策与实践，是在 2010 年推出的重大政策改革框架基础上构建的，并受到政府发布的白皮书《教学的重要性》(The Importance of Teaching)的指引。这些改革虽然表面上旨在提升英国英格兰教师教育的质量，但其核心实则聚焦于市场导向的方法。为此，英国英格兰政府于 2019 年 1 月推出了"早期职业框架"(Early Career Framework)，这是一套面向所有新获得教师资格的教师在其教学初始两年内必须完成的标准化培训方案。随后，在同年的 11 月，政府又发布了"核心内容框架"(Core Content Framework)，以进一步支持和细化这一改革措施。本章对英国英格兰职前教师教育的最新政策轨迹进行批判性审视，重点聚焦那些旨在通过遵循市场导向的意识形态来吸引更多新人加入教师队伍的政策。这些政策通过拓宽入职途径的选择，以及将教师培养视为一种在特定教育环境中进行的在职训练过程，进行了探索与实践。我们深入研究了教师教育中质量与数量的双重需求，并探讨了由此引发的相关政策与实践，旨在梳理出这些要素背后隐含的问题以及它们所带来的具体影响。

引言

本章深入探讨了英国英格兰职前教师教育的最新及正在进行中的政策制定动态，并对过去十年间推动重大改革政策的根本变革逻辑进行了批判性的审视与分析。我们还批判性地审视了在当前复杂的政策格局以及市场主导模式框架下实施的政策(George and Maguire, 2019)。这些政策的核心目标是通过多元化的途径吸引更多教师加入教育行业，其背后理念是赋予学校"在培养未来教师方面拥有更大的控制权"(DfE, 2013)。尽管教师教育改革并非英国英格兰所独有，而是广泛存在于全球多个国家或地区，但英国英格兰的改革因其独特的性质，在国际比较中显得别具一格，甚至在英国内部的四个司法管辖区内也独树一帜(Beauchamp et al., 2015; Loughran and Menter, 2019; Teacher Education Group, 2016)。在详细阐述了英国英格兰职前教师教育政策改革旨在解决教师教育中"政策问题"的方式(Cochran-Smith, 2005)之后，我们将进一步探讨问题的表述方式，并依据这些表述来探讨确定问题"解决方案"的方法(Bacchi, 2012)。对于巴基而言，"问题是什么"的含义在于，人们针对某事物所提出的做法，实际上反映了他们认为哪些方面存在问题（即需要被改变或改进的）。遵循这一逻辑，政策和政策提案中往往隐含着对被视为"问题"的事物的微妙表达，这即是所谓的"问题的表述"（Bacchi,2012,p.21）。

确定"问题是什么"的任务可以通过以下六个关键问题的探讨来展开：

1. 一项具体政策或政策提案中所提出的"问题"指的是什么？
2. 有哪些前提或假设在支持这种"问题的表述"？
3. "问题的表述"是如何产生的？
4. 在"问题的表述"中，还有哪些值得思考的点？是否存在未提及的方面？这个"问题"能否从其他角度进行审视？
5. "问题的表述"会产生哪些影响？
6. "问题的表述"是如何或在哪里产生、传播和得到辩护的？它又是如何（或可能被）被质疑、颠覆和取代的？（Bacchi,2012,p.21-22）

英国英格兰职前教师教育和培训的背景

在我们深入探讨英国英格兰的政策背景之前，首先需要明确"教师培养过程"（process of preparing teacher）的具体含义，因为所选用的术语不仅体现了人们对这一过程的认知，还会进一步影响人们对其中可能存在的问题的看法。作为大学导师及教育研究者，我们将自身参与的新任教师指导工作视为职前教师教育不可或缺的一环。因此，在广泛讨论教师培养流程时，我们倾向于使用"职前教师培训"（Initial Teacher Training，ITT）这一术语。

在英国英格兰，公立学校通常要求教师具备合格教师资格（Qualified Teacher Status，QTS）。对于在私立学校、自由学校或学院任教的教师而言，他们并非必须取得合格教师资格，但绝大多数教师仍选择获得了这一资格。值得注意的是，这些学校并未因教师资格的非强制性而倾向于聘用更多未取得合格教师资格的教师（Mathou,Sarazin and Dumay,2020）。要获得合格教师资格，教师必须证明其已满足教师标准所规定的各项要求。

职前教师教育的课程主要呈现为两种形式，一种是通常为期3年或4年的本科课程,这类课程主要面向小学教学,但亦有部分针对中学课程教学的本科课程;另一种则是为期 1 年的研究生层次的课程。为了获得教师专业研究生证书(Postgraduate Certificate in Education,PGCE),学生需在完成三年制大学本科学业并获得学士学位后,进一步参与由高等教育机构(Higher Education Institution,HEI)提供的一年制课程。该课程旨在为学生提供必要的学术资格及合格教师身份认证。教师专业研究生证书的相关课程同样可以累积学分,为日后攻读硕士学位打下基础。此外,不论是针对小学教学还是中学教学的教师专业研究生证书课程,均要求师范生在课程学习期间至少完成 120 天的教学实习,并需在至少两个不同的实践环境中进行,以确保其实践经验的丰富性和多样性。

2012 年,英国政府推出了"学校直通"(School Direct)计划,这是一项为有志于投身教育事业的个人开辟的新途径,它赋予了学校更大的自主权,让它们能够根据自身需求选拔并培训教师。教师培训学校与大学或学校为中心的职前教师培训(School Centred Initial Teacher Training,SCITT)提供者携手合作,共同提供培训名额,旨在促进学校更深度地参与到培训计划的领导、课程设计以及实施过程之中。学校职前教师培训项目通常由单一学校或学校联盟负责运营,这些提供者具备合法资质,可向完成培训者授予合格教师资格。学校职前教师培训项目为小学及中学教师量身定制课程,并且众多项目还与高等院校紧密合作,共同提供教师专业研究生证书课程。

教师教育的标准与质量受到英国教育标准局(Office for Standards in Education,Ofsted)的监管。作为职前教师教育的提供者,需在由英国教育部于 2020 年修订的严格框架下定期接受检查(DfE,2020)。

最后,值得一提的是,英国英格兰的教师职业状况在一定程度上映射出了英国英格兰的人口分布与特征。2019 年的英国人口统计数据显示,英国英格兰的公立学校中,85.7%的教师为英国白人(UK Government,2021)。与此相对照,2020 年 1 月的数据显示,小学生中具有少数族裔背景的比例达到了 33.9%,而中学生中则为 32.3%,这两个比例均较 2019 年 1 月的 33.5%和 31.3%有所上升。

英国英格兰近期的职前教师教育政策制定概况

英国英格兰的职前教师教育政策改革历程得到了详尽的记录。最新的一项分析在广泛的历史概述中明确了不同的时期划分,每个划分时期都对应着一种特定的方法(Menter et al.,2019)。近期的一个时间段,即1984年至2010年,被广泛视为"多样化与标准化并存"的时期,而自2010年起,则进入了"市场化"阶段,这一阶段的显著特征是"培训途径逐渐变得复杂且竞争激烈"(Menter et al.,2019,p.67-68)。这样的划分直接源自英国政府在2010年推行的一系列改革措施。2010年发布的《教学的重要性》白皮书及其后续针对职前教师培训的政策文件①,标志着英国英格兰政府为解决长期以来教师教育质量与数量并存问题而采取的最新举措。然而,白皮书及政策文件所倡导的方法与以往的改革举措呈现出显著的不同。尽管2010年的改革无疑延续了英国职前教师教育的"钟摆现象",即从主要由高等学校主导转向更加注重中小学校和教师的引导作用(Murray and Mutton,2016,p.72),但其目标之激进前所未有,旨在通过引入"学校直通"课程并大幅扩大中小学校在职前教师培训中的供给比例,力争到2015年实现一半以上的职前教师教育由学校直接主导。上述的白皮书和政策文件阐述了这一目标,并在政策开始实施时定期重申:

"学校直通"课程模式的核心目标在于增强学校对职前教师培训方式的影响力,通过开发更多以学校为中心的培训课程,以更精准地契合学校与学员的需求,进而优化整个培训体系;赋予学校招募与选拔能够最佳匹配学校及其合作学校需求的学员的权力,并期望这些教师在完成培训后能继续服务于他们接受培训的学校;允许学校与其选定的培训机构协商"学校直通"课程名额的分配,从而为职前教师教育培训体系引入更为灵活的选择机制。"学校直通"培训课程还赋予了学校与认证的职前教师培训提供者进行协商的能力,内容涉及选择提供者、协商获取的资金数额以及确定培训的具体提供方式。(DfE,2013b)

实现由"大学主导"向"学校主导"的供给模式转变的机制,并非依赖于强制性的分配控制,而是通过科学合理的资源配置与监管机制,来指导并决定分配给各职前

---

① 自2010年起,所有政府政策文件均统一采用了"职前教师培训"这一术语。

教师培训提供者的培训名额数量。这种机制旨在确保每个提供者都具备提供"学校主导"式服务所需的充分能力和资源,从而推动供给模式的顺利转型。① 在大学阶段,参与研究生教师培训的人数从 2011—2012 年度的 28,669 人减少至 2015—2016 年度的 22,224 人,与此同时,选择参加"学校直通"培训课程的研究生数量激增,超过 17,000 人(Roberts and Foster,2015)。然而,政策的总体方向是顺应市场主导模式下的需求,致力于实现申请者接受教师培训途径的多样化(Whiting et al.,2016)。因此,在 2010 年白皮书发布后的数年间,实施的改革措施主要聚焦于结构层面的变革,旨在构建必要的基础设施,以开辟新的教师培养路径。直至后来,政府才逐渐将关注点转向职前教师教育供给的质量与内容方面。

2014 年,政府发起了一项针对职前教师培训内容的独立评议工作,此举与政府之前所秉持的"培训内容质量问题为关键所在"的观点相契合。从最终评议报告(Carter,2015)中可以清晰看出,该评议旨在应对一系列错综复杂的议题,具体包括确保有足够数量的高素质新任教师持续加入教育行业;探讨新任教师如何构建坚实的教学专业知识基础;评估职前教师获取高质量教师教育的公平性,以及不同类型教育供给之间的均衡性(Mutton et al.,2017)。最终,评议报告提出了多项建议,这些建议一部分聚焦于职前教师培训课程的学科内容,另一部分则着重于职前教师应具备的知识、如何获取这些知识、有效监管的重要性,以及建立高效职前教师培训伙伴关系的核心要素。在这些建议中,最重要的建议是:

教育部应当委托一个专门机构或部门……负责为职前教师培训制定一个核心内容的框架。(Carter,2015,p.67)

为响应此建议,政府成立了数个专家小组,据悉这些小组将引领提升英国英格兰职前教师培训课程质量的关键工作(DfE,2015)。其中,一个核心小组负责构建职前教师培训的核心内容框架,而其他几个小组则分别专注于研究行为管理相关内容的细化,以及为学校主导的职前教师培训导师制定国家标准。这些专家组的调查结果于 2016 年 7 月正式公布(DfE,2016b),政府随后明确表示,所有职前教师培训提供者均需确保其课程与新制定的职前教师培训核心内容框架保持高度一致。专家组主席斯蒂芬·芒迪(Stephen Munday)阐述了制定职前教师培训核心内容框架的

---

① 鉴于招聘"危机"的不断加剧,这些分配控制措施随后在 2017 年至 2018 年期间被取消。

首要根据,他在介绍文件时说:

> 我们的核心目标是通过促进教师培训人员与学员对优质职前教师教育内容核心要素的深入理解,来提升职前教师培训课程的一致性和整体质量。这一努力旨在有效弥补《卡特评估》(Carter Review)所揭示的现存差距。(DfE,2016b)

尼基·摩根(Nicky Morgan)于2014年出任英国教育大臣之时,正值《卡特评估》进行期间。然而,直至2016年英国教育部发布一份名为《卓越教育无处不在》(*Educational Excellence Everywhere*)的白皮书之前,关于教师教育政策的提案几乎未见端倪。《卓越教育无处不在》概述了政府对加强职前教师培训的承诺:

> 目前,至关重要的是,教师需要接受高质量的职前教师培训,以便为他们在课堂上取得成功并开启充实的职业生涯做好充分准备。(DfE,2016a,p.28)

《卓越教育无处不在》不仅重申了对实现2010年改革目标的坚定承诺,还具体规划了多项举措,包括持续提高由学校提供并主导的职前教师培训的比例,认证更多由学校主导的新型职前教师培训提供者,并鼓励和支持学校在职前教师培训中的主导作用得到进一步扩展与深化。然而,《卓越教育无处不在》也承认了大学提供者的作用:

> 在吸引高素质毕业生方面拥有卓越记录的高质量大学,将继续在职前教师培训领域占据重要地位。我们期望这些杰出的大学能够依托其世界级的学科知识和研究成果,在职前教师培训领域内创建"卓越中心"。为此,我们将通过长期稳定的培训名额分配机制,对表现优异的大学及其学校领导在职前教师培训方面的贡献给予认可,从而帮助教育提供者更有效地规划未来的教育资源供应。(DfE,2016,p.31)

然而,《卓越教育无处不在》最引人注目的特点可能是其相当激进的建议:

> 可以采用一种更为严格且具挑战性的认证体系来替代现有的合格教师资格制度,这一新体系将基于优秀学校对教师课堂教学质量的综合评价与评判。(DfE,2016,p.32)

尽管这一特定的提案最终未能得以实施,主要归因于随后尼基·摩根的离职以及教育大臣职位的频繁变动(期间连续更换了三位教育大臣),然而,该提案所蕴含的一些核心理念却在后续的政策提案中得以重现。实际上,《卓越教育无处不在》的部分内容(特别是与先前政策举措相关联的部分)得到了有效实施,然而,仍有部分内容被搁置而未予关注。

尽管长期以来,教师招聘始终是一个备受关注的问题,但如今,人们的焦点也日益转向如何有效留住新任教师的问题上。原先设想的由学校在经过更长时间的经验积累后颁发更高级别资格证书的做法,逐渐演变为了一个更为紧凑且结构化的入职阶段培训与发展计划。英国英格兰政府发布的《教师招聘与留任策略》(*Teacher Recruitment and Retention Strategy*, DfE, 2019a)标志着早期职业生涯框架的确立,这是一个专为所有新任教师在其执教初期两年设计的系统化教学课程计划:

> 根据当前可获取的最佳研究证据,我们决定为新任教师提供为期两年的全额资助结构化培训与支持。(DfE, 2019b, p.4)

早期职业框架于2019年正式发布。在其导言部分,该框架明确阐述了其宗旨,即:

> ……建立并完善职前教师培训体系。与其他职业类似,随着新任教师在向专家成长的道路上不断迈进,作为入职培训的一部分,最初培训中涉及的领域将得到更加深入的拓展和深化。(DfE, 2019, p.5)

在明确了新获得资格教师的早期职业框架内容之后,如今在职前教师教育中重新引入核心内容框架便显得更为顺畅和易于操作。核心内容框架被视为对早期职业框架的重要补充,旨在"确保未来几代教师有权获得为期三年或更长时间的结构化支持"(DfE, 2019c, p.1)。它与早期职业框架在结构安排上紧密相连,并明确指定了新任教师必须学习的具体内容。此外,这两个框架均包含了具体的研究范例,用以支撑每一个核心要素的实施。在核心内容框架中,明确指出:

> 关键证据陈述是从当前英国及海外的高质量研究资料中精心提炼得出的。(DfE, 2019c, p.4)

几乎没有迹象表明哪些证据被视为高质量,或者这些参考文献的选择依据是什么,除非这种选择意在支持某一特定立场。由于参考文献本身不包含额外的注释信息,除了证据本身被认为具有"高质量"这一可能因素外,我们无法直接得知这些参考文献被选中的具体理由。尽管一长串用于支撑早期职业框架和核心内容框架的参考文献可以被视为将研究与理论置于职前教师教育项目内容的核心地位,但不容忽视的是,Helegtun 和 Menter(2020)对英国近期政策制定中证据所扮演角色的深入分析。他们得出的结论强调了以下方面:

在政策制定的进程中,"证据"的引入标志着从测量时代向证据时代的转变。此外,我们还阐明了"证据"如何成为政府论证政策正当性的有力工具,同时也赋予了那些被教育部部长视为具有正确意识形态导向的特定行为体以发言权。这一过程虽在严格的政府监管之下进行,但对"证据"的阐释却更多地聚焦于证据如何被政治家和公众所接纳,而非基于严谨、坚实或可靠的学术标准。这样的转变,凸显了证据在政策制定中角色的复杂性和多面性。(p.11)

总结而言,过去十年间,英国英格兰在职前教师教育领域经历了显著的政策变革。有人可能会认为,改革体现出了高度的政策连贯性,因为《卓越教育无处不在》所确立的初步方向,持续为后续的政策发展提供了指导性的框架。改革的前提在于将教师教育视为一个亟待解决的"政策议题",这一议题需要通过积极的干预措施和日益增强的标准化行动来应对。除了对政策背景的初步剖析,我们现在将尝试依据巴基所提出的问题,来重新审视这一政策发展的轨迹。

英国英格兰教师教育的问题是什么?

尽管政策改革的表面目的是吸引更多高素质教师,但其深层次的驱动力实则是全球化背景下的经济需求,并且这一改革趋势与世界其他地区的类似政策不谋而合(Paine et al.,2017;Tatto and Menter,2019)。近几十年来,一个持续受到关注的焦点是将大学教师教育视为教育改革的核心问题。这一主题涉及的是对具有争议性的教育理论之相关性的看法,这种看法在 20 世纪 80 年代的"新右派"思潮中尤为显著(Furlong,2005)。对他们而言,大学的主要任务应是向教师传授先进的教育理念,而非仅仅过分聚焦于各学科知识的教学。相关的批评指出,当前大学教师教育存在过度侧重于与教学实际脱节的理论传授,而对至关重要的教学实践技能的培养重视不足的问题。教学实践技能的提升,本质上依赖于丰富的课堂实践经验的积累,这一点在 2008 年政策交流报告《更多优秀的教师》(*More Good Teachers*)中被明确为

核心议题:

在过去的 30 年里,人们逐渐认识到,基于实践的能力培训相较于纯粹的理论学习在价值上更为显著。对于新任教师而言,在职业生涯的起步阶段,掌握有效的课堂管理技巧是至关重要的,这些技巧并非仅仅通过研讨会中的抽象知识传授就能获得,而是需要在实际课堂环境中通过类似学徒制的实践培训来逐步掌握,以确保学生能够进行高效学习。

《更多优秀的教师》同样采用经济学论据,主张在保持大学教育综合优势的同时,将教师专业技能培养的具体责任更多地转移到学校层面,以加强教育实践与实际教学需求的紧密结合。有趣的是,《更多优秀的教师》为英国英格兰联合政府在其制定的教师教育政策的多个方面提供了蓝图,并与英国前教育大臣迈克尔·戈夫(Michael Gove)及前教育部国务大臣尼克·吉布(Nick Gibb)的观点形成了呼应,他们写道:

教学被视为一种手艺,而学习这门手艺的最佳途径是成为学徒,通过观察并学习自己的师父。(Gove,2010)

过去,教育的争论往往被教育学者所主导,这导致了对儿童实际学习方式的研究和证据相对匮乏。(Gove,2013)

对于英国教育体系在国际排名中的下滑现象,大学教育学院的学者是否应承担一定责任,成为人们关注的焦点。(Gibb,2014)

在《卡特评估》报告深入剖析职前教师培训现状的基础上,教师教育理论与实践之间的关联性问题再次浮出水面,而关于教育培养应由大学主导还是学校主导的分歧与争论也再度成为热议焦点。不过,此次讨论更多地聚焦于职前教师在追求教育职业过程中的公平性议题上,不论他们选择通过何种路径迈入教师教育行业。报告指出,当前教师教育领域的政策内容频繁变动,为应对这一情况,建议政府设立一个专门的门户网站,用于集中展示并分享关于不同学科及教育阶段有效教学研究的实用成果与建议(Carter,2015,p.54)。

英国英格兰各学校校长提交评议的证据显示,教师教育政策面临的另一个潜在问题在于,新任教师往往未能充分准备好进入教育行业,特别是在学生行为管理方面的能力存在明显不足。这重新引发了对传统培训模式缺乏实用相关性的批评,并进一步强化了以下观点——在教师教育课程中,最具价值的部分莫过于那些与直接课堂经验紧密相连的方面。

在"问题的表述"基础上所隐含的假设或前提是什么?

如上所述,这里存在一个基本假设,即除了通过课堂实践经验之外,教师难以从其他教学途径中有效获取关于教学的深入知识。然而,在英国英格兰的政策文件中,普遍观点认为实践经验的质量是至关重要的,而不仅仅局限于观察其他老师或实际教学所投入的天数或小时数的多少。同样地,普遍存在的假设是教师教育课程中的理论知识在很大程度上被视为与教学不相关,而并非将这些理论作为有效教学实践框架的组成部分,可能对新手教师的学习产生潜在的积极贡献。正如 Burn 和 Mutton(2015)所指出的:

……在职前教师教育课程中,以学校为基础的要素不应仅仅被视为提供了从实践经验中学习或单纯模仿专家的机会。对于在成熟的实践共同体中工作的新任教师而言,他们不仅能够接触到专家的实践智慧,还能通过"一线教学实践"深度参与探究过程,这包括尝试解读并理解不同学生的个性化需求,设计并实施针对性的教学行动,以及随后对教学效果进行评估。(p.219)

对"问题的表述"是如何产生的?

在某种程度上,我们不难理解,职前教师教育的问题在本质上可能关联于大学提供的课程是否足够相关及其充分性的问题。这一论点或许起源于 20 世纪 70 年代的英格兰,并且在当时可能有着充分的理由来支撑其观点(Whitty,2014)。然而,根据任何客观标准评估,目前在英国英格兰的情况并非如此。英国教育标准局指出,所有按阶段划分的合作伙伴关系均至少达到了良好标准,其中更有 37% 的合作伙伴关系展现出卓越表现(Ofsted,2020)。然而,尽管英国教育标准局做出了这样的评判,但英国教育部并未(至少在其政府督察部门的立场上)对教育制度的成功表示赞赏,反而在疫情期间宣布将对职前教师教育市场的形态和结构进行全面检视评议。

那么，为什么职前教师教育常被视为"问题"所在，而非解决方案的组成部分呢？部分答案聚焦于提高教师素质和教师职业教育的国际讨论，而这些讨论几乎普遍受到了新自由主义政治议程的影响（Cochran-Smith，2005；Furlong，2013）。关于需要哪种类型的教师的问题，常常与通过"学校主导"还是"大学主导"的制度来培养教师的争论紧密相连。特别是在英国英格兰，政府一直试图推广市场化的替代教育途径，这些途径要么绕开大学，要么要求削弱大学在其中的作用。当然，颇具讽刺意味的是，这正是英国教育部当前所期望实现的市场环境合理化。在英国英格兰，教育领域历来深受政治影响。许多人认为，当前政府的政治立场对大学参与职前教师教育的态度以及被视为"进步"的教育形式均持有一定的敌意。政府的举措，如推广学徒制教学或设置非研究生教师培训课程，虽然可能在直接招聘教师方面影响有限，但它们的实施确实反映了历任教育部部长们的政治立场，即他们视教师为一种职业，认为这种职业可以通过学徒制度来培养，且具备适应能力的个体同样能够胜任并学习成长。

在该问题的表述中，有没有"问题"没有提到的地方？这个"问题"可以换个角度思考吗？

我们简单地、片面地将问题归咎于大学在职前教师教育方面的参与，却未能深入探讨如何促进教师的全面专业化发展，使教师能够在职业生涯中有效应对多样化的挑战与环境变化。政府旨在通过调整课程结构和内容来提高教师素质的改革，同时不应该仅仅依赖于教学假设，而是更加注重那些能够有效培养优秀教师所需的课程类型。与此同时，职前教师教育已逐渐演变为一个持续发展且竞争日益激烈的领域。然而，这一现象催生了一种非良性的激励机制，迫使职前教师教育提供者既出于经济利益的考量而倾向于扩大教师培养规模，又不得不采用标准化教学模式，从而可能培养出缺乏创新思维的新任教师。在这个"培训"体系中，教学"技艺"所蕴含的复杂性和内在矛盾往往被忽视或未能得到充分认识，这一点从术语使用上便可见一斑——多采用"职前教师培训"而非更为全面的"职前教师教育"。这种术语选择倾向于忽视了跨地域、跨实践文化的专业学习历程的重要性，同时也未能深入探讨如何确保教师能够全面且深入地实现专业化发展。

"问题的表述"会产生什么影响？

这种表述的主要弊端在于加剧了观点的两极分化现象，几乎未给探讨教师教育教学法的创新发展留下足够的空间。这种转变是原本依赖有效合作的行业逐渐趋向于更为激烈的竞争和受市场主导趋势的一种体现。原本行业内跨部门的合作研究本应聚焦于新任教师的学习与发展，但当前却不幸陷入了教育理论与学术研究同实践知识之间无谓的对立之中。长期以来，教师教育的发展一直受到理论与实践之间鸿沟问题的严重阻碍。将大学视为问题的根源，促使部分职前教师教育提供者彻底摒弃了理论，他们坚信如果教学确实是一门实践性极强的技艺，那么学习的唯一途径便应源自实践。关于何种证据能够作为教师职业发展指导依据的问题，同样存在着两极分化的争议。与以研究为基础的一线教学实践（Burn and Mutton，2015）相关的概念，如"实践中的理论化"（即在实践中检验理论并根据学术标准进行评估）和"适应性专业知识"，往往被视为仅限于少数成熟合作伙伴关系的专有资源，而非广泛适用于所有参与者并可被视作潜在工具的通用资源。相比之下，学校职前教师培训中的学习内容往往局限于学生与教师所处的具体教学环境之内。

这种"问题"的表述是如何或者在哪里产生、传播和得到辩护的？

职前教师教育的"问题"通常是通过政策文件以及关于教学职业信息传播方式的指导来阐述和界定的。教师招聘与留用的问题被不当地用作掩盖核心问题的障眼法，同时也被误用来作为证明过去教育创新观念失败的例证。相关数据显示，在英国英格兰，大约有25％的新入职并具备资格、加入公立学校的教师在四年内会离职。由于担忧英国英格兰学校将面临教师短缺的问题，政府因此对教师招聘及相关激励措施给予了高度关注。然而，由于这些激励措施是市场导向的，它们倾向于为物理、数学等紧缺学科的教师候选人提供慷慨的奖学金，却忽视了为幼儿园或小学职前教师提供任何形式的资助。此外，受近年来经济危机的影响，加之申请职前教师教育学位的人数增加，导致除物理、化学和数学外，大多数科目的经费都遭到了大幅削减。教师培训机会的推广更多地聚焦于激励教师和树立榜样，而非深入关注成为一名教师所需经历的学习过程。

结论

在本章中,我们已经探讨了在英国英格兰,政府对教师教育的日益增强的干预措施,这不仅塑造了一个复杂且略显混乱的政策环境,还促使职前教师教育政策问题被赋予了政治化的色彩。政府改革促使教师教育部门与合作伙伴之间建立了紧密联系,而这种伙伴关系在实际运作中展现出了竞争性和市场导向的特点。英国英格兰当前的教师教育政策与实践,是在 2010 年实施的重大政策改革框架基础上构建的,并受到政府发布的白皮书《教学的重要性》的明确指导。该白皮书倡导以市场为导向的策略,进而催生了职前教师教育供给的广泛多样性。随后,针对教师教育的独立评议以及新制定的职前教师教育核心内容框架,反映了政府对教育部门自我管理能力的担忧。这种担忧具体表现为一种反智倾向以及对大学角色的某种质疑态度。这种态度进一步加剧了两极分化,阻碍了合作,并遮蔽了关注教学复杂性、深化学习的真正需求。因此,我们应当将焦点转移至通过实践研究与教学经验教训来探索教学法,以此促进教学的深化与学习的发展。

本章编者

特雷弗·马顿是英国牛津大学教育系的副教授及研究生院院长,其主要研究聚焦于职前教师教育政策与实践以及职前教师学习领域。他目前担任《教育教学杂志》(*Journal of Education for Teaching*)的副主编一职,并且是英国大学教师教育委员会(University Council for the Education of Teachers,UCET)的副主席。

凯瑟琳·伯恩是英国牛津大学教育学副教授及教师专业研究生证书合作伙伴关系主任。她同时负责协调英国牛津大学教育学院(Oxford Education Deanery)的院长网络工作,该项目致力于与学校建立知识交流桥梁,以促进当地教师参与教育研究活动。作为英国历史学会的副主席以及专业期刊《历史教学》(*Teaching History*)的联合编辑,伯恩积极倡导并寻求支持一种专业对话模式,旨在汇聚教师、学术历史学家及教育研究人员,共同促进学术交流与合作。

伊恩·汤普森是英国牛津大学教育学副教授,并担任教师专业研究生证书课程的主任。他是《教育教学杂志》的联合编辑,其研究领域主要聚焦于职前教师教育的深入探索以及教育领域内社会正义问题的剖析。目前,汤普森是英国经济和社会研究理事会(Economic and Social Research Council,ESRC)资助的"学校排斥现象的政治经济学及其后续影响"项目的联合首席研究员。

安·蔡尔兹是英国牛津大学教育学副教授及教师教育硕士课程主任。蔡尔兹是《科学与技术教育研究》(*Research in Science and Technology Education*)杂志编辑委员会的成员,并曾在该杂志担任联合编辑长达三年。她的主要研究方向聚焦于职前教师教育与科学教育。目前,她积极参与了牛津宗教与科学论证项目(Oxford Argumentation in Religion and Science,OARs)以及研究实际工作评估的校准项目。

第六章
芬兰学术型教师教育的实践、研究与问责制转向分析

奥利·托姆,尤卡·胡苏

摘要： 本章探讨了芬兰政府自 40 多年前根据一项政治决策将教师教育纳入大学体系以来的发展历程。作为学术共同体与学术型大学教育体系中的一个重要组成部分，芬兰的教师教育在内部与外部均经历了一系列显著的变化与发展。芬兰的大学及教育学院在提供基于研究的教师教育方面享有高度自主权，同时严格遵循针对教师教育本科学位设定的资格要求及正式指导方针。在芬兰，所有师范生必须完成一项为期五年的学术研究型硕士学位课程，方可获得正式的教师资格认证。师范生是由在教师教育研究领域内积极活跃的学术型教师教育工作者所培养的。在芬兰，教师教育备受重视，其入学竞争极为激烈，仅有表现最为杰出的申请者能够脱颖而出，获得参与教师教育课程的机会。尽管芬兰的教师教育独具特色，但它始终与国际上关于教师教育的研究进展及教育政策趋势保持着紧密的互动与联系。在芬兰教师教育的发展历程中，它先后经历了实践导向的转向、研究导向的转向，并且最近还可能受到了问责制转向（Cochran-Smith,2016）的初步影响。这些转向在芬兰特定的教师教育和教育政策背景下，以独特的方式得到了体现。本章将这些国际公认的"转向"作为更宽泛的理论框架视角，深入探讨了芬兰教师教育的发展历程、显著优势、面临的挑战以及相关研究。

引言

芬兰的学术型教师教育一直是政策制定者、研究人员及实践者关注的焦点，尤其自 40 多年前政府基于一项政治决策，将其正式纳入大学体系以来，其受关注程度更是显著提升。自 20 世纪 70 年代起，芬兰启动了基础教育改革，建立了全国统一的综合学校体系，并为所有中小学生制定了标准化的课程大纲。在基础教育改革之后，芬兰于 20 世纪 70 年代末再次启动了教师教育改革，其中小学教师教育的学术化进程自 1979 年起正式拉开序幕。将芬兰的教师教育转移到大学体系内的原因多种多样，主要包括提升教师教育的质量、满足新型综合学校对教师素质的需求，以及依托芬兰社会对教育的广泛重视来推动和促进教师教育的进一步发展。尽管这一决定在很大程度上是出于政治考量，但它却在随后的几十年中对芬兰的教师教育领域产生了深远且持久的影响。教师职业在芬兰变得极为受欢迎，与此同时，芬兰的教育体系也在多个领域取得了显著进展。基于深入研究的教师教育不仅在芬兰学术界稳固了其地位，还赢得了广泛的国际赞誉与认可。芬兰在教师教育中所作出的这些"正确"决策不仅显著提升了芬兰基础教育的质量,还助力芬兰学生在多项国际学生评估项目中取得了优异成绩(Välijärvi and Sulkunen, 2016)。然而,尽管芬兰教师教育的发展是紧密依据芬兰社会与教育系统的具体需求与特点而量身定制的,但显然,这些转变也明显受到了共同的国际趋势与发展的深刻影响。

我们认为,芬兰教师教育的变革呈现出一种持续涌动的趋势,这些变革的浪潮以多种方式相互交织、影响。在教师教育学术化趋势兴起之前,实践转向在芬兰的教师教育研讨会上占据了核心地位,而芬兰的教师培训学校体系则一直是该国教师教育体系中的关键构成部分。此外,在整个发展过程中,转向前后的两个极端实际上凸显了理论与实践之间的鸿沟,尤其是在20世纪90年代,这一现象尤为突出。芬兰教师教育的一个显著"研究转向"是将教师教育整合到大学的教育体系之中。20世纪90年代兴起的"研究型教师"理念、21世纪初研究成果的不断累积,以及教师教育部门博士研究生学位授予数量的增加,均加速了这一转型进程的发展。过去十年间,政府行政部门推动的一系列教师教育发展课程,促使了"问责制"趋势的形成,这些课程紧密关联于国内及国际教师教育的核心议题。此外,2016年成立的芬兰教师教育论坛可以被视为教师教育问责制转向的一个重要标志。这些变革均以芬兰独有的方式推进,即通过广泛的共同协商与学院间的紧密合作来实现。

在本章中,我们提出了芬兰教师教育的几个关键特征及其主要发展脉络,并简要回顾了其历史发展轨迹。我们将通过明确的实践、研究与问责制视角或"转向"路径,结合国际文献,对芬兰教师教育的发展进行深入分析。我们的目标是全面展示芬兰教师教育所独有的特色,并基于当前的转型趋势,简要探讨芬兰教师教育在未来可能的发展方向。

芬兰的教师教育:主要特点

在芬兰,教师教育是在8所研究型大学的教育学院内设立的教师教育系中进行的,这些单位共计10个,分布于这些高校之中。所有的教师,包括幼儿园教师、小学教师、特殊教育教师以及各学科的中学教师,均在这些大学的教师教育系接受培训与教育。1979年,紧随芬兰综合学校改革之后,政府通过了一项政治决策,正式将小学教师教育纳入高等教育体系之中。这一举措使得小学教师教育在大学中获得了与其他学科相媲美的地位,但同时,它也必须遵循大学内所有学科教育所共同遵循的广泛原则。在大学中,教师教育部门依据《政府关于大学学位的法令》(Government Decree on University Degrees)运作,该法令赋予教师教育部门自主决定并举办教师教育的权力。同时,这些部门需确保所开设的教师教育课程及研究活动均符合《教学资格要求法令》(Decree on Qualification Requirements for Teaching)的规定。教师教育的发展根植于丰富的经验证据以及教师教育工作者对教师教育领域深入研究的成果。教师教育工作者,包括全职教授和高级讲师,均具备研究人员的身份。他们不仅能够引领研究项目,在国际知名期刊上发表学术论文,还承担着指导博士研究生和硕士研究生的重任,同时在教师教育领域进行深入的研究与开发工作。

大学为教师教育提供了一个充满研究氛围的密集型学术环境。在大学中,无论是不同学科的教育还是专门的教师教育,均以研究为基础。学生在学习过程中不仅接触并了解最新的研究成果,还学会如何在自己的领域内进行独立研究,并培养起对实际专业领域的持续探索态度。师范生通常需要五年时间来完成他们的教师教育学位课程,这等同于欧洲学分转换与积累系统中的300个学分(European Commission,2017)。学习内容涵盖了教育科学的主修学科(占140个欧洲学分转换与积累系统学分),针对综合学校教授的必修学科进行的多学科学习(占60个欧洲学分转换与积累系统学分),包括选修副科在内的选修课程(占75个欧洲学分转换与积累系统学分),以及定向的学科研究(占25个欧洲学分转换与积累系统学分)。主修课程包括第三学年的学士论文撰写,以及第四或第五学年的硕士论文撰写。在学习期间,师范生必须完成三段教学实践。第一段是在第一学年进行的综合实践;第二段则是在第三学年,他们需前往大学教师培训学校进行为期一段时间的多学科教学实践(该阶段可获得12个欧洲学分转换与积累系统学分);第三段则是在第四学年或第五学年,在市政实地学校进行的高级教学实践(此阶段可积累8个欧洲学分转换与积累系统学分)。

教师培训学校制度作为芬兰教师教育的显著特色,自20世纪70年代教师教育体系并入大学体系以来,教师培训学校在行政上便隶属于大学,成为其不可或缺的一部分。这些学校为儿童提供了与芬兰普通学校相类似的教育环境及教学内容。此外,这些学校还需肩负起一些特殊职责,包括组织师范生的教学实习活动,在实习期间对师范生进行有效监督,并与教师教育部门建立紧密的合作关系。同时,大学则积极参与到教师教育课程的设计与规划中来,并开展与教师教育机构需求相匹配的教学实践和督导工作。教学实践期作为教师培训学校活动的一个重要组成部分和组织形式,是其显著特色,也是其区别于普通学校的重要标志。这些教师培训学校不仅遵循芬兰国家核心课程的实施要求,还允许教师候选人在校内教授部分重要的课程。在整个实践过程中,师范生始终受到教师培训学校教师的监督与支持。此外,除了履行监督职责外,教师培训学校及其教师还应积极投身于教育研究、专业发展活动以及在职教师的教育培训中。教师培训学校的教师是设计芬兰研究型教师教育课程的核心成员,这些教师成功地构建了研究与实践之间的桥梁。在这一关键过程中,他们对于支持师范生成长为合格教师起到了不可或缺的作用。

教师教育的转向:实践、研究和问责制

教师教育始终是教育政策制定者密切关注并着力推进的领域,这一点从国际上(包括芬兰在内)针对教师教育所实施的一系列改革举措中可见一斑。例如,在西方世界,关于教师教育背景、课程设置、师资力量、教育时长、管理机制及资金支持的讨论比比皆是(Cochran-Smith,2004;Menter,2016)。在芬兰,教师教育的全面改革始于20世纪70年代,当时教师教育体系被彻底整合至大学及其教育学院之中。芬兰的教师教育改革与该国基础教育的全面改革紧密相连,后者旨在为芬兰所有儿童构建一个统一、涵盖标准化课程、丰富资源及高标准教师资格的综合学校体系。20世纪70年代以后,芬兰的教师教育体系主要经历了两次重大改革。首次改革是在1976—1978年间实施的KATU项目(KATU-project),该改革聚焦芬兰教师教育学位与课程的统一化;随后,芬兰又参与了与欧洲多国共同推动的博洛尼亚进程(Bologna Process)相关的改革(VOKKE,2004),这是第二次重要改革。在国际视野下进行比较时,这些变化与改革极具代表性,它们往往与整个教育系统更广泛的改革措施及法规体系存在不同程度的关联。

国际关于教师教育的研究已经清晰地揭示出该领域内的几个关键趋势或转向,具体被概括为"实践转向""研究转向"以及"问责制转向"(Cochran-Smith,2016)。原则上,这些转向所聚焦的均为教师教育的核心且至关重要的方面,关键在于如何在实际的教师教育中去实现并进行调整,明确由谁来负责实施与调整,并确保它们之间达到平衡状态,这也是至关重要的。

芬兰教师教育的实践转向

在 1979 年芬兰实施小学教师教育改革之前,教师们所接受的培训是为期三年的研讨班式教育,其重点在于实践技能的培养。因此,可以说芬兰的小学教师教育改革始于实践导向的转变。在此过程中,教师候选人需负责管理学校的课程与内容,并深入学习教育研究、语言技能以及广泛的人文知识。同时,教师的行为需严格遵循道德标准,在品格上发挥表率作用。芬兰教师教育的历史渊源中始终贯穿着对实践性的高度重视,这一出发点在当前的教育发展趋势中依然清晰可见。尽管芬兰的教师教育在 40 多年前就已全面纳入大学体系,且全国所有教师教育部门均设有大学层次的教师培训学校,但关于师范生在校期间的实践经历如何更具相关性、时长如何设定,以及他们在教师教育阶段如何与学校建立紧密联系等问题,至今仍是教育界持续探讨的热点。在芬兰的教师教育体系中,教学实习的时长以及学校合作的紧密程度并未设定统一标准,而是依据各个教师教育部门、课程委员会与大学教师培训学校之间的合作协商具体确定(Murray,2016;Reid,2011)。

芬兰教师教育的实践转向体现在多种形式中,如何为师范生提供富有成效的教学实践解决方案,一直是芬兰教师教育领域不断探索的核心议题。师范生的培养一直强调实践研究在教师教育过程中占据着举足轻重的地位(Saariaho et al.,2018)。师范生通过在教学实践中取得的成就,他们能够更加坚定自己选择教师职业的决心。实践转向所带来的挑战,要求我们深入审视并努力平衡教师教育中理论与实践之间的鸿沟,同时积极寻求并探索相关的解决方案,以借鉴 Feiman-Nemser 和 Buchmann(1985)、Ronfelt(2012)以及 Wilson 等(2001)的研究成果为参考。在芬兰教师教育的发展历程中,"实践转向"尽管以多样化的形式呈现,但其核心议题始终聚焦于如何高效地引导师范生将教师教育阶段所获取的知识与技能融入并应用于实际教学之中,以实现知识的有效转化与应用。师范生在教室里跟随更有经验的教师进行观摩学习,同时,他们还有机会在真实的学校环境中与学生互动,并负责组织各类课外活动,以丰富学生的学习体验。几十年来,师范生在教师教育课程中参与的教学实践天数存在差异,他们或长或短地进行了教学实习或实践活动。增加或减少教学实践的天数并非核心要素,关键在于教学实践过程中实施了什么内容以及采用的方法与策略(Darling-Hammond et al.,2005;Payne and Zeichner,2017;Ronfeldt and Reininger,2012;Tatto,2015)。

尽管实践时间和经验因个体差异而异,但芬兰教师教育实践转向的第一个核心原则是在整个教师教育体系中构建并维系理论与实践之间的紧密联系,以确保理论研究能够紧密贴合并服务于教学实践,避免两者之间的脱节。第二个核心原则始终强调将师范生培养成为拥有教学思维能力的教育者,使他们不仅能够将教学实践进行抽象化、概念化的提炼,还能够深入且全面地理解其本质与内涵,更以探究性的精神持续审视教学实践,并不断寻求优化与改进的路径(Husu,2002;Kansanen et al.,2000;Toom et al.,2010)。第三个核心原则是倡导研究精神,这意味着师范生在进行教学实践的过程中,应积极参与并致力于研究活动,他们可以从所在学校的实际情境中收集数据,用于撰写学士或硕士论文,通过这样的方式,师范生能够更具体、更深入地理解和感知理论与实践之间的紧密联系。数十年来,与学校"实践"相关的关注点不断演变,当前的焦点主要集中在如何有效应对不同学生的多样化需求、缓解学校内部日益凸显的不平等现象,以及采用富有成效的方式来支持学生的学习进程(Kosunen,2016;Seppänen et al.,2015)。

芬兰教师教育中的研究转向

20世纪70年代,芬兰教师教育领域经历了显著的研究转向,这一变革由政府通过一项明确的政治决策推动,正式将教师教育纳入大学教育体系之中。同时,政府也明文规定,所有中小学教师必须完成硕士论文并获得硕士学位,方能获得正式的教师资格及教学许可证。自20世纪70年代以来,大学在芬兰教师教育中一直扮演着举足轻重的角色,并且这一领域的研究转向在大学内得到了显著加强,不仅拓宽了研究的广度,更在深度上实现了深入的挖掘与发展。在芬兰,教师教育完全由大学负责组织和实施。其课程设置严格遵循大学学士学位(对应欧洲学分转换与积累系统中的180个学分)及硕士学位(对应欧洲学分转换与积累系统中的300个学分)的普遍规范,涵盖了通识教育课程、主修专业课程、辅修课程、教学实践环节、学士论文以及硕士论文等多个方面。从教师教育研究的视角出发,这些课程、实践活动及论文撰写的学术环境涵盖了讲座、研讨会以及小组学习等多种形式的活动。自大学开始实施教师教育以来,教师教育课程取得了显著的发展,同时,对于教师教育的组织主题、教学目标以及教学方法的研究性理解也得到了深化(Brew,2003,2006;

Cochran-Smith and Lytle,2009;Elen et al.,2007;Kansanen et al.,2000;Mena, 2017;Toom et al.,2010)。早期的课程往往偏向于技术性,但随着对学生与教师学习研究的不断深入,以及教师教育教学方法与学生学习成效之间关系的日益明晰,课程设计逐渐变得更加丰富多样且更具针对性。在过去的四十年里,芬兰已经实施了一系列符合教师教育国际发展趋势的教育改革措施(Tatto and Pippin,2017)。

在过去的四十年里,随着学术型教师教育的推进,芬兰教师教育的"研究转向"趋势不断深化。对于研究型教师教育课程的理解,在制度设计、课程设置以及教师、教育工作者、学生与教师之间的互动层面,均实现了更加系统和全面的提升(Kansanen et al.,2000;Heikkinen et al.,2015;Darling-Hammond,2016;Westbury et al.,2005)。以教学思维为核心的教师教育理念得到了深入发展和有效整合,并成了芬兰教师教育课程体系中不可或缺的重要组成部分(Husu 2002;Kansanen et al.,2000)。教师教育的课程结构紧密遵循教育科学的内在逻辑与结构,旨在为学生提供与教师工作紧密相关的科学理论与实践技能的学习机会。这一设计旨在确保师范生能够全面掌握作为未来教师所需的关键知识、技能和态度(Evens et al.,2018;Skourdoumbis,2019;Soini et al.,2015;Toom,2017;Toom et al.,2017)。师范生学习的内容主要依据对教师关键知识与技能的实证研究(Blömeke and Kaiser,2017;Brown,2017),并深刻融合了对教师学习及专业发展过程的深入理解(Clandinin and Husu,2017)。此外,芬兰教师教育课程与国际课程之间的关系(Kansanen et al.,2014)、教师教育工作者对教师教育所持的观点(Krokfors et al.,2011),以及教师教育过程中学生—教师的学习互动(Soini et al.,2015;Toom et al.,2017)均已成为广泛研究的课题,其研究成果被有效应用于芬兰教师教育的发展实践之中。

研究转向同样触及了对教师教育人员的要求。他们中的大多数都具备博士学位,在学校及研究小组中与同事共同开展教师教育研究,积极在国际学术平台上发表论文,并在各自的专业领域内指导博士生进行深入研究。大学在芬兰教师教育中所发挥的显著作用,显然与其对教师和教师教育的高度重视密不可分,这种重视在国际范围内是独树一帜的。大学所进行的研究不仅为芬兰的教师教育体系提供了坚实的实证基础,还直接支持了高质量教师的培养以及整个教育系统能力的提升。

芬兰教师教育的问责制转向

除了实践转向和研究转向之外,教师教育领域还出现了第三个重要转向,即问责制转向。这一转向与旨在改革和优化高等学校体系之外的教师教育政策与实践紧密相关(Avalos,2017;Cochran-Smith,2016)。在许多国家,问责制的转向要求对教师教育机构的投入、过程、做法及成果进行全面监测,以此作为获得教育部批准和资助的重要依据。这一转向进而推动了新的标准与新的审评程序的制定与发展,这些标准和程序是希望成为官方认可的教师教育机构所必须遵循的。在芬兰的教师教育背景下,问责制的转向进行得相对顺畅,且通常适用于教师教育的大学问责制措施也能得到有效实施。在教育领域,教师教育工作者需要承担起对教师教育申请者的筛选与指导责任,同时负责监控学生的学习进度并确保学位完成数量的达标。在研究工作方面,教师教育工作者需负责提升出版物的数量与质量,并争取博士学位的授予及竞争性研究经费的获取。迄今为止,芬兰的教师教育工作者并未承担对即将毕业的师范生在教学效果、课堂表现、影响力及留任率等方面的直接责任。

问责制要素在芬兰教师教育中相对顺利地出现,这些要素往往具有推动改革的作用。在1976年至1978年期间,芬兰推行的KATU项目旨在提升教育科学领域学位标准的一致性。2004年,芬兰推行的VOKKE项目(VOKKE-project)旨在根据博洛尼亚条例协调芬兰的教师教育学位体系,以确保其在全国范围内与欧洲教育框架保持一致。芬兰教育文化部(Finnish Ministry of Education and Culture)在2016年成立了国家教师教育论坛,该论坛旨在促进教师的持续专业发展,构建导师体系,并强化职前与在职教师教育领域内教师教育与学校之间的合作。所有活动均遵循协商原则,旨在共同策划芬兰教师教育的发展战略,同时确保为教师教育机构自主规划的发展项目提供充足的资金支持。显然,问责制是教师教育改革中一个强有力的政策工具(Cochran-Smith et al.,2017)。然而,正如芬兰的教育政策所展现的那样,问责制的实施方式可以大相径庭,甚至存在根本性的差异。在芬兰,教师教育改革的核心始终围绕着共识的构建、合作的促进以及共享发展的理念。

讨论

以研究为基础的学术型教师教育在芬兰已经发展了四十多年,目前在芬兰的大学教育中占据着举足轻重的地位。发展的背后蕴含着历史、文化、政治及实践等多重因素，同时，近几十年来日益丰富的研究成果也为其提供了强有力的支持（Husu and Clandinin, 2019）。自然而然地，由于教师教育领域的研究人员在国际间保持着密切的互动与合作，芬兰教师教育的发展长期受到众多国际趋势的深远影响。正如本书所详尽阐述的，这些国际趋势或转向在芬兰不仅显而易见，而且融入了独特的芬兰特色。

最近，芬兰教师教育评估小组提出的关于教师教育论坛未来行动方向的建议（Niemi et al., 2018），其核心聚焦教师教育的问责制议题，这在芬兰独特的国情背景下显得尤为具有挑战性。评估小组建议，为持续推动改革进程，应对教师教育实施全面的监督体系，该体系需涵盖明确的责任划分、既定的计划目标，以及这些目标和责任在市政当局、学校及教师个人层面的具体执行与落实情况。评估小组进一步建议国家机构应给予教师教育改革以支持，并确保职前与在职教师教育改革在教师职业生涯的各个阶段得以有效实施。同时，评估小组也积极倡导确保发展项目中提出的新教学模型能够顺利落地并得到有效执行。另外，评估小组建议在宏观层面上对教师教育进行重大改革，以更新职前和在职教师教育，并使教师教育机构对所建议的改革议程完全负责（Niemi et al., 2018）。这些建议的基调和意图是积极的，所关注的发展领域也已经得到教师教育工作者的认可和赞同。这些建议不仅目标远大，而且在芬兰的呈现方式颇具新颖性，进而激发了关于芬兰教师教育与大学在自由度和自主权方面所享有的范围及其可能带来的深远影响的广泛讨论。

这种持续演变的问责制转向所潜藏的风险，要求我们进行详尽的研究和深刻的反思，以便在迈向这一方向的过程中，清晰地界定并承担起我们应负的责任。基于对芬兰大学教师教育背景现状及紧迫形势的深入理解，我们认识到，在教师教育领域，需将"实践""研究"与"问责制"视为三大核心维度，全面考量并平衡它们之间的相互促进与融合。我们不应该把那些早期阶段视为过去，而应该明确地把所有阶段综合起来，充分认识到每一个阶段的局限性和优点，以便推动我们的教师教育研究。

本章编者

奥利·托姆是芬兰赫尔辛基大学的教授，担任教育科学学院大学教学与学习中心主任,并荣任芬兰教育研究协会(Finnish Educational Research Association, FERA)的主席,同时她也是芬兰科学与文学院的杰出院士。她的核心研究领域聚焦教师认知、教师能动性的探索以及教师教育的发展,同时也深入研究高等教育中学术通用能力的学习与教学。

尤卡·胡苏是芬兰图尔库大学教育科学学院院长及教学与教师教育的教授。他的研究深耕于教师的教学与实践知识、教学反思以及伦理判断等领域。尤为值得一提的是,他与琼·D. 克兰迪宁(Jean D. Clandinin)教授携手,共同担任了《教师教育研究手册》(*The SAGE Handbook of Research on Teacher Education*)第一卷与第二卷的联合主编。

第七章

在一个前所未有的充满不确定性挑战的时代培养高素质的教师教育毕业生：以中国香港为例

邓怡动，郑美红

摘要： 由于人们对教育系统的期望和要求不断提升，教学工作正变得日益具有挑战性。本章以香港教育大学所提供的本科职前教师教育课程为案例，概述了成为教师的具体路径，并阐述了香港的教师政策背景。职前教师教育的主要目标是培养具备卓越专业能力、强烈道德责任感以及创新精神的高素质毕业生。自 2019 年以来，香港教师在社会与政治层面所面临的挑战，加之新型冠状病毒肺炎疫情的暴发，共同促使社会对他们的期望与要求进一步提升。社会政治问题给整个社会，特别是教育界，带来了前所未有的充满不确定性的挑战。本章深入探讨了这些特殊情况如何对教师专业能力提出新的要求，进而促使教师掌握并更新其专业知识体系。为了推动新专业知识的共同构建，在职前教师教育中营造混合学习空间及安全交流环境显得尤为重要。在本章的结语部分，我们认为将专业能力与教师韧性相结合，有望显著提升职前教师教育毕业生的潜力，使他们能够在一个前所未有的、充满挑战的时代中稳固立足。

引言

鉴于对教育系统及教师的高期望与严要求，教学工作日益展现出其挑战性。因此，培养具备卓越专业能力的教师成了职前教师教育体系中不可或缺且至关重要的环节。本章以香港教育大学所开设的职前教师教育本科课程为具体案例，全面概述了成为教师的多种途径，并深入剖析了香港的教师政策背景。近年来，香港的职前教师教育课程已历经改革，其目标聚焦于培育能够勇于应对教学工作中艰巨挑战的高素质毕业生，以期他们在成为教师后能够展现出卓越的教育能力。

自 2019 年以来，社会层面的诸多不确定性的挑战促使香港社会对教师的期望与要求显著提升。2019 年在香港爆发的"反引渡法案修订"风波中的暴力违法行为，以及 2020 年新型冠状病毒肺炎疫情的肆虐，给整个社会，尤其是教育界，带来了前所未有的挑战。本章将深入剖析这些特殊情况如何对香港的教师专业能力提出全新要求，进而促使教师不断更新和拓展其专业知识体系。此外，本章亦将探讨职前教师教育的核心价值，并强调将教师的专业能力与韧性培养紧密结合的重要性。

第七章　在一个前所未有的充满不确定性挑战的时代培养
高素质的教师教育毕业生：以中国香港为例

香港幼儿园、小学及中学教师的培养途径

在香港，以大学教育为核心框架的职前教师教育体系占据主导地位。中小学教师的职前教育课程主要由各大学负责设计并开设，而幼儿园教师的职前教育课程则是由大学和中学后教育机构联合承担，共同负责其教学内容与安排。完成这些经过认可的职前教师教育课程的毕业生，将具备申请合格教师资格的资格。教师的注册制度由香港特别行政区政府教育局负责监管，该制度涵盖了教师的入职登记等相关事宜。

以大学为基础的职前教师教育课程主要遵循"并行"与"连续"这两种模式进行组织和实施。在本科阶段，实施"并行"模式，其目标在于培养跨越不同专业领域的教师。而"连续"模式则针对已获学士学位的毕业生，为他们提供研究生教育文凭(Postgraduate Diploma in Education, PGDE)课程。此外，教师教育课程灵活多样，分为全日制与非全日制两种形式，以满足不同学习者的需求。职前教师教育课程的质量保证体系既植根于大学/教师教育机构的内部质量保障机制，也依赖由大学教育资助委员会(University Grants Committee, UGC)下属的质素保证局(Quality Assurance Council, QAC)所执行的质量审核工作。

全日制职前教师教育课程

全日制职前教师教育课程旨在吸引有志于投身教育事业的中学毕业生及大学毕业生参与。以下是成为教师的几种不同途径：

• 有志于未来成为中小学教师的中学毕业生，可以选择攻读五年制全日制本科职前教师教育课程(含学士学位或双学位路径)，该课程相较于其他标准的本科课程而言，增设了一年的学习时间。

• 为有志成为幼儿园教师的人士提供了五年制全日制学士学位(教育学学士)及两年制全日制副学位(高级文凭)职前教师教育课程。

• 如果非职前教师教育专业的大学毕业生有意向成为教师，他们可以选择学习研究生教育文凭课程作为职业发展的路径。

表 7.1 详细列出了香港为涵盖不同专业领域的教师所提供的各类全日制职前教师教育课程。

表 7.1 全日制课程

课程	周期	幼儿教育	小学教育	中学教育	专业/职业教育	特殊教育需求
高级文凭（Higher Diploma, HD）	2 年	×*				
教育学学士（Bachelor of Education, BEd）	5 年	×	×	×		
双学位：教育学学士和文学学士；教育学学士和理学学士；教育学学士和社会科学学士	5 年		×	×		
研究生教育文凭	1 年	×	×	×		

注：* 学习完该课程后可从事的教育领域。

非全日制职前教师教育课程

在中国香港地区，存在部分小学及中学的学科教师，在正式承担教学工作之前并未接受过专业的师资培训。这些教师可能以教学助理，或未受专业培训的教师身份进入教育领域。当前的情况是，存在少数教师并未具备研究生学历。表 7.2 详细列出了香港的幼儿园、小学及中学中，未接受专业培训的教师人数，以及已接受专业培训但尚未取得大学本科学历的教师与未接受专业培训且同样未取得大学本科学历的教师人数情况。

第七章 在一个前所未有的充满不确定性挑战的时代培养高素质的教师教育毕业生：以中国香港为例

表 7.2　2019 年按学历及培训情况划分的幼儿园、中小学走读学校教师人数

（Census and Statistics Department, 2020）　　　（单位：人）

学历/培训状况	幼儿园教师	小学教师	中学教师
大学毕业或同等学历			
接受过专业培训	8,398	26,324	27,811
未接受过专业培训	336	1,142	1,266
非大学毕业			
接受过专业培训	5,574	468	211
未接受过专业培训	81	53	16
总计	14,389	27,987	29,304

非全日制职前教师教育课程专为那些尚未接受过专业培训的教师，以及在幼儿园、小学和中学工作的教职员工（如教学助理）设计，旨在助力他们获得合格教师资格，进而提升教育教学能力。表 7.3 详细列出了香港为非职前或来自不同专业领域的教师所提供的非全日制职前教师教育课程。此外，香港还特地为已在学校工作的大学毕业生设置了为期两年的非全日制研究生教育文凭课程，旨在让他们能够接受专业的教育培训，从而顺利获得合格教师资格。同时，非全日制教育学学士学位课程也为学员提供了获取合格教师资格及提升个人专业水平的宝贵机会。

表 7.3　非全日制职前教师教育课程

课程	周期	幼儿教育	小学教育	中学教育	专业/职业教育	特殊教育需求
教育学学士	3 年	×*			×	×
教育学学士	4 年	×*				
研究生教育文凭	2 年	×	×	×	×	

注：* 参加课程的学生已获得合格教师资格。

教师政策背景：T-标准⁺和新入职教师的培训要求

在政策层面,香港特别行政区政府已实施两项核心的教师政策举措,旨在促进教师专业发展,进而提升整个香港教师队伍的素质与水平。首先,T-标准⁺（T-standard⁺）是对教师和教师教育机构所设定的一系列期望与目标。其次,香港特别行政区政府还实施了强制性教师培训与专业发展的制度。

根据教师及校长专业发展委员会（Committee on Professional Development of Teachers and Principals,COTAP）的指导意见,我们已制定了一套教学标准,旨在作为教师专业能力的制度化衡量标准。在师训与师资咨询委员会（Advisory Committee on Teacher Education and Qualifications,ACTEQ）于2003年制定的教师能力框架的基础上,教师及校长专业发展委员会于2018年9月正式推出了T-标准⁺（COTAP,2018）,以进一步推动教育从业者的专业发展。在制定T-标准⁺的过程中,教师及校长专业发展委员会秉持以学生为中心的理念,明确了教师在促进学生全面发展过程中所需具备的核心知识、关键技能以及积极态度,旨在为他们打造应对21世纪教育挑战的必要能力。同时,T-标准⁺明确将教师的主要角色界定为关爱学生的育才者、启迪智慧的共建者以及敬业乐群的典范。该标准通过细致划分初级阶段、胜任阶段及卓越阶段,全面描绘了教师专业成长的不同层次与路径。与此同时,在T-标准⁺的框架下,教师及校长专业发展委员会也精心制定了一套针对校长的专业标准,旨在明确校长应遵循的职业准则与发展方向。根据T-标准⁺的定义,教师角色所承载的愿景与使命,反映了社会对教师工作要求日益提升的趋势,这一趋势进而促使了对教师专业能力期望的不断增高。

与西方国家长期以来普遍采用的合格教师资格作为教师教学的标准不同,T-标准⁺被设计为教师和教师教育机构的参考及发展工具,而非用于教师注册的监管机制。这一标准旨在促进教育教学的持续改进与提升。

尽管香港在教师注册方面并未直接设立与教学标准紧密相关的监管机制,但它已实施了一项强制性的教师培训与专业发展制度,以确保教育质量的持续提升。2019年,香港特别行政区政府颁布了旨在优化教师职业结构的政策措施,即推动教师队伍全面向研究生教育程度发展,并为中小学教师构建专业发展阶梯(Hong Kong Education Bureau,2019)。自 2020 年起,香港特别行政区政府教育局开始实施一系列举措,为教师提供系统化且具有针对性的专业发展机会。从 2020—2021 学年开始,所有新任中小学教师均需在入职后的前三年内参与新入职教师培训课程。新任教师必须完成由香港特别行政区政府教育局主办的 30 小时核心专业内容培训,该培训涵盖教师的专业角色、价值观与职业操守,以及教育政策的最新动态。此外,为满足个人专业成长的需求,新任教师还需参与不少于 60 小时的选修培训。

培养高质素的职前教师教育毕业生:以香港教育大学职前教师教育本科课程为例

香港教育大学是一所公立大学,专门致力于为幼儿园、小学及中学的教师提供全面的教师教育课程。五年制的职前教师教育本科课程体系,全面涵盖了学科专业课程、教育学专业课程、教育研究课程、辅修/选修课程、本科核心课程(如通识教育课程)以及至关重要的教学实践环节。

职前教师教育本科课程已经历了全面的课程评定,并据此为 2019 年 9 月入学的学生推出了修订后的五年制职前教师教育课程(Hong Kong Education Bureau,2019)。修订后的课程适用于培育专业卓越、具备强烈道德责任感及创新精神的高素质职前教师教育毕业生。此次修订特别强化了教学实践环节,新增了国际教学实践选项,促进了跨学科课程的设立,引入了体验式学习模式,并激励学生在最终学年的课程中采用多元化的形式展示成果。这些改革措施均紧密参照了本地及国际上的教师教育标准,以确保教育质量的持续提升以及与国际化接轨。

专业卓越

教学实践作为职前教师教育本科课程体系中的一个核心组成部分,为师范生提供了一个至关重要的平台,使他们能够在这一阶段有效地提升和强化自己的专业能力。在课程评定中,对于教学实践学习的重视与蔡克纳(Zeichner)于 2014 年发出的呼吁不谋而合,他强调应强化一线教学实践,并倡导一种"以学校为基础且与学校联系更为紧密"的教师教育模式。基于 T-标准$^+$(COTAP,2018),我们确立了学校体验预期学习成果(Field Experience Intended Learning Outcomes,FEILOs),并据此指导了教学实践三个核心组成部分的设计,即学校体验基础课程、分组实践环节以及学校体验专业学习组合课程。学校体验基础课程会在课程的第二学年引入,该课程旨在帮助学生提升教学技能、深化专业学习、掌握教学的背景知识,并顺利实现从学生到教师角色的转变(Zeichner,2010;Zeichner and Payne,2013)。从课程的第三学年开始实施分组实践,该实践由两部分职前教师教育现场教学实践构成。在这些实践环节中,师范生将被派遣至指定的学校进行教学实习。此外,除了分组实践外,师范生还会在学校体验专业学习组合课程中,对专业学习过程中理论与实践的联结进行深入反思。这些新颖的学校体验对于职前教师教育毕业生专业能力的发展具有举足轻重的意义。在后文中,我们将深入探讨如何精心规划这些组成部分,以有效培养未来教师的道德责任感。

Niemi 和 Nevgi(2014)在芬兰进行的研究显示,师范生在职前教师教育阶段参与的研究性学习活动对其专业能力具有显著的预测作用,并能有效激发主动学习,从而有助于提升师范生的专业素养和能力。香港教育大学在修订后的本科职前教师教育课程中,将教学研究(Furlong et al.,2014;Grossman,2010)视为教师不可或缺的核心能力之一。该课程为师范生设计了多元化的学习路径,在最后一学年,学生可自主选择参与不同形式的研究或实践探究活动。具体而言,他们既可以选择专注于学术研究的荣誉课程,以提升其理论探索与学术素养,也能选择行动/实践导向的顶点课程,通过实际操作与反思来深化教育技能与专业理解。

众多研究学者建议在职前教师教育中构建混合学习空间,将学术知识、学校实践经验与社区知识相融合,为师范生搭建一个能够从多元化渠道广泛汲取知识的平台(Zeichner,2010;Zeichner et al.,2015;Mayer et al.,2017)。一些研究学者还发现,师范生在学校和社区环境中的专业学习经历不仅有助于他们发展专业能力,还能帮助他们树立更为广泛且深刻的教育相关专业理想(Tang et al.,2020)。在修订后的本科职前教师教育课程中,通识教育部分要求师范生参与课外课程、服务学习项目以及体验学习课程。

道德责任

Campbell(2000)倡导将道德标准切实融入教学实践中,并给出了在教学中确立行为准则的两个核心理由:一是重申道德感和责任感在提升专业水平中的关键作

第七章 在一个前所未有的充满不确定性挑战的时代培养高素质的教师教育毕业生:以中国香港为例

用;二是推动对教学过程中道德问题的深入反思与探讨。人们始终致力于探讨教师道德在教师教育体系中的重要作用。例如,Jeder(2013)深入研究了包括隐性课程、实施课程等多种课程类型中,教师所肩负的道德责任及其具体表现。Shapira-Lishchinsky(2011)提议为教师设计道德教育计划,这些计划的目的在于"增强教师的力量,促进他们形成多元化的视角,并深化他们对所面临选择的道德复杂性的理解"(p.655)。

在香港教育大学经过修订的职前教师教育本科课程体系中,培养毕业生道德决策能力的目标主要通过两大核心途径达成,一是学校体验环节,二是通识教育领域内的正面教育与价值观塑造。这两个领域及其相关课程均明确设定了与道德决策紧密相关的预期学习成果,以确保学生在这方面获得全面发展。

其中两个学校体验的预期学习成果特别强调了学校的道德价值观及其在实践中的应用:

- 学校体验预期学习成果-4彰显了教师作为促进学生全面发展的引导者的能力,具体体现在培养学生的道德美德与积极的道德价值观及态度,增强多元文化意识,以及激发创业精神。

- 学校体验预期学习成果-10强调教师应定期反思并评估自身的教学过程与成效,同时深入审视自己作为模范榜样、学生成长引路人及知识共创者的角色定位。此外,教师还需深刻反思在学校环境中的道德实践行为,致力通过持续的自我完善,推动个人专业能力的不断成长与发展。

为了达成上述学习成果,职前教师教育本科课程在第二学年特别设置了学校体验基础课程,旨在引导师范生依据教师的专业角色与职责,对个人道德及道德价值观进行批判性反思,进而塑造其作为教师的身份认同与专业素养。为实现这一目标,课程设计了一系列多元化的主题与活动,涵盖《香港教育专业守则》(*Code of the Education Profession of Hong Kong*)、教师道德决策的制定等内容,并实施了由教师或校长引领的师范生学校实习项目以及为学校提供专业支持的导师计划,以实现通过实践深化理解的目的。课程的评估紧密围绕课程主题展开,其中一项关键任务即要求师范生解析如何在模拟案例中运用专业判断与道德决策能力,以应对复杂的教育情境。

除了学校体验基础课程外,师范生还需完成一系列学校体验专业学习组合课程。这份组合课程融合了基于证据的反思记录,目的是为学生在分组实践之前、进行过程中及之后提供全方位的准备、学习及反思支持,从而促进其教学实践能力的提升。在职前教师教育本科课程的最终学年,职前教师教育的毕业生将达成以下学业成就:

- 运用道德原则全面促进学生的发展……

- 反思自身角色,并展现出道德美德、积极的道德价值观及正面态度……

师范生需展现其在学校环境中识别复杂道德问题、道德困境及其多维度特性的能力,同时需能够提出多种解决方案,分析这些方案可能带来的影响,阐述决策理由,自我评估行为表现,并兼顾不同利益相关者的立场与观点。此外,组合课程还应纳入基于实证的反思环节,以彰显教师在促进学生道德品质、积极道德价值观和态度发展方面所做出的具体贡献。

在通识教育领域,一个核心的学习目标是培养学生依据明智且合理的价值观与标准,做出恰当判断与道德决策的能力。以下是通识教育领域"正面教育与价值观教育"(Positive and Values Education,PAVE)中的三门课程的预期学习成果示例:

- 人类、生物圈与保护伦理(People, the Biosphere, and Conservation Ethics):批判性地审视影响人类、其他生物及环境的争议与现实挑战,培养对这三者共存的责任感与义务感。

- 人生的意义、幸福与美好社会的伦理探讨(Meaning, Happiness, and the Ethics of a Good Society):深入理解并探讨构成有价值生活的多种伦理途径,包括幸福伦理学、个人伦理学及美德伦理学。

- 想成为一名优秀教师吗?践行教师专业精神(Want to be a Good Teacher? Exercising Teacher Professionalism):深刻展现对教师职业道德准则核心价值的理解与践行。

第七章 在一个前所未有的充满不确定性挑战的时代培养高素质的教师教育毕业生：以中国香港为例

创新

随着科技的迅猛发展，教师的专业角色被重新塑造为学习的设计者，他们能够有效利用技术创新的优势，以促进学生学习的深入与高效。在探讨当代教师角色的议题时，Kalantzis与Cope(2010)强调，教师应转型为具有明确目标的学习设计者，并需具备在新兴的多模态、在线社交媒体环境中灵活工作的能力。创新不局限于在教学中应用科学技术，教师教育工作者同样需要具备创新思维(Lew,2010)，保持对事物的新鲜感和好奇心(Straub,2009,p.626)，并充分利用他们所能掌握的所有资源(Davis et al.,2010,p.10)。鉴于该定义已超越了单纯的技术应用范畴，它随之对教师教育产生了深远且多维度的影响。Davis等(2010)呼吁让师范生参与界定创新型教师内涵的过程中，并通过整合技术手段来促进学生的学习，进而实施有效的教学实践。Cheng和Szeto(2016)提出了教师作为创新型领导者的概念，并建议加强职前教师教育课程，以培养师范生能够胜任并承担起这一新兴角色的能力。

香港教育大学在修订后的本科职前教师教育课程中，将培养师范生在课堂教学中有效运用科技的能力列为一项重要内容。近年来，该课程进一步加大了改革力度，并重新界定了毕业生所需具备的信息技术能力标准，以更好地适应时代需求。新的要求尤为强调教师需具备在线授课的专业能力。为了推动STEM(Science, Technology, Engineering, Mathematics,科学、技术、工程和数学)教育的发展，修订后的本科职前教师教育课程积极鼓励师范生在教学实践中勇于创新，并特别为他们设计了两门与STEM紧密相关的辅修课程。

一个前所未有的充满不确定性挑战的时代

尽管香港教育大学所提供的职前教师教育本科课程，其目的在于让未来的教育工作者做好充分的教学准备，然而自2019年以来，社会所面临的严峻挑战显著增加，这促使社会对香港教师的期望与要求也随之提升到了更高的层次。此外，2019年香港发生的暴力违法事件，以及随后在2020年年初暴发的新型冠状病毒肺炎疫情，给整个社会，尤其是教育界，带来了前所未有的不确定性的挑战。

新冠肺炎疫情暴发

自2020年年初以来，由于新型冠状病毒肺炎疫情的暴发，香港的公开考试安排被推迟，同时学校停课时间也相应延长。在学校停课期间，香港特别行政区政府教育局（Hong Kong Education Bureau，2020d）积极推行多样化的学习模式，以支持学生在家中继续学习，确保实现"停课不停学"的教育目标。在此期间，数字化学习，特别是实时在线教学，成了停课期间的重要学习方式之一。学校、教师、学生及家长共同面临着多重挑战，包括数字设备和资源的可用性不足、在线资源获取的困难、在线学习及教学策略的有效制定，以及学生在线学习参与度的提升等问题。对于某些特定类别的学生或群体，例如具有特殊教育需求的学生、跨境学生（每日需往返深圳等邻近内地城市与香港的学生）、贫困家庭学生以及少数族裔学生等，他们所面临的挑战显得尤为艰巨。

在学校逐步恢复面授课程之际，香港特别行政区政府教育局要求各学校实施严格的防疫措施，以确保学生在一个安全、健康的环境中学习（Hong Kong Education Bureau，2020e）。在这一新常态下，教师和学生于课堂中均需佩戴口罩，教室空间经过精心重新布局，以确保保持适当的社交距离。部分学校还在课桌上安装了隔板。此外，学校还会根据实际情况灵活调整教学安排，如采用半日制教学模式或结合在线教学，以确保教学活动的顺利进行。

长时间的停课、日常生活与学习模式的转变，以及社会活动和外出机会的缩减，共同导致了学生对学习资源和情感支持的需求显著增加。教师需全面关注学生的学习与情感需求，灵活运用多样化的教学模式，特别是在停课期间积极推行数字化学习，同时在新常态下适时调整面授教学策略，以适应不断变化的教学环境。从2020—2021学年开始，香港教育大学针对学校的新常态，对其体验课程中的教学实践进行了重新规划与组织。在教学实践的不同阶段，我们规划了三种递进式的教学模式。第一阶段是微格教学（microteaching），即模拟教学模式；第二阶段是虚拟教学模式，涵盖在线同步教学及录播教学两种方式；第三阶段则是校内真实环境下的面对面课堂教学。

这些精心设计的安排为师范生提供了一个循序渐进的"从学习到教学"的体验过程，以期促进他们在不同教学模式下的能力发展，并尽可能多地提供面对面教学的实践机会。为了帮助师范生进行在线教学准备，香港教育大学精心设计了多样化的培训资源，包括自学在线培训材料和参与式在线研讨会等。

此外，香港教育大学还成功研发了一个在线平台，为虚拟教学模式提供了坚实支撑，该平台全面支持师范生进行在线同步教学及录播教学活动。

香港的主要社会政治问题

2019年年中发生的社会政治风波也导致香港社会出现了两极分化现象，这种分化不仅体现在家庭内部、朋友之间，甚至也蔓延至陌生人之间，引发了诸多观点意识方面的分歧（Wong and Lee, 2019）。

为回应公众对一系列备受关注的暴力违法事件发生后教育环境的深切忧虑，香港特别行政区政府教育局制定并推出了多项针对性措施，同时对学生及教师提出了具体的要求与指导：

提醒学生……他们应当始终把个人安全置于首位，既为自己负责，也为关爱自己的家人着想，严禁参与任何危险的或非法的活动。

教师作为学生不可或缺的榜样，其言行举止，无论是在校园之内还是之外，均对学生产生着深远的影响。因此，无论在何种场合，教师都应当恪守职业道德规范，尊重法律法规及社会公认的行为准则。此外，教师还需时刻注意自己的言辞与行为，以符合社会对教育从业者道德水准与专业能力的高期望。（Hong Kong Education Bureau, 2020d）

《中华人民共和国香港特别行政区维护国家安全法》的颁布是香港社会政治发展的又一重要里程碑。2020年6月30日，中华人民共和国第十三届全国人民代表大会常务委员会第二十次会议审议并表决通过了该法，随后将其列入《中华人民共和国香港特别行政区基本法》附件三之中。香港特别行政区政府教育局给学校提出了新的要求：

学校应当充分考虑学生的认知发展阶段和能力水平，及时且恰当地向学生阐述国家安全的重要性，以及《中华人民共和国香港特别行政区维护国家安全法》的立法背景、目的和深远意义，从而确保学生能够获得准确的信息，并对该法律有清晰而正确的认识。（Hong Kong Education Bureau, 2020c）

随后，香港特别行政区政府教育局依据《中华人民共和国香港特别行政区维护国家安全法》，发布了针对学校的行政指导方针及教育政策，旨在维护学校安全、有序的学习环境,并致力于培养学生成为遵纪守法的良好公民(Hong Kong Education Bureau, 2021a, 2021b)。同时,教育局还制定了《香港国家安全教育课程框架》(*Curriculum Framework of National Security Education in Hong Kong*),系统性地指导学校开展国家安全教育活动。

随着香港特别行政区政府教育局发布新的指导方针及《香港国家安全教育课程框架》,与《中华人民共和国香港特别行政区维护国家安全法》相关的教师培训已被纳入教师的强制性培训范畴及专业发展要求之中。例如,在新任教师的核心培训课程中,特别增设了一节历时3小时的专题课程,内容涵盖对《中华人民共和国宪法》《中华人民共和国香港特别行政区基本法》,以及《中华人民共和国香港特别行政区维护国家安全法》的深入解析(Hong Kong Education Bureau, 2021c)。

香港特别行政区政府教育局对学校、教师及学生提出的上述要求,是在一个教育界内利益相关者团体间存在不同观点和立场的背景下实施的。鉴于T-标准$^+$(COTAP, 2018)对教师所设定的期望,教育界需深入探讨如何在当前学校环境中有效践行这些期望,这无疑是在更为复杂的宏观社会政治背景下所面临的一项具有挑战性的任务:

教师应秉持高尚的道德操守,并严格遵守《教师专业操守指引》;深入理解《中华人民共和国香港特别行政区基本法》的核心原则,并始终尊重法治作为香港社会的核心价值。

香港教师在理解和践行教师专业精神的过程中,正遭遇前所未有的挑战与不确定性的问题,这一现状恰与萨克斯的见解相契合,即教师专业精神被视为一个充满争议且动态变化的领域。萨克斯指出,专业精神既是一种实践也是一种概念,它具备可塑性,深受情感因素影响,并持续受到来自内部及外部环境的挑战与重塑(Sachs, 2016, p. 423)。

在一个前所未有的充满不确定性挑战的时代,专业能力与教师韧性的重要性

在香港,新冠肺炎疫情的暴发以及复杂的社会政治问题为教育领域带来了前所未有的挑战,这促使社会对教师的专业能力提出了更为严苛的要求,要求教师掌握并更新专业知识。为此,学校亟需在职前教师教育中构建混合学习空间与安全的交

流平台,以推动新专业知识的共同构建与分享。

对新的专业知识的要求

新的专业知识体系涵盖了多个关键领域,包括学科知识(content knowledge,CK)、学科教学知识(pedagogical content knowledge,PCK)、一般教学知识(general pedagogical knowledge,GPK)、整合技术的学科教学知识(technological pedagogical content knowledge,TPACK),以及语境知识(knowledge of context)(Grossman,1990;Mishra and Koehler,2006;Shulman,1987)。

鉴于复杂的社会形势,人们对教师提出了更高的期望,要求他们不仅掌握丰富的学科教学知识,还具备整合技术的学科教学知识。在学校停课期间,人们期望教师能够灵活采用适宜的教学模式,以应对挑战;同时,在恢复正常教学的新常态下,也需对传统的面对面教学方式进行必要的调整与优化。

在社会政治教育方面,当教师讲授与《中华人民共和国香港特别行政区维护国家安全法》相关的主题时,他们需要掌握并融入新的学科知识。为了有效引导学生,教师应运用具体的学科教学知识,激发学生的独立思考能力,进而帮助学生在坚实的知识基础上构建并形成自己的理性判断(Wong and Lee,2019)。

由于社会背景经历了复杂的变化,教师需要掌握新的语境知识,这包括对学校环境的深刻洞察,对教育行业所处更广泛背景的全面理解,以及对学生和社区具体状况的细致把握。在2019—2020学年及随后的2020—2021学年教学周期内,教师们或许还需学习并更新一般教学知识,以更好地满足学生的学习需求并关注其情感发展。

职前教师教育与通信安全空间中的第三混合空间

学习与教学是一个复杂的过程,它在多个不同且相互交织的空间中,以复杂且反复的方式展开(Mayer et al.,2017,p.129)。香港正面临前所未有的挑战,这些挑战中,新的专业知识需求以及存在争议的知识领域很可能促使职前教师教育中的教师学习成为核心焦点。这一核心地位与教师教育、社区及学校等多方之间复杂且时有冲突的关系紧密相连(Mayer et al.,2017,p.132)。在职前教师教育中,构建第三混合空间(Zeichner,2010;Zeichner et al.,2015)对于从多个来源获取广泛的知识基础而言,是至关重要的。师范生需要一个安全的交流平台,以便与同伴、教师教育人员、学校利益相关者及社区成员进行互动,共同探索、构建新的专业知识体系,并增强专业意识,从而有效应对师范生在学习和实践中所面临的各种问题。

教师的韧性

尽管在新的专业知识基础上发展专业能力对于应对特殊挑战至关重要,但在当前这个快速变化的社会环境中,我们关于具备专业能力的职前教师教育毕业生在学校任教时的实际表现情况,所掌握的信息却相当有限。面对教学领域所呈现的艰巨挑战与持续存在的困难,职前教师教育亟需培养出专业能力出众、能够从容应对日常挑战而不至于感到过度疲惫的教师。Wong 等(2021)引入了"教师韧性"这一概念,用以描述教师在面对日常教学中的种种障碍与挫折时,所展现出的有效恢复与适应的能力。"韧性"这一概念涵盖了个人所拥有的多种"资产",这些"资产"不仅能够帮助教师在面对工作中的挫折时做出适应性反应,还能提升他们在应对日常工作中各种挑战时的整体能力和实力。在一个前所未有的充满不确定性挑战的时代,只有将专业能力与教师的韧性相结合,才最有可能激发职前教师教育毕业生的潜力,使他们在开始教学生涯时,就能够在源源不断的日常挑战中站稳脚跟。

本章编者

邓怡勋,香港教育大学教育及人类发展学院教授及副院长。在投身教师教育工作之前,她曾是一名在香港任教的中学教师。她的主要研究领域广泛涵盖教师教育的各个方面及其发展,具体包括职前教师教育、师范生的教学动机、学习及专业能力提升、教师的持续专业发展,以及教师面对挑战时所展现的韧性等。

郑美红,香港教育大学的教师教育讲座教授、协理副校长及教务长。在担任此职务之前,她曾是英国牛津大学教育系的专业教育教授。郑美红的主要研究聚焦于教师教育和科学教育两大领域,其中涵盖探究性学习、实践研究以及 STEM 教育等多个方面。她的研究尤其关注教师学习过程和教师专业发展的深度探索。

第八章
压力之下荷兰教师教育的质量

波利安·C.梅杰

引言

日益严峻的教师短缺问题促使荷兰的政策制定者采取相应措施,这些措施直接关联到教师教育的质量,进而对教师和整个教育体系的质量产生影响。许多教师在获得教师资格证后的头五年内便放弃了教学工作,然而,大多数政策都未能充分关注这一严峻现实,反而过分聚焦于推广短期的或替代性的教师资格认证途径。政策制定者认为,当前的教师教育课程门槛设置过高,而教师完全有可能在实际教学工作中逐渐习得所需的技能。此外,他们指出,教师短缺的一个关键原因在于教师教育课程缺乏足够的吸引力。

尽管国家和学校理事会层面的决策者普遍认同教师在提升教育质量中扮演着至关重要的角色,然而,他们在解决教师短缺问题上的策略或观点却似乎与此核心认识存在某种程度的矛盾。例如,一些小学的理事会更倾向于"拥有非传统教育背景但具备其他资质的教师",而非那些尚未持有合格教师资格的教师。这种做法为那些没有传统教学资格的艺术家、技术人员、运动员及图书管理员等提供了机会(甚至包括邀请学生的家长参与教学),使他们能够被称为"老师"而成为学校教学团队中的一员。这种"混合"式的解决方案有望缓解教师短缺的问题,因为它打破了教学仅由具备合格教师资格的教师独占的传统界限,转而向更广泛的人群开放。由政府补贴的"在职"入职培训课程支持学校对新任教师的培养,无论这些教师是否已拥有正式的合格教师资格,此举预期将有助于缓解教师短缺的问题。然而,值得注意的是,这些政策均未涉及教育质量或教师素质的提升问题。与此同时,有确凿证据表明,荷兰的文盲人数正在上升,这直接导致了在国际研究(如国际学生评估项目)中的得分下滑,从而反映出荷兰教育水平的下降趋势,这一现象令人深感忧虑。这种"人人都能教书"的观念,如果忽视了对教师教育质量的严格把控,很可能会产生长远的负面效应,并进一步加剧教育质量的滑坡。

然而,教师选择退出教育行业,往往是因为学校的工作环境缺乏足够的吸引力,更不必提及学校的学习环境对教师自身的吸引力了(Ingersoll 2001)。教师们普遍感到自己的价值被低估,薪资待遇不尽如人意,且工作时间过长。更为严重的是,随着需要解决的社会问题日益增多(Perryman and Calvert, 2020),教师还常常感到时间紧迫,难以充分地进行教学准备。在这种压力下,教师教育课程既致力于保持并提升课程质量,又积极致力于纠正政策制定者对教师职责的片面认知。荷兰同样面临着这样的挑战。

背景

荷兰的教师教育

在荷兰,大多数教师教育课程是在荷兰的一些应用型科技大学中开设的。学生通常在完成中学教育,即在17岁或18岁时,开始接受这些教师教育课程。随后,他们将进行为期四年的深入学习,旨在为其在小学、各类中学或职业学校中的教学生涯做好充分准备。此外,在荷兰,几乎所有的大学均设有教师教育课程,这些课程主要面向中学教育(涵盖大学预科课程),而少数则专注于小学教育。通常情况下,学生需要先获得某一学科领域的硕士学位,随后才有资格参加大学提供的中等教育教师培训课程,该课程为期一年,属于硕士后的进修课程。另一种新兴的途径是参与大学提供的两年制教师教育硕士课程,该课程巧妙地将专业领域相关的硕士学位与教师教育硕士学位相结合,允许学生在完成学士学位后直接开始学习。

目前,这种"模式"面临的主要问题源自两个方面,一方面是荷兰的应用型科技大学提供的四年制课程与之的竞争,另一方面则是其他大学设置的一年制或两年制课程带来的挑战。在四年制的教育体系中,选择在高中毕业后直接攻读教师教育课程的学生数量呈现下降趋势。由于这些学生仍处于青少年阶段,他们往往更倾向于将自己视为普通学生,而非(即将成为的)教师。此外,加上居高不下的辍学率,这些四年制的教师教育课程难以满足荷兰对新教师不断增长的需求。而大学开设的教师教育课程同样面临着吸引力不足的问题,尽管背后的原因有所不同。这些教师教育课程在大学各院系中往往处于边缘地位,同时,大学教师在个人工作中常常更倾向于科研而非教学。因此,学生,特别是那些学业成绩优异的学生,在完成硕士学位后往往不再愿意继续参与教师教育课程。在荷兰,教师教育地位长期偏低的问题,直至近期才逐渐在大学界获得重视。我们观察到,大学决策者倾向于通过强化教师教育来提升其社会影响力,然而,并非所有科研人员都认同教学与研究应享有同等地位的观念(至少在当前阶段尚未达成共识)。

这些问题带来的一个显著后果是,教师教育在初始阶段便遭遇了生源短缺的困境,这既表现为学生数量的不足,也体现在学生教育素质水平的参差不齐上。

荷兰社会环境

教师在荷兰的社会地位并不高。在荷兰,成为一名教师需要面对长时间且繁重的工作,而薪资相对较低,同时还要应对复杂的学生问题以及不断增多的额外职责。教师需要应对的学生群体日益庞大,其社会经济和文化背景呈现出前所未有的多元化特征,同时,具有特殊需求的学生数量也在持续增长。这些社会变化在某种程度上对提升教师职业的尊重产生了积极影响,促使家长们更加积极地参与到孩子的学习过程中,亲身体验到教育工作的复杂性与挑战性。因此,教师被赋予了"关键职业"的地位,与医疗保健等行业相提并论,教师的社会地位也随之显著提升。新学年到来之际,申请教师教育课程的学生数量出现了显著增长,这一现象鲜明地反映了教师社会地位提升所带来的积极影响。

荷兰学校的工作环境

在荷兰,教师普遍不将学校视为一个具有吸引力的工作环境。造成这种观念的部分原因在于国家政策的影响,尤其是在中等教育领域,教师们感到自己如同被学校行政人员操控的棋子,缺乏足够的自主权和影响力。此外,教师们还普遍感到缺乏专业的沟通渠道。在过去的几十年里,国家政策积极推动学校在教育委员会不断扩大的框架下进行合作,这一过程中,权力逐渐从学校校长手中转移到了教育委员会。过去,资金是直接拨付给学校的,但现在,国家资金改为以"一次性"分配的方式发放给教育委员会。教育委员会有权决定这笔资金的具体使用方式,无论是用于学校建筑的维护、教职工(包括他们自身)工资的发放,还是教材的采购等。随着学校行政部门的持续扩张以及学校内部各种利益博弈的加剧,许多教师认为,在实际的教育委员会工作中,教学工作被边缘化,被视为最不受重视的职责之一,反而,越来越多的行政任务却伴随着更高的薪酬。普遍的观点是,那些与学生直接关联度较低的工作岗位,往往能够获得更高的薪资待遇。

荷兰的研究表明,教师,尤其是新任教师,会面临诸多职业压力与紧张情绪(Harmsen et al.,2019;Pillen et al.,2013),这些压力和情绪对他们的健康及生活质量产生了显著的影响(van der Wal et al.,2019)。这些研究明确指出,教师就业环境面临多重挑战,包括工作负担过重、支持体系不完善以及工作与生活平衡失调等问题,这些问题共同揭示了学校工作环境日趋恶化的现状。在这一阶段,教师的离职率异常高。众多教师因深感沮丧而选择离开教育行业,且若工作环境未能得到实质性的改善,他们重返教育岗位的可能性微乎其微。此外,新任教师普遍感到自己的见解与理想未获得足够的重视,同时他们也缺乏被认可为具有培养领导才能或发挥创新潜力的"潜力股"的机会(Meirink et al.,2020)。

近年来,学校倾向于以更加严谨的态度来重视新任教师的培训工作,并将此类培训系统地纳入教师入职教育的整体框架之中。通过专项拨款,政策积极鼓励学校与大学合作开展此类培训,并且已有研究表明,这些合作取得了积极的效果。例如,Harmsen等(2019)的研究发现,入职培训中设计的特定要素在降低新任教师压力水平方面展现出了显著效果,并且这种积极影响能够持续一段时间。此外,据Noordzij和van de Grift(2020)的报告指出,参与过此类培训的新任教师离职率也相对较低。

综上所述,教师职业普遍面临较为明显的职业倦怠现象及较高的离职率。若将教师教育视为学校与教师培养机构共同肩负的责任,则能在入职教育阶段对缓解上述问题发挥积极作用。然而,这仅是解决问题的一部分,仍需进一步努力。由于工作负担沉重且责任日益增加,教师的工作倦怠现象依然十分严重。这不仅给教师的个人生活带来了巨大挑战,还进一步加剧了教师短缺的问题。

荷兰教师教育工作者的地位

在此背景下,提升教师教育工作者的素质变得尤为重要。当教师教育工作者处于核心地位时,他们便能够更有效地培育未来的教师,并与这些未来教师建立并维持专业关系,从而助力他们在入职初期及整个职业生涯中不断提升专业技能。随着时间的推移,教师教育工作者在此领域所需的专业技能逐渐获得了广泛的认可,这已成为持续关注并致力于提升教育质量的几个关键方面之一。然而,目前针对教师教育工作者的培训课程不仅数量有限,而且多为非强制性参与。荷兰虽然为教师教育工作者设立了注册途径,主要面向那些已在教师教育机构或学校工作的人员,但此注册流程并非强制执行。若能更大规模地推广并实施国际教师教育工作者发展暑期论坛(Summer Academy of the International Forum for Teacher Educator

Development, InFo-TED)的倡议,则势必能够显著提升教师教育者的整体素质。国际教师教育工作者发展暑期论坛聚焦于成熟教师教育工作者的专业能力提升,特别是在泛欧洲大环境下。其核心使命是推动教师教育领域的专业认可,为此,需要构建一个坚实的知识体系,以支撑教师教育工作者的工作实践,并促进持续、深入的专业交流与对话。荷兰教师教育工作者协会(Vereniging Lerarenopleiders Nederland, VELON)致力解决上述两个问题,然而,遗憾的是,决策者并未主动向荷兰教师教育工作者协会寻求专业意见。与此同时,鉴于学校在教师教育方面所承担的责任日益加重(此问题将在后续进一步探讨),荷兰教师教育工作者协会观察到其成员构成中,来自中学的教师教育工作者比例有所上升,而来自高等学校的教师教育工作者比例则相应下降。

荷兰的教师教育研究

荷兰在教师教育研究领域拥有深厚的底蕴,其杰出的教师教育学者包括弗雷德·科萨根(Fred Korthagen),他深入反思了教师教育及"现实主义教师教育"理念;以及杜韦·贝加德(Douwe Beijaard),他对教师的专业认同进行了深刻的探索。然而,近期的研究显得更为稀缺且分散,研究焦点主要集中在教师教育的发展(Swenenen et al., 2008)、研究型教师教育(Bronkhorst, 2013)以及教师教育领域的创新实践(Meijer, 2020)等方面。令人惊讶的是,政策制定与研究领域之间似乎存在着明显的鸿沟,导致政策并未充分建立在研究的基础之上。实际情况是,政策往往先于研究被制定,随后政府才会要求学术界提供研究来支持或验证这些政策的合理性。最近的一个例外是本章前文所述的新入职教师研究,该研究正日益被视为教师教育体系的延伸部分。该研究的经费由推动入职培训课程设立的倡议方提供。然而,令人惊讶的是,关于入职教育的政策制定却并未充分建立在已有研究的基础之上。

荷兰当前的政策

尽管当今的教师短缺问题早在三十年前就已被预测到,但遗憾的是,国家层面的政策制定者直到近几年才开始真正重视并着手应对这一问题。在他们看来,教师短缺问题似乎仅仅是数量上的不足,然而实际上,这是由包括上述背景在内的多重因素共同导致的复杂后果。为了缓解教师短缺的问题,政府支持采取以下措施:(1)吸引第二职业教师;(2)发展教学职业通道;(3)教师资格的"积木化"。

政策措施一:吸引第二职业教师

当前,荷兰自由党派政府倾向于在商业和企业界中寻找解决方案,受此影响,现行政策偏向于将拥有第二职业的教师作为补充资源。这一政策背后的理念是,认为在金融、工业或其他领域具备丰富经验的人员,能够通过短期的教师教育路径接受再培训,进而转型成为教师。此外,由于他们通常更为年长且心智更为成熟,因此在理论上,他们更有可能迅速适应并胜任教学工作,能够全权承担起所教授课程的责任。然而,这些将教师作为第二职业的人员中,有许多人选择离开教育行业的速度,比那些通过常规途径进入这一行业的同事更快(Tigchelaar et al.,2010)。这些教师坦言,他们感到自己在应对学校课程日益复杂以及学生群体背景多元化方面准备不够充分。此外,许多人对学校的工作环境表示失望,认为其缺乏专业性,并指出在学校中常感孤立无援。

当然,这些转行成为教师的个体构成了一个引人注目的群体(Tigchelaar et al.,2010)。他们为教学注入了更为丰富的专业知识。蒂格切拉尔(Tigchelaar)等人强调,针对这一特定群体,需要采用一种"量身定制的教学方法"。然而,决策者似乎将其误解为一条短期的培训捷径,但这并非蒂格切拉尔等人所倡导的。他们强调的是,这一特殊群体应当遵循一条独特的学习路径,而这要求采用与之相适应的不同教学方法。因此,教师教育机构正致力于为第二职业教师群体量身定制新的培训课程。然而,这一群体内部存在着显著的多样性,对"个性化"学习体验乃至个性化课程的需求也日益增长。这里的矛盾在于,教师教育的个性化可能会使第二职业教师在学校环境中感到孤立无援。此外,这种政策措施不仅导致了这样的局面,还传递出一种观念,即教学并非一项团队合作的活动。最后,这一现象反映了一种寻求短期解决方案的倾向,因为决策者对于个性化的追求往往导致培训时间的缩减。更为关键的是,目前尚无确凿证据表明个性化的教师教育能够有效降低教师的离职率。

政策措施二:发展教学职业通道

该政策措施的出台源于一个假设,即人们之所以不愿意成为教师,是因为普遍认为教师职业缺乏足够的职业发展前景(Snoek et al.,2017)。在这种情况下,决策者的目标应是促进小学教育与中等教育之间职业发展路径的相互贯通与衔接。在中等教育领域，当前政策旨在放宽取得大学预科课程授课资格的门槛，该资格目前仅向持有大学硕士学位的教师开放，以期使更多符合条件的教师能够获此资格。关注职业道路的发展固然有其吸引力，但它并不直接关联到教师普遍反映的职业倦怠或离职的根源，这些根源往往源自沉重的工作负担以及缺乏必要的支持。至于这一政策措施是否能有效吸引并留住更多教师，尚需进一步观察与评估。

另一个潜在的风险在于，这一措施似乎仅仅是将问题发生的场景进行了转移，而并未从根本上解决问题。小学教育面临着尤为严峻的教师短缺问题，然而，拟实施的政策若不能妥善考虑激励措施，可能会加剧这一状况，因为它可能无意中鼓励了小学教育中的教师因中等教育教师薪水更高而转向中等教育岗位。正是基于这个原因，中学教师往往缺乏转岗成为小学教师的动力，他们可能将这一选择视为职业发展的下行路径。因此，可以预见的是，小学教育将面临更加严峻的教师短缺问题，这与我们当前的教育需求背道而驰。

政策措施三：教师资格"积木化"

与前一项措施紧密相关的是对教师资格"积木化"体系的推动。有一种呼吁是，为所有参与教师教育课程的人员设定一个统一的起点资格标准，不论他们是在大学里选择为期一年的硕士后教育课程，在荷兰的应用型科技大学中完成四年制的中学后教育课程，还是通过其他替代途径参与专为转行成为教师而设计的课程。在获取基础资格之后，可以无缝地"整合"几个额外的"模块"，使它们相互衔接。通过实施合理的激励与调配机制，我们可以打造一支高度灵活的教师队伍，使他们能够迅速响应需求，被轻松地派往师资最为紧缺的地方，教授相应的科目。这确实是一个对学校管理者极具吸引力的构想，然而，对于教师群体而言，情况却并非总是如此乐观。例如，如果一位法语教师获得了额外的数学教育学位，他理论上将能够同时教授法语和数学。然而，鉴于当前数学教师严重短缺的实际情况，学校可能会更倾向于安排他主要教授数学。此外，这种"积木化"的教学模式存在降低教师素质的风险。具体而言，在中等教育中，如果教师仅被要求遵循固定的教学模块，而无需深入理解所教授学科的核心内容和精髓，那么他们可能会将教学重点从精通该学科转变为仅仅掌握基本知识点。这种趋势若不加以遏制，可能会削弱教师的专业素养和教学质量。学校行政部门指派了一位法语老师去教授数学，这构成了一个实际的例子。学校要求这位老师立即承担起数学教学的任务,并告知他们"只需依据课本进行教学",同时还要求他们加班学习额外的数学课程以胜任新职位。面对这种情况,学校行政部门可以探索灵活的教学安排,如适度调整教学单元的长度,以优化教学资源的利用;同时,鼓励教师根据自身专长和兴趣,在条件允许的情况下,适当承担跨学科的教学任务,但应确保所有教学活动均符合教育质量标准,并在必要时为教师提供相应的培训和支持。这种情况并不罕见。我曾见过一位历史老师教授德语,原因是她嫁给了一个德国人;更有趣的是,我还遇到过一位社会科学老师,尽管没有相应的数学教师资格,却也承担起了数学教学的任务。这一措施难以实质性地提升教学质量和课程深度。为此,教师教育机构应承担起重大责任,将确保教师素质放在首位,并为有意转换教学科目的教师提供高质量的培训与发展通道。

分析

忽视政策措施中的质量问题,是教育政策中一种将教学过度简化的倾向,这种趋势在教育领域内根深蒂固。有一种观点认为,通过降低进入教师教育行业的门槛,如设立短期且灵活多样的教师资格认证途径,并在严格确保申请者具备基本教育素养的前提下,适度调整资格要求,可以有效吸引更多人投身于教师教育行业,从而有望缓解教师数量短缺的问题。与此同时,教师教育领域正面临开发短期课程的迫切需求,这些课程有时甚至需要特别针对那些难以满足常规课程基本要求的学员进行设计。然而,令人遗憾的是,尽管面临诸多挑战,教师的职业倦怠现象依旧普遍,且离职率居高不下的问题仍未得到有效解决。

受强大的教育委员会影响,荷兰国家政策倾向于将教师教育的责任从大学转移到教育委员会。这种方式使得教育委员会能够直接规划与实施教师教育,进而有效规避来自中学或大学中可能对教师教育机构调整持反对意见的声音。对于教育委员会而言,这确实是一个颇具吸引力的提案。部分大型教育委员会更是跃跃欲试,希望将颁发教师资格证书的权力纳入囊中,以便根据各自学校的实际需求定制新任教师培养计划,确保新任教师能够无缝对接并充分融入特定教学环境。同时,这样的转移还能带来更低的成本,这无疑为国家政策制定者提供了一个强有力的支持论据。政府不再一律要求高等教育课程必须昂贵且直接基于最新科学研究,转而鼓励根据教育需求和成本效益原则灵活设置课程。既然教育委员会以一次性拨款的方式掌控学校的资金，那么增加教师教育经费的责任也应由他们来承担。这种资金掌控方式可能促使教育委员会在资源分配上重新考虑，进而可能决定降低对教师教育和新任教师指导的优先级。此外，教育委员会可以自行决定是构建基于国际文献材料的教师培训和教育知识体系，还是根据本校背景来开展教师教育工作。

在一个国际学生评估项目分数持续下滑、文盲率不断攀升的社会中，任何忽视提升各级教育质量的政策措施都将加剧整体教育水平的下滑。然而，教师教育机构将教师的培养视为首要重点，而非次要问题，这使他们能够依托研究和经验，推动教师长期的专业发展。此外，教师教育机构还负责培养能够在荷兰所有学校任教的教师，而不仅仅局限于某一所学校或某一个特定的学区。

然而，另有一种截然相反的观点认为，解决教师数量不足的问题，更应当着眼于提升教师教育的质量。如果教师教育课程具有挑战性，它将吸引更优秀的学生参与课程，因为这样的课程能让学生得到更好的准备，从而不会中途放弃课程，也不会在开始教学的头几年里离职。为此，教师教育课程的设计必须以科学研究为先导，并建立在坚实的理论基础之上（Darling-Hammond and Hammerness，2005）。因此，我们不应降低入学标准，而应致力于提高这些标准。师范生的学习路径应当受到严格管控，有时可能需要延长学习周期，摒弃短期速成和"积木式"的教学模式。同时，我们的关注点不应仅仅停留在初步认证的基础知识上，而应设定更高层次的标准。这种相反的观点认为，对于那些追求高质量的人而言，教师职业会变得更有吸引力，而且这些追求高质量的人在教育孩子的时候也会持这种追求高质量的态度。

需要吸取的教训和明确前进的方向

教学应建立在科学的知识基础上，并注重学习过程。多年来，教师教育机构结合国际发展趋势与研究成果，致力于构建一个健全且科学的教学与教师学习过程知识库（例如，Verloop et al.，2001）。这种知识库不仅持续发展，而且始终处于动态变化之中，因为它必须纳入包括社会发展在内的多种因素进行考量。因此，投资于教师培养及其后续发展的研究显得尤为关键。

明确界定教学质量和教师教育质量的概念，将对提升教师这一职业的社会地位产生积极影响，进而吸引更多更优秀的求职者。我们不仅仅需要教师，更需要的是好教师,乃至优秀教师。教师应当重视自身发展,并视其为促进学生有效学习的先决条件。而定义优质教学,则需要教育者对教学本身有深刻的见解,同时还应包括对教育在社会中所扮演的角色及其功能的深入理解(Hammerness and Bransford,2005)。如果我们希望孩子们最终能够共同应对社会问题并分担责任,那么我们就不能仅将教师短缺视为一个单纯的数量不足或质量不高的问题,而应采取非常态化的策略来全面解决这一问题。如果想让孩子们不仅仅是通过考试来掌握知识,而是能够深入理解学习的科目,就需要构建一个既注重教师培养又包含全面知识的体系(Darling-Hammond and Bransford,2005)。

我们应投资于高质量的教师教育课程,并优先选择符合更高标准的课程。这些课程应当构建在坚实且科学的教学与学习理论基础之上,并与入职后的专业发展课程紧密相连,以有效预防教师职业倦怠和离职现象的发生。这要求教师教育不应被简化为求职者随意挑选任意课程模块的过程,而是应确保每位求职者都学习与教学相关的核心课程,并在此基础上,允许他们结合自己的教育背景、学校特色及个人职业规划进行有针对性的课程选择(Darling-Hammond and Hammerness,2005)。

在构建基于大学的教师教育机构与学校之间的紧密联系时,应特别强调这种关系应涵盖教育委员会层面的深度合作。在此过程中,明确将未来教师、新任教师及有经验教师的教育培养视为学校和大学双方共同承担的责任,是至关重要的一环。这样改革带来的最大收获是"实践教学"与"研究教学"获得了同等的重视。我需强调的是,学校并非仅代表"实践",而研究也不应仅局限于"理论"。在更加紧密且相辅相成的关系中,或可称之为合作关系中,实践和理论都应当是学校与大学共同关注和重视的焦点(Brouwer and Korthagen,2005)。这将为我们开启新的合作契机,使我们能够携手承担起合作与进一步融合理论与实践发展的共同责任(例如,Imants et al.,2020)。

将培养未来教师、新任教师及有经验教师明确界定为大学的核心责任之一。我们不应将教师教育视为大学内诸如艺术、科学等单独院系的一个附加议题,而应积极在大学体系内建立并发展以教师教育为主旨的院系,以此确保教师教育能够依托深厚的实践经验与持续的研究探索,不断促进所需专业知识和技能的发展与精进。

为第二职业教师设计一条基于符合教学法的专业发展路径显得尤为重要。鉴于近年来社会环境的急剧变迁,劳动力市场已历经深刻变革,导致众多人士正积极寻求职业转换的路径。在这一背景下,构建一条既能适应市场需求又能促进个人技能提升的教师发展通道变得尤为迫切。教师是一个工作稳定性相对较高的职业领域之一,因此,对于当前有志于成为教师的人来说,对于教师职业内部第二发展通道(或称为职业成长路径)的需求正日益增长。正如先前所探讨的,我们不应为这些教师候选人提供简单的速成培训方案,因为此举可能引发较高的离职率,这不仅对学生构成不利影响,同时也对潜在的教师自身构成伤害,因为他们可能会再次陷入职业转型的困境之中。对于这些人来说,在规划以教师为第二职业的发展路径时,必须高度重视如何有效利用自身的专业知识,并充分考虑个人的实际情况与处境。这些因素由于可能伴随的失望情绪,而使得整个过程更加复杂且充满不确定性(Tigchelaar et al.,2010)。

本章编者

　　波利安·C.梅杰,现任荷兰奈梅亨大学教师学习与发展专业教授及荷兰奈梅亨教师学院科学主任,并担任荷兰大学教师教育委员会副主席一职。她与她的研究团队在教育研究领域内的高影响力科学期刊上发表过多篇学术论文,研究重点聚焦于教师教育与教育创造力。此外,波利安·C.梅杰还是国际知名的教师教育工作者发展暑期论坛的成员,并曾任国际教师与教学研究协会(International Study Association on Teachers and Teaching,ISATT)的主席。

第九章
新西兰教师教育政策:全球趋势与本土需求

菲奥娜·埃尔

摘要：在新西兰，人们日益增强了对殖民化和种族主义如何影响教育系统，并导致社会不平等问题的认识。学生和社区代表试图向政策制定者发声，明确阐述当地社区所面临的这些关键挑战的重要性。教学监管部门即教学委员会近期发布了两项新的政策文件，这些文件详尽阐述了新西兰职前教师教育的具体目标及相应要求。这些政策文件不仅紧密贴合了当地的实际状况，还融入了众多职前教师教育的全球视角元素，其中部分元素甚至被巧妙地构建为解决地方特定问题的策略。一些教师教育工作者及教师教育研究人员，通过直面1840年毛利人与英国王室签订的《怀唐伊条约》(Te Tiriti o Waitangi)这一具有核心意义的地方性挑战，来探索并构建新政策的表述方式。新政策所反映的全球趋势，以及它针对的地方性挑战，在新西兰教师教育政策的实施与形成过程中所扮演的重要性是否会日益凸显，尚待进一步观察。

Whakamaua te pae tata kia tina.
Whaia te pae tawhiti kia tata.
抓住你的潜力，让它成为你的现实。
探索远处的地平线，并把它拉近。

这句毛利谚语已成为新西兰最近三十年教育愿景的指导原则 (Ministry of Education, 2020c)。秉持着新西兰人民作为探索者与创新者后裔的深厚传统，该愿景倡导包容性、公平性和互联性，旨在确保每个人都能为未来的旅程与机遇做好充分准备 (Ministry of Education, 2020c)。教育部门根据《国家教育和学习优先事项》(*National Education and Learning Priorities*)(Ministry of Education, 2020c)，制定了其教育愿景，该优先事项是2018年政府与众多利益相关者广泛对话后达成的共识成果。这五项优先事项明确而重要，它们分别是以学生为中心的教育理念、确保教育的无障碍获取、提升教学质量与领导力、塑造学习与工作的未来趋势，以及推动世界一流的包容性公共教育。教育愿景及其所制定的《国家教育和学习优先事项》是一项深思熟虑的举措，旨在制定超越单一的三年议会任期、具有深远影响力的教育政策，同时将这些政策紧密聚焦于提升新西兰学习者的整体学习体验上。因此，新西兰职前教师教育的核心任务是培养教师，使他们能够执行教育愿景并贯彻《国家教育和学习优先事项》。其中，《国家教育和学习优先事项》的核心理念在于解决学校教育中存在的种族主义问题。

本章主要聚焦新西兰义务教育阶段(5岁至16岁)内,以英语作为教学语言的职前教师教育的深入研究。本章概述了《国家教育和学习优先事项》所引发的教学话语变革,并在此背景下,介绍了两份与职前教师教育紧密相关的政策文件,即《我们的守则,我们的标准》(*Our Code, Our Standards*)与《教师职前培养项目审批、监测和审查要求》(*ITE Programme Approval, Monitoring and Review Requirements*)。新西兰教学委员会是一个负责教师注册、监管以及职前教师教育课程审批与管理的机构。近年来,该委员会经历了数次名称的更迭与结构的调整,而最近,它已恢复为由选举产生的行业代表所领导的机构。本文对两份教学委员会的文件进行了深入剖析,不仅追踪了国际发展趋势,还紧密聚焦本地实际问题,阐明我们是如何将政策重心精准转移至极具针对性的本土议题之上。然而,在职前教师教育的领域内,我们仍倾向于采用"借鉴"(Phillips and Ochs 2003)或"推广"(Ozga and Jones, 2006)等策略来寻求政策解决方案,而非完全原创的方法。随后,我们回顾并探讨了近期的研究,这些研究针对《国家教育和学习优先事项》(Ministry of Education, 2020c)、《我们的守则,我们的标准》(Teaching Council, 2017)以及《教师职前培养项目审批、监测和评议要求》(Teaching Council, 2019)为职前教师教育所提出的挑战进行了深入分析。

为了深入理解本项分析的本土情境,有必要对新西兰的文化背景进行简要阐述。毛利人(Maoris)是新西兰的原住民,他们是来自太平洋岛屿的探险家后裔,这些探险家凭借先进的航海技术跨越了浩瀚的太平洋,完成了长途迁徙。1840年,毛利人与英国王室签订了《怀唐伊条约》,该条约包含英语版(Treaty of Waitangi)和毛利语版两个版本,这两个版本在条款和承诺的具体表述上存在显著的差异。在新西兰,切实地实践以尊重《怀唐伊条约》为核心的政策备受关注,尤其是在卫生、教育和社会服务领域,这些领域中毛利人群体因长期承受殖民制度影响及白人特权的历史遗留问题而处于不利境地。因此,新西兰将"二元文化主义"(biculturalism)理念作为政策制定的基石。由于移民和迁徙的影响,新西兰的文化呈现出多样性,这里汇聚了大量的太平洋岛屿居民以及来自亚洲各国的新移民。在新西兰最大的城市奥克兰,四分之一的学龄儿童并非出生于新西兰。根据2018年的人口普查数据,新西兰共有超过160个民族,且每个民族的人口均超过100人(Statistics New Zealand, 2020)。这种现象有时被形容为"超级多样性"(superdiversity)(Chan and Ritchie,

2020)。因此,新西兰的文化环境极为丰富多元,既包括对毛利土著文化的深厚承诺,也展现出新西兰非原住民群体所带来的多层次文化和语言多样性。

新西兰的优质教学

教育在政府政策议程中占据核心位置。教育政策既是当前亟待解决的一项挑战(因无法满足国家未来的发展需求,并可能加剧社会不平等),也是化解问题的重要途径(通过提升民众的生产力与技能水平来有效缓解社会不平等)。因此,全球教育政策已经日益重视"素质"在提高教育系统产出方面的重要性(UNESCO, 2014)。教师在推动教育系统改进中扮演着至关重要的角色,使得提升教师教育质量成了增强"教师素质"的首要选择。然而,需要明确的是,"教师素质"这一概念在历史的长河中以及地域的差异下,拥有着多样化的定义与内涵。

教师素质的定义对于职前教师教育提供者而言至关重要,因为它不仅界定了教育系统对毕业生所期望的标准,还直接影响了选择进入教师教育的人选、教师在教育课程中应获得的经验类型,以及他们必须达成的成果目标。有时,高素质教师被界定为那些不仅拥有扎实的学科知识,在考评中表现优异,而且能够严格遵守并践行教育行为标准的教师。这样的定义更加全面,既强调了学术能力,也注重了职业素养。在《国家教育和学习优先事项》(Ministry of Education, 2020c)以及自2011年以来发布的一系列其他相关政策文件(Tātaiako, 2011; Tapasā, 2018; Ka Hikitia-Ka Hāpaitia, 2020; Action Plan for Pacific Education, 2020)中,新西兰对于高素质教师的一个核心要素逐渐明确,即高素质教师应能够深刻理解并践行《怀唐伊条约》的精神,采用促进文化可持续性的教学方法(Averill and McRae, 2019),并坚决避免任何形式的种族主义偏见。

2018年,新西兰儿童专员办公室(Office of the Children's Commissioner)与新西兰学校受托人协会(New Zealand School Trustees Association)联合发布了一份报告,该报告详细阐述了一项关于儿童和青年对其教育看法的研究。这份报告的标题为《教育对我至关重要》(*Education Matters Greatly to Me*),其目的在于汇聚学生的声音,为《国家教育和学习优先事项》的推进提供宝贵的参考信息(Office of the Children's Commissioner, 2018)。该研究的结果可概括为六项核心声明,其中第二项指出"在学校中,我遭受了种族主义态度的对待"。这一声明在《国家教育和学习优先事项》的咨询过程中得到了验证,该咨询广泛征求了包括那些通常"被忽视"的声音在内的利益相关者的意见,比如辍学学生及管教所内的学生等。《国家教育和学习优先事项》中涉及的关于学生视角的报告《像对待金子一样对待孩子》(*Treat Kids Like They're Gold*)揭示了一个令人震惊的现象——"学校内种族主义、歧视及边缘化问题普遍存在且程度严重。"(Ministry of Education 2019,p.4)在毛利人的教育策略中,种族主义被视为阻碍毛利人教育系统进步的主要因素,同时,这些策略明确旨在"消除毛利人在教育领域内所遭遇的种族主义、歧视及被污名化"(Ministry of Education,2020a)。《太平洋教育行动计划》(*Action Plan for Pacific Education*)同样明确指出,为了向太平洋岛屿居民提供"世界一流的包容性公共教育",教育系统必须坚决"抵制教育中的种族主义和歧视现象"(Ministry of Education,2020b,p.7)。

《国家教育和学习优先事项》中提出的五项关键优先事项已被整合进毛利人教育策略以及《太平洋教育行动计划》之中,同时,针对每一项优先事项,均配套制定了相应的实施行动计划。教育部门正致力于整合教育领域的各项政策,以便能够集中资源,有效应对并处理既定的优先事项。在《国家教育和学习优先事项》文件中,教育部已为这些优先事项逐一设定了明确的近期目标。两项优先事项均聚焦于实现"高质量的教学与领导力",其对应的具体行动计划为"强化师资队伍,以提升教学与领导力水平,并促进整个教育体系的职业成长与发展";"在日常学习环境中融入毛利语及毛利文化习俗,以增强教育的多元性和文化认同感"。第二项优先事项明确提出了一个关于优质教学的定义,该定义中特别强调了能够熟练运用毛利语以及尊重并遵循毛利人的习俗,与第一项优先事项相比,这一教学定义的含义显得更为清晰且具体。在所有被选定为优先事项的"教师素质"指标中,对毛利语的掌握程度和对毛利人习俗的尊重被置于核心地位。此外,与"学习与未来职业"相关的优先事项要求学校确保所传授的知识能够让学生深刻理解新西兰的文化特性与历史背景。这一优先事项深刻认识到,为了取得进步,我们不仅需要增进相互理解,还需深入了解我们的殖民历史。在此背景下,优质教学要求教师掌握特定的知识、技能及持有相应的态度,而这些要素并非所有教师候选人都已自然具备,因此,它们应当被纳入职前教师教育的核心组成部分之中。

职前教师教育新政策

在新西兰教育系统的诸多目标中,职前教师教育占据着举足轻重的地位。与学校教育相似,职前教师教育领域也被普遍认为存在诸多问题。这些问题包括但不限于毕业生未能充分满足教育界的期望,或未能扎实掌握教学所需的知识与技能;教师教育课程往往过于理论化,与真实教学场景的联系不够紧密;学校在参与教师候选人选拔、学习内容设计以及学习方式制定等方面缺乏充分的发言权;教师教育提供者可能存在责任心不足的情况,导致培养出的教师难以适应实际的教学环境;部分大学在提供教师教育时,可能过于追求招生规模而忽视了教学质量的重要性;职前教师教育在某些情境下被视为一种商业行为,这可能导致了毕业标准的宽松,使得毕业生获得教师资格变得相对容易。为了解决这些问题,我们需要对教师教育的课程、形式、时长、性质以及入学标准进行全面改革,并增强学校在教师培养过程中的参与度。这一系列变革将有力推动教育系统的革新,因为新毕业的教师将具备更加符合教育系统目标要求的技能与坚定的决心(Gunn and Trevethan,2019)。这些担忧与国际上关于职前教师教育的广泛讨论不谋而合(Hardy et al.,2020)。这种观点已经构建起了一个对教师教育进行审视的共同框架,随后会基于评议结果有选择地实施改革建议。同时,值得注意的是,在师资供给过剩时期制定的原则性政策与供给短缺时期采取的"临时性应对措施"往往会交替出现(Alcorn,2014)。

《我们的守则,我们的标准》详尽地阐述了教师的专业责任守则,并明确了教师在新西兰获得认证所必须达到的具体标准。同时,《教师职前培养项目审批、监测和评议要求》则具体规定了新西兰职前教师教育课程的关键要素与必要特征。这些规定与要求的出台,旨在积极回应上述提及的种种担忧与关切。

《我们的守则,我们的标准》

《我们的守则,我们的标准》概述了教师在其职业生涯的各个阶段需遵循的四个核心责任领域及六项广泛标准,这些构成了新任教师在完成职前教师教育时必须达到的基本要求。该文件旨在清晰界定并强调在新西兰从事教师职业所蕴含的意义与责任(Teaching Council,2017,p.i)。

该守则从教师职业、学生、家庭和社会四个维度,明确了教师应秉持的承诺与责任。这些承诺清晰地阐述了"促进和保护人权、可持续性以及社会正义原则""彰显了基于新西兰《怀唐伊条约》的坚定承诺""尊重并珍视学生、家庭及原住民在语言、身份和文化上的多样性",以及"有效管理个人愿景与信念,以确保其符合教育伦理"等内容(Teaching Council,2017,p.10-12)。这些表述共同勾勒出一个致力于与社区携手共进,积极争取平等权益的非种族主义教育工作者形象。

这些标准详尽地勾勒出了新西兰高质量教学实践的总体特征(Teaching Council,2017,p.14)。其制定的目的是寻求在多方面的提升,一是增强公众对教师教育质量的信心,二是提高教师的社会地位,三是明确并引导有效教学实践中所必需的专业知识、专业关系以及核心价值观的培育(Teaching Council,2017,p.16)。《我们的守则,我们的标准》采用双语(英语与毛利语)编写。其中,六项标准之首即为"强化《怀唐伊条约》伙伴关系"。此标准旨在凸显《怀唐伊条约》在教育实践中的核心地位,并相较于以往的教师标准,更加鲜明地强调了《怀唐伊条约》伙伴关系的重要性。在提及该条约时,选择使用"Te Tiriti"而非"the Treaty",显然体现了将毛利语版本的《怀唐伊条约》作为伙伴关系基石的尊重与重视。这些标准着重强调通过探究式学习促进专业学习,加强与家庭的合作,审视个人观念与信念及其影响,采用体现《怀唐伊条约》精神的文化响应性实践,并特别关注和支持原住民学习者的需求与愿望,共同承担起帮助他们作为毛利人实现教育成功的责任(Teaching Council,2017,p.20)。"作为毛利人获得成功"这一表述,实际上指的是毛利人拥有自主决定何为成功教育的权力,同时强调他们不应为了接受教育而牺牲或放弃自己的毛利人身份和文化传统。该文件的全部标准均聚焦促进包容性教学实践,其核心在于强调身份、语言与文化的尊重,以及合作与开放思维的培养。这一变革对职前教师教育的影响无疑是广泛且深远的。具体而言,如何设计职前教师教育的课程体系、实践环节以及教学规划,以有效助力教师候选人培养出符合《我们的守则,我们的标准》所需的技能、知识与态度,成了一个亟待深入探究的重要议题(Teaching Council,2017)。

《教师职前培养项目审批、监测和审查要求》

《教师职前培养项目审批、监测与评议要求》明确界定了职前教师教育的标准与规范,教学委员会认为,这些规格将确保教师候选人在完成学业时能够全面达到《我们的守则,我们的标准》所设定的要求。这些要求是在长期的发展过程中逐步形成的。在此之前,还曾有一项通过竞争性招标获得额外政府资助的研究生资格试点工作,它标志着教学委员会理念的根本性转变——审批机制由原先侧重于评判课程投入(如课程设计、阅读材料、实习安排及课程结构)的模式,转变为更加聚焦于评判课程产出(即评估毕业生在适当支持下能否达到既定标准)的新模式。这一转变所面临的挑战主要在于如何在课程实施前预判其成果产出,这要求审批过程的核心聚焦于课程如何满足既定的评估标准。这些标准中,尤为重要的是通过两种新增的强制性评估方式——"关键教学任务"与"累积综合评估",来检验课程的成效。

这些要求不仅将《我们的守则,我们的标准》确立为职前教师教育的核心框架,同时也显著地将《怀唐伊条约》置于职前教师教育的核心地位,从而塑造了一种优质教学的标准,为职前教师教育提供者指明了教学实践的方向与准则。这些要求中的一个核心作用是对每个标准进行"本地化解读",即鼓励学校的合作伙伴及当地毛利人共同参与讨论,明确"标准在我们社区中的具体体现与应用方式"。围绕这些标准,还确立了多个关键理念,分别是建立职前教师教育与学校及毛利人之间真实且深入的合作关系;提供灵活多样的教师入职途径,以促进教师队伍的多元化;明确解决"理论与实践"之间的鸿沟;规定并增加实习时间(一年制课程额外增加10天,三年制课程额外增加20天);将教学视为一种探究过程;强调包容性、循证决策制定和适应性专业知识的培养;以及对选择标准的重视。当教学委员会确立本科学历标准时,我们可以预见研究生资格试点的深远影响,因为该委员会正持续努力将职前教师教育提升到研究生层次,旨在提高教师职业的社会地位并促进其长远发展(Teaching Council,2019,p. 12)。因此,这些要求不仅体现了对本土化关切和做法的回应,同时也紧密契合了国际职前教师教育的潮流,这些趋势有时通过本土化的形式展现,有时则直接受国际政策与政治导向的影响(Phillip and Ochs,2003;Ozga and Jones,2006;Hardy et al.,2020)。

本土化和国际化对职前教师教育政策的影响

在简要概述了两份针对职前教师教育的关键政策文件的主要目的与核心内容

之后,本节将深入分析这些文件在何种程度上体现了新西兰本土特有的解决方案与话语体系,并探讨它们与全球职前教师教育话语之间的关联程度。这一研究聚焦于《国家教育和学习优先事项》以及其他教育政策框架(包括毛利人教育战略和《太平洋教育行动计划》)所强调的两个紧密相连的教育议题——全球范围内普遍存在的学校教育中种族主义问题,以及新西兰本土特有的《怀唐伊条约》实施问题。

在《我们的守则,我们的标准》以及《教师职前培养项目审批、监测和评议要求》的制定过程中,人们对海外政策与解决方案进行了更为公开且审慎的考量与分析(Alison and Aitken,2013;Lind,2013)。新西兰政府顺应国际趋势,于 2010 年将小学阶段的识字与计算能力纳入国家标准体系(Ministry of Education,2010),并强制要求各学校定期报告学生在这些领域的进展情况。与许多国家相似,新西兰也经历了课程焦点的缩减过程,愈发侧重于可量化及便于国际比较的重点测试项目(Ell and Grudnoff,2013;Hardy et al.,2020)。然而,新上任的工党政府在执政初期便废止了国家标准。此举激发了全国范围内关于教育议题的广泛讨论,这些讨论不仅构成了《国家教育和学习优先事项》的基石,还促使公众对教育成效的关注从单纯的识字与计算能力成绩拓展至对学生福祉的全面考量。公众对福祉的关注主要聚焦于学校教育中的种族主义问题,以及殖民化对毛利人及新西兰社会结构产生的深远影响,其中,《怀唐伊条约》常被视为探讨这一影响的关键切入点及应对策略的核心。随着教育政策日益趋向本土化,以及人们对教育中殖民化和种族主义核心问题的认识不断深化,《我们的守则,我们的标准》与《教师职前培养项目审批、监测和审查要求》依据新西兰本土实际,为激发本土响应并重塑职前教师教育体系提供了契机(Gunn and Trevethan,2019)。

尽管这些文件源自不同的背景,但它们仍不可避免地受到了国际职前教师教育政策的影响,尤其是在美国和英国基于新自由主义逻辑发展的教育制度框架下的政策烙印(Hardy et al.,2020)。特别是《教师职前培养项目审批、监测和评议要求》,更是鲜明地体现了新西兰政策向海外先进教育理念的借鉴与融合程度。

Phillips 和 Ochs(2003)提出的政策借鉴四阶段过程理论中,第四阶段涉及的是"国际化与本土化融合"的过程。在第四阶段,国际政策被纳入本国的政策体系之中,成为其言辞和行动的一部分,并深度融合于完整的政策结构框架内。在探究这一过程及其背后原因时，Phillips 与 Ochs 于 2003 年强调了背景因素在塑造特定地区政策动机与制定过程中的关键作用。《我们的守则，我们的标准》以及《教师职前培养项目审批、监测和评议要求》在借鉴国际政策时，充分融入了当地的政策动机与实际需求，从而被调整并塑造成为贴合本土实际、切实可行的解决方案。国际政策通过构建与学校和毛利人的紧密伙伴关系，并将其融入新西兰的具体情境中，从而转化为解决该国独特教育问题的本土化方案。Hardy 等(2020)指出，此类政策转变有望为当地带来富有成效的解决方案。具体而言，如果当地能够吸纳更广泛的对话内容，那么就有可能催生既符合国际理念又适应本土实际情况的解决方案。O'Neill (2017)在回顾新西兰过去四十年职前教师教育政策的发展历程时，明确指出本土环境在其中扮演了至关重要的角色(p.590)。他着重指出了毛利人习俗对职前教师教育政策的承诺及其重要性，并将这一本土化的框架与他认为在过去四十年间主导职前教师教育政策制定的专业化和市场化话语进行了对比分析。因此，在审视《我们的守则，我们的标准》及《教师职前培养项目审批、监测和评议要求》时，我们可以清晰地辨识出两股显著的力量，分别是国际政策意识形态和趋势的嵌入(Ozga and Jones, 2006)、融合(Hardy et al., 2020)或本土化过程(Phillips and Ochs, 2003)；以及新西兰殖民历史及《怀唐伊条约》框架下二元文化主义方法所带来的独特而深远的影响。

关于文化背景对新西兰职前教师教育政策影响的证据

显然，《我们的守则，我们的标准》与《教师职前培养项目审批、监测和评议要求》两份文件均显著体现了本地特色。这两份政策文件的关键本地化要素包括：

- 确立了《怀唐伊条约》的核心地位。
- 特别关注毛利人文化、毛利语及其传统习俗。
- 通过融合毛利人教学框架、太平洋岛民学生教学框架及《国家教育和学习优先事项》，明确指出了系统性种族主义的存在，并详细阐述了反种族主义的实践措施。
- 强调了本地课程的开发与实施。
- 将与家庭、社区、同事及学生的紧密合作视为教师不可或缺的关键技能。

《我们的守则，我们的标准》采用英语与毛利语并行编写，其中毛利语术语的运用并非单纯翻译,而是旨在(阐释而非直译)教师的核心价值观。在导言部分,有一整页内容深入阐述了"我们对《怀唐伊条约》的坚定承诺"(Teaching Council,2017,p.4)。与《怀唐伊条约》紧密相关的技能、知识和态度被置于至高无上的地位,它们在所有标准中均被列为核心的首位标准。各项标准及其阐述均一贯地将身份、语言和文化的首要地位置于显著位置,同时强调了与社区及家庭合作的重要性,而不仅仅局限于与儿童的单一合作。《我们的守则,我们的标准》中提及了自主议程,并在阐述"教学"标准时,明确提到了"支持毛利人作为毛利人取得成功"的理念。此外,在阐述"学习设计"时,该文件还特别提到了"应设计和规划出能够体现新西兰本地社区特色及《怀唐伊条约》伙伴关系精神、且具备文化敏感性的循证教育方法"(Teaching Council,2017,p.20)。随着2017年国家标准的废止,英语学校的课程设置重新回归了新西兰课程设计的初衷,即每所学校都应根据其所在地区及学生的具体需求,对课程进行个性化的重新诠释与调整。这一核心理念在《我们的守则,我们的标准》中得到了明确体现,该文件详尽列出了达成各项标准所必需的工作技能、知识领域及应持有的态度。

《教师职前培养项目审批、监测与评议要求》顺应了这些发展趋势。尽管该文件以英文为主要语言发布,但全文也融入了毛利语的术语与概念,体现了对多元文化的尊重与融合。"守则"与"标准"构成了核心要求,它们是评估职前教师教育质量的主要参照基准。这些要求植根于强制性的素养体系之中,具体指应达到毛利人教学框架(Teaching Council,2011)和太平洋岛民学生教学框架(Ministry of Education,2018)所设定的研究生层次目标。同时,教育部发布的文件分别为毛利人和太平洋岛屿居民群体详细阐述了文化响应教学实践的具体要求与描述。《教师职前培养项目审批、监测与评议要求》不仅明确要求对《国家教育和学习优先事项》作出清晰响应,还强调毕业生需具备设计符合本地实际情况课程的能力(Teaching Council,2019,p.16)。所有职前教师教育课程均需与部落或当地毛利人团体建立紧密的合作伙伴关系。每个职前教师教育提供者均需深入解读这些标准,同时概述当地背景、概念框架的重点内容以及当地亟待满足的需求。

然而,在这些显著体现本土特色的内容背后,不难发现国际趋势与先进理念的深刻影响,它们已通过《我们的守则,我们的标准》以及《教师职前培养项目审批、监测与评议要求》等文件,成功地融入并影响了新西兰的教育体系。

关于国际政策对新西兰职前教师教育政策影响的证据

"全球化教育改革运动"（Global Education Reform Movement, GERM），这一由 Sahlberg(2011)及 Ellis 等(2019)所阐述的概念，界定了一系列基于新自由主义理念的教育政策回应。这些政策根植于将教育视为经济增长核心动力的逻辑之上，倡导利用竞争性的国际测试作为评估教育成效的手段，并视教师质量为学生学业成就提升及社会经济产出增长的关键杠杆。在这一框架中，教师教育对于培养教育系统所需要的教师具有举足轻重的地位。教师可以通过教学实践来应对经济和社会不平等带来的挑战，并有效推动学生学业成绩的提升，特别是在读写能力、计算能力以及科学素养这些具备可比性的关键领域（Ellis et al., 2019）。同时，提升教师教育质量的最佳途径之一是创造一个市场环境，因为这样的环境能够激励创新、促进多样化的选择并引入竞争机制，从而有助于提升教育质量（Hardy et al., 2020）。Cochran-Smith 和 Fries(2008)详述了自 20 世纪初美国教师教育诞生以来，其在公共话语与学术研究中遭遇的质疑与探讨的演进历程。自 20 世纪 90 年代以来，科克伦-史密斯(Cochran-Smith)和弗里斯(Fries)始终将教师教育视为一个政策层面的议题，其中，他们将改进教师教育的过程构想为一项明确目标、制定并执行兼具成本效益与结果导向性政策的任务(2008, p.1052)。《教师职前培养项目审批、监测与评议要求》即为一个典型范例，该要求旨在通过政策杠杆作用，促进教师教育范式的积极转变。

《我们的守则，我们的标准》与《教师职前培养项目审批、监测和评议要求》所共同体现的主要国际政策趋势为：

- 引入以就业为导向的路径：强调教师培养需紧密对接就业市场需求，确保培养出的教师具备实际教学所需的技能。
- 开放职前教师教育市场：放宽市场准入，鼓励学校、学校集群及私人机构等多元主体参与，以此增加教育选择，促进教学通道的多样化与灵活性。
- 强化理论与实践的连贯性：要求明确界定并展示理论与实践之间的紧密联系与相互支撑，确保教师培养过程中两者并重，不偏不倚。
- 深化"实践导向"：增加在学校环境中的强制学习时间，同时在入学选拔、课程设计、实习评价及毕业适应性等方面构建基于真实教学场景的合作伙伴关系，以提升学生实践能力。

- 提升入学标准,聚焦基础能力:加强对识字和计算能力等基础教育技能的入学要求,确保学生具备扎实的学科基础。
- 转变评价体系,聚焦成果与绩效:从传统的课程质量或投入评价转向以毕业要求/绩效评估为核心,特别强调"课堂准备"能力,即教师将理论知识有效转化为教学实践的能力。
- 预示教师培养层次提升:预示着未来教师培养有向研究生层次发展的趋势,旨在通过更高层次的教育培养更具研究能力和创新精神的教师。

《教师职前培养项目审批、监测与评议要求》在此尤为关键,因为它体现了教学委员会旨在规范职前教师教育的措施,以确保毕业生能够符合《我们的守则,我们的标准》的要求。在探索如何培养能够践行公平教育、支持毛利人教育愿景、遵循《怀唐伊条约》精神,并能与多元化社区有效合作的毕业生路径时,《教师职前培养项目审批、监测和评议要求》不仅吸纳了(Ozga and Jones,2006)国际政策趋势,还成功地将这些趋势进行了本土化实践(Phillip and Ochs 2003)。正式以就业为导向的教学途径始于2012年新西兰试行的"教学优先项目"(Teach First New Zealand),该项目是全球教育组织"为世界而教"(Teach for All)的一个分支。在2019年,新西兰的"教学优先项目"首次引入了以就业为导向的职前教师教育课程,这一举措为随后开发其他类似以就业为基础的课程奠定了坚实的基础。将各类人才纳入教师队伍的倡议激发了创新的资格认证模式的出现,同时,转向对课程成果的评估则表明,如今课程可以采用多种形式,旨在培养出符合《我们的守则,我们的标准》要求的毕业生。2019年,鉴于教师供给短缺的背景,职前教师教育政策得以制定。这一政策制定过程与以往教师供给不足时期所采取的措施相呼应(Alcorn,2014;O'Neill,2017),其核心目标在于放宽对教师教育提供者的限制,旨在促进教师教育途径的多样化,以吸引更广泛的人群,特别是那些难以或不愿通过传统渠道加入教师队伍的个体。为此,新西兰决定废止已实施二十年的新课程开发禁令,重新向市场开放教师教育领域。

《教师职前培养项目审批、监测与评议要求》着重强调了职前教师教育与学校之间的紧密联系(Teaching Council,2019)。根据Whatman和McDonald(2017)对"高质量实习"的深入剖析,《教师职前培养项目审批、监测与评议要求》显著地强调了国际文献中广泛认同的高质量教学实践的几个核心要素,即与学校建立紧密的合作关系,明确聚焦于课程与学校教育实践之间的契合度,以及有效促进理论与实践的深度融合。此外,在缺乏充分证据支持的情况下,《教师职前培养项目审批、监测和评议要求》仍单方面决定将一年制课程的实践时间延长10天,三年制课程的实践时间延长20天。同时,该要求还规定职前教师教育提供者必须就入学程序、课程内容、课程结构及评估等方面提供实质性意见(而非仅仅进行咨询)。此外,《教师职前培养项目审批、监测和评议要求》不仅增设了多项学校需遵循的规定,还期望教师教育提供者能促使学校投入更多时间与精力进行合作。然而,遗憾的是,教育系统在此方面并未能提供相应的充足支持资源。

澳大利亚最近的职前教师教育改革(Hardy et al.,2020;Mayer,2014)与《教师职前培养项目审批、监测和评议要求》中的理念相呼应。提高未来教师候选人的识字和计算能力已成为一种国际趋势(Hardy et al.,2020),这一趋势在新西兰大学入学前的水平测试中得到了具体体现。与澳大利亚的国家测试计划有所不同的是,关于如何进行测试以及测试的具体内容,目前仍由教师教育提供者来决定。同样地,新西兰在新规定中引入了毕业评估任务,这一举措与澳大利亚实施的"教师绩效评估"在功能上相似,但新西兰的要求展现出更高的灵活性。具体而言,教育机构在执行过程中拥有更多的自主权和控制权,面临的监督力度相对较小,同时,对于测试成绩的要求也相对不那么严苛。

《教师职前培养项目审批、监测与评议要求》中的两项总结性评估,深刻揭示了该政策在全球及新西兰本土范围内的综合影响。这些评估不仅紧密追踪并反映了国际教育政策的全球趋势与主流话语,还针对新西兰的具体情境进行了恰当的调适(Hardy et al.,2020)、有效的融入(Ozga and Jones,2006)以及深入的本土化实践(Phillip and Ochs,2003),从而确保了政策的适应性和有效性。

每个课程都应设计两项总结性评估,包括关键教学任务评估和累积综合任务评估。其中,关键教学任务评估旨在响应国际上关于"毕业生必须为职场做好准备"的普遍要求,以确保学生掌握关键技能。关键教学任务指的是新任教师在入职初期,经过与学校合作伙伴共同制定的标准,能够独立并有效完成的一系列教学活动。累积综合任务评估是借鉴了澳大利亚和美国在教师绩效评估任务方面的经验

(Charteris,2019)。这两项评估不仅体现了学校对新任教师能力的期待,也标志着全球教育领域内对实践性和实用性教学方法的显著转变。关键教学任务应当是独立的且可量化的,而与之形成平衡的是,累积综合任务必须充分体现教学的复杂性与多样性。累积综合任务的设计应由教师教育提供者负责,它们可以采取多样化的形式,但必须包含口头表达的部分,并且这些任务应植根于"开放式的、真实的实践情境之中……要求学习者整合跨课程的知识与技能(涵盖认知与情感层面)"(Teaching Council,2019,p.32)。关键教学任务评估和累积综合任务评估的目的旨在当教师教育课程结束时,对毕业生的教学准备情况进行全面评估。因此,它们在重要性上与教师绩效评估并列,且所依据的材料类型也相同,即包括真实教学实践的证据以及达到既定标准的成果展示。然而,累积综合任务评估并不像教师绩效评估那样严格地强调评估的严谨性,而检验教师准备情况的任务则是由一个由教师教育者和教育界专业人士组成的审批小组来执行的。《怀唐伊条约》在《我们的守则,我们的标准》中的核心地位,凸显了在新西兰背景下,无论是关键教学任务评估还是累积综合任务评估,都巧妙地将海外话语与评估方法融入其中。这一过程展示了新西兰政府如何根据本国具体情况,对国际教育理念进行精心筛选与本土化,从而构建出具有"坚定的国家化组织和独特性情"特征的职前教师教育体系(Menter la Te,2017,p.2)。

政策响应:关于职前教师教育课程如何回应《怀唐伊条约》应对种族主义和的研究

《我们的守则,我们的标准》及《教师职前培养项目审批、监测和评议要求》中强调的本土化内容,为职前教师教育提供者带来了挑战。这些要求促使提供者深入探究《怀唐伊条约》的精髓与毛利文化的内涵,并研究如何为师范生设计教学体验,旨在培养他们在教学实践中所需的知识、技能与态度。同时,这些要求还强调,在教学过程中必须坚决避免种族主义倾向,确保不加剧任何形式的不平等现象,从而维护教育的公正与包容性。

国际文献中报道了两项特别的研究与发展项目,它们均聚焦于职前教师教育中毛利文化的融入与《怀唐伊条约》的关联性。其中一项研究来自新西兰坎特伯雷大学(Clarke et al.,2018;Fickel et al.,2018;Heng et al.,2019),而另一项则源自新西兰惠灵顿维多利亚大学(Averill and McRae,2019;McRae and Averill,2019)。这两项研究和发展项目均源于对"欧洲中心局限性"的挑战(Averill and McRae,2019,p.299),它们深入探讨了职前教师教育课程的结构与方法,并意识到"历史上欧洲中心的政策和课程设计对文化上可持续的教师教育产生了深远影响"(Averill and McRae,2019,p.294)。通过这种方法,研究人员成功地将全球话语与本土情境相结合,深刻认识到毛利原住民文化框架和世界观的首要地位及其巨大潜力。这一认识推动了职前教师教育的发展,目的是真正满足新西兰的独特需求,培养出能够以文化上敏感且积极的方式(Clarke et al.,2018)进行教育,并促进可持续教育实践的教师(Averill and McRae,2019)。

Averill 和 McRae(2019)以及 McRae 和 Averill(2019)共同探讨了采用四级框架来评估职前教师教育课程对毛利人文化及《怀唐伊条约》原则响应程度的方法。他们指出,面对《我们的守则,我们的标准》以及《教师职前培养项目审批、监测和评议要求》中所提出的各项挑战,现有的教育框架可能仅能提供表面上的回应,缺乏深入与实质性的应对。在欧洲中心的框架下,改革、转型以及具有代表性的回应往往更难启动和持续进行。他们所提供的职前教师教育课程实例清晰地表明,我们需要基于本土的认知模式来改革职前教师教育,而非仅仅是将教育理念简单地融入一个既定的框架结构中。

毛利人与职前教师教育团队携手合作,共同设计了一个框架,展示了新西兰坎特伯雷大学在文化响应实践方面的进展。这一框架被确立为重新定位职前教师教育课程的核心策略,旨在确保课程内容不仅符合《怀唐伊条约》的精神,同时也能够充分满足毛利原住民的文化期望与愿望(Clarke et al.,2018;Fickel et al.,2018)。此外,参与式文化体验,目的是增强学生的信心和能力,已成为新西兰坎特伯雷大学职前教师教育课程中不可或缺的组成部分。Fickel 等(2018)将这一由毛利人和职前教师教育团队共同制定的框架描述为"提升职前教师积极参与度的概念框架"(p.287),并着重强调了职前教师在其未来职业生涯中持有积极工作态度的关键性。

这两项研究项目,以及它们所探索的职前教师教育的发展路径,清晰地揭示了教师教育是如何响应并遵循最新的政策文件及其要求的。《怀唐伊条约》在《我们的守则,我们的标准》中占据的首要地位,以及教学委员会在 2019 年提出的新要求,即在加深使用毛利语能力和遵循毛利人习俗方面的培养,正深刻地影响和塑造着职前教师教育课程的框架与结构,使之日益彰显本土特色。尽管《我们的守则,我们的标准》与《教师职前培养项目审批、监测和评议要求》融入了全球话语的重要元素,但教师教育工作者与研究人员正致力于挖掘政策中的本土特色,以此作为进一步研究和发展的广阔空间。

结论

职前教师教育通常被视为一种"为教育系统培养"教师的活动,尽管它在某种程度上保持与教育系统的相对独立性。事实上,职前教师教育作为教育系统不可或缺的一部分,与教育系统中的其他关键环节,如国家政策制定、基于研究的知识生产、学校运营、教师发展、学生培养以及社区互动等,均存在着紧密且相互依存的关系(Ell et al., 2019)。职前教师教育的本质特性决定了它是受教育系统内部多种力量的综合塑造,而非仅仅受制于政策工具或国际潮流的单一影响。职前教师教育活动每日都在当地持续展开,且日益聚焦于本土课程的开发(Teaching Council, 2019)以及非殖民化的教学实践(Chan and Ritchie, 2020)。这标志着教师教育工作者在研究与实践中正逐渐将视线聚焦地方性的种族主义议题及《怀唐伊条约》相关的不公问题上,这些问题长久以来被视为新西兰教育领域内不平等现象的根源所在。Gunn和Trevethan(2019)详细阐述了新西兰的职前教师教育在过去二十年间如何逐渐演变成为一个需要政策层面介入与干预的议题。他们的分析基于新西兰的研究证据,深入揭示了政策框架下职前教师教育课程与教学实践之间存在的脱节现象,以及过时教学方法仍在被使用等实际问题的严峻性。他们呼吁在制定相关政策时,应给予新西兰教师教育研究更多的关注与重视。职前教师教育研究聚焦那些对新西兰具有深远影响的关键问题,而非仅仅追求全球排名、以学生考试成绩为单一衡量标准的教学效果评估,或是单纯提高入学门槛等普遍性议题。教师教育工作者在研究和实施职前教师教育时,若能优先考量本地因素,这或将有助于塑造一个更加根植于本土信息与解决方案的新西兰教育体制,从而减轻全球新自由主义话语体系对其产生的潜在影响。

本章编者

菲奥娜·埃尔,新西兰奥克兰大学教育与社会工作学院副教授及职前教师教育负责人,拥有丰富的小学教学经验,并投身于教师教育与研究领域。她的研究兴趣深刻地聚焦探索人们如何在包括学校和社区在内的复杂社会环境中进行有效学习。此外,她还致力将研究重心放在能够切实提升所有学习者教育成果的关键问题上。

第十章
英国北爱尔兰教师教育:政策、实践和实用主义

琳达·克拉克,保罗·麦克弗林

摘要： 本章深入探讨英国北爱尔兰的教师教育政策、实践模式及基础设施布局，并简要分析这些方面如何持续受到一系列独特背景因素的深刻影响。在本章末则聚焦当前社会不稳定情境下，教师教育实践所采取的权宜之计以及所面临的挑战与潜在问题，并展望未来一个世纪教师教育的愿景。

引言

尽管英国北爱尔兰的职前教师教育政策在实践中存在一定程度的薄弱环节，但在该地区对教师教育的检视却较为重视，其目的是重塑相关的政策和促进基础设施的完善。政策和实际情况之间的显著差异也深刻地揭示了英国北爱尔兰教师教育的核心本质。英国北爱尔兰的地缘政治位置深刻影响着其在教师教育政策方面的借鉴与摒弃。尽管它在地理上位于爱尔兰岛上，但并不隶属于爱尔兰这个独立的国家。自 1921 年起，英国北爱尔兰一直被一条长达 498.9 千米且颇具争议的分界线所割裂。英国北爱尔兰的人口分布深受政治、文化和宗教因素的影响。这种基于多种因素的划分方式，构成了英国北爱尔兰社会活动的基石，并在当代教育格局中得到了显著的体现。教师教育的基础设施在很大程度上体现了这种划分。在这个动荡世纪中的不同时期，沿着东西向（英国北爱尔兰与英国之间）和南北向（英国北爱尔兰与爱尔兰之间）的轴线，教师教育政策的某些内容被务实地借鉴或摒弃（Farren et al.，2019）。首先，本章将概述英国北爱尔兰当前的教师教育政策及基础设施的系统安排，随后，我们将深入探讨在这一独特的地方政治背景下，最近一次教师教育评议所取得的成果与影响。其次，本章将深入分析英国北爱尔兰教育研究的现状、独特的跨网络教师教育模式运作机制，以及南北教师教育常设会议（Standing Conference on Teacher Education, North and South）（Clarke et al.，2020）所发挥的作用。同时，我们还将探讨学习型领导战略在促进教师专业发展方面的巨大潜力（DE，2016）。最后，本章将通过审慎地反思新型冠状病毒肺炎疫情对英国北爱尔兰职前教师教育的短期冲击与长期影响之间的微妙平衡，得出更为前瞻性的结论。英国北爱尔兰对这场传染病的应对策略，已经充分展现了其在相对小规模、分散却稳固的教育体系中实现敏捷与协同响应的显著潜力。

英国北爱尔兰的职前教师教育课程需经过多重机构的审核与批准流程。具体而言,教育部负责审批这些课程,并决定每门课程的学生规模配额;经济部则将其作为高等教育规定的一部分提供资金支持;英国北爱尔兰综合教学委员会(General Teaching Council for Northern Ireland, GTCNI)则依据教育与培训监察局(Education and Training Inspectorate, ETI)的督导评估结果对课程进行授权。通过课程审批,职前教师教育提供者得以开设相关课程。个人在成功完成这些课程后,具备资格的在英国北爱尔兰综合教学委员会进行教师资格注册。提供职前教师教育课程的高等学校,必须依据由教育与培训监察局、英国北爱尔兰综合教学委员会及职前教师教育提供者共同商定的质量指标框架,进行自我评估。课程由教育与培训监察局进行审核和质量保证(DE Circular,2010)。特别值得注意的是,在英国北爱尔兰,学校与高等学校之间的教师教育伙伴关系是自愿建立的,这种合作主要围绕一份为各合作伙伴提供指导的手册来组织和实施(DE,2010)。

英国北爱尔兰综合教学委员会成立于1998年,尽管它幸运地没有在保守党-自由党联合政府推行的"消灭半官方机构"行动中遭遇与英国英格兰教学委员会(Teaching Council for England)和英国威尔士教学委员会(Teaching Council for Wales)相同的被废除的命运,但同样地,它也未能像1965年成立的原英国苏格兰教学专业委员(General Teaching Council for Scotland)(Weir,2001)或2006年成立的爱尔兰教学委员会(Teaching Council for Ireland,TCI)(TTC,2007)那样,发展成为更为成熟且独立的监管与专业机构。英国北爱尔兰综合教学委员会尚未获得预期中完全独立于教育部的地位,同时,也尚未全面承担起其监管职责。除了教师注册职能外,英国北爱尔兰综合教学委员会在职前教师教育领域的另一主要贡献体现在其发布的《教学:反思性职业》(*Teaching: The Reflective Profession*)中,特别是通过"价值观和专业实践准则"(Code of Values and Professional Practice)部分,该委员会明确阐述了对职前教师教育的独特愿景(GTCNI,2011)。该文件构建了一个由27项能力说明组成的能力框架,该框架细分为三个主要领域:专业价值观与实践、专业知识与理解、专业技能与应用。这三个领域全面覆盖了教师职业生涯的初始阶段、早期发展阶段以及持续专业发展的全过程。《教学:反思性职业》充分彰显了英国北爱尔兰综合教学委员会的远大抱负,该委员会致力于将英国北爱尔兰的教师培育成反思性行动者,强调他们的角色不仅是教育工作者,更是研究者和改革的引领者(GTCNI,2011,p.9)。本章的探讨揭示了人们很难判断不同愿景所蕴含的挑战哪一个更为宏大、更为关键或更令人难以置信。

教师教育课程

英国北爱尔兰的所有职前教师教育课程均依托于高等学校进行,尚未发展出类似于近年来在英国英格兰迅速兴起的校本课程途径。同时,英国北爱尔兰也缺乏像爱尔兰海伯尼亚学院(Hibernia College)那样的私人教育机构,后者以其在线教育为主要特色,并且不受政府对学生配额的特定规定限制(这与基于高等学校的制度有所不同)。海伯尼亚学院是爱尔兰最大的小学教师教育提供者之一。在英国北爱尔兰,教师教育主要由当地的高等教育机构引领。其中,英国贝尔法斯特女王大学(Queen's University Belfast)与英国阿尔斯特大学(Ulster University,特别是这所学校的科尔雷恩校区,是唯一不在英国贝尔法斯特提供课程的地点)共同为准备从事小学以上阶段教师职业的学生提供一年制的教师专业研究生证书课程,内容涵盖了各学科领域。两所大学分别提供除英语外的不同的课程科目,当然两所大学均提供英语课程。英国阿尔斯特大学是小学阶段教师专业研究生证书课程的唯一提供机构,该课程的申请人数远超实际招生名额,申请者数量达到了实际配额的数倍之多。英国圣玛丽大学学院(St Mary's University College Belfast)与英国斯特兰米利斯大学学院(Stranmillis University College)均隶属于英国贝尔法斯特女王大学,它们主要提供的是四年制教育学士课程,这些课程同样面临着供不应求的情况。尽管大学提供的课程标榜为"综合性",旨在吸引英国北爱尔兰各宗教派别的学生,但实际上,这些学院在很大程度上仍保持着各自的独立性。具体而言,英国圣玛丽大学学院的学生群体以信奉天主教的民族主义者为主,而英国斯特兰米利斯大学学院则主要汇聚了信奉新教的联邦主义者。这两所学院占据了绝大多数的学生配额,相比之下,研究型大学仅获得了20%的学生配额。这种分配模式与英国和爱尔兰的其他地区形成了鲜明对比,在包括英国大部分地区在内的许多地方,这类学院已经不复存在,而在英国北爱尔兰,它们尚未完全消失。根据最近的调查结果,爱尔兰目前仅剩下两所这样的学院,且均位于天主教区域,它们分别是爱尔兰马里诺教育学院(Marino Inslitute of Education,位于都柏林)和爱尔兰伊玛克特教育学院(Mary Immaculate College,属于爱尔兰利默里克大学的下属学院)。

正如本书其他章节所述,全球教师教育供给呈现出一定程度的分化现象。在芬兰、挪威和爱尔兰等国家，由大学主导的研究生层次的研究型、领导型及信息型教师教育课程已成为普遍现象（Afdal and Nerland, 2014; Madalińska-Michalak et al., 2018）。相比之下，美国部分地区的教师教育供给逐渐由私立学院和学校主导，并展现出日益宽松和多样化的管制趋势（Zeichner, 2014; Burn and Mutton, 2016）。而在英国，以学校为主导的供给模式则变得越来越普遍。然而，尽管近期的教师教育审评曾建议采用以研究为基础的路径（DfE, 2014），但英国北爱尔兰明显地并未朝着这两个方向发展。

教师教育历史回顾

在过去的五十年间，英国北爱尔兰的教师教育领域经历了多次深入的检视评议（Farren et al., 2019），然而，这些检视评议并未能显著推动政策与实践的变革。检评的过程中常因宗派政治分歧而陷入激烈辩论，这种分歧已成为英国北爱尔兰急需解决的棘手问题（Rittel and Weber, 1973）。最近的两阶段审评即为此类情况，尽管该审评是由经济部发起的，但值得注意的是，经济部部长并不隶属于在英国北爱尔兰斯托蒙特议会中占据主导地位的民主统一党和新芬党（Birrell and Heenan, 2017）。然而，时任联盟党部长的斯蒂芬·法里（Stephen Farry）主张在学校教育和教师教育方面实施一种更为综合的策略，但这种策略目前尚未在大学学院中得到实际应用。

在审评的第一阶段，针对基础设施进行了财务审核。审核结果揭示，英国圣玛丽大学学院与英国斯特兰米利斯大学学院在提供职前教师教育方面的成本高于英国其他地区，这一现象的主要原因在于这些学院会收到来自小型机构的补贴。然而，需要指出的是，近年来，由于在面临教师短缺的学科领域引入了助学金政策，英国英格兰的教师教育成本出现了大幅上升的情况（DE, 2020）。

审评的第二阶段由以芬兰教育家帕西·萨尔贝里（Pasi Sahlberg）为主席的国际专家小组负责进行（DfE, 2014）。该小组提出了基础设施改造的建议，并着重强调以研究为基础的教师教育模式，特别是在硕士教育阶段的教育研究。英国圣玛丽大学学院与英国斯特兰米利斯大学学院均被归类为研究型大学。尽管研究并非这两所学院的首要任务，但近年来，相较于英国圣玛丽大学学院，英国斯特兰米利斯大学学院已逐渐加大了对研究的重视力度，而英国圣玛丽大学学院则更加坚持其教学优先的理念。然而，由于拟议的基础设施改造所引发的政治动荡，导致这项审评提出的建议最终未能得以实施。

专家小组提出了四项提案,这些提案共同致力于通过尊重不同信仰传统的角色来加强合作,并深刻认识到英国北爱尔兰社会历史背景的深远影响及其持续保持多样性的重要性(DfE,2014,p.43)。同时,四项提案均指出,英国北爱尔兰当前的教师教育基础设施普遍存在分散过度的现象,这限制了实施必要改革与提升的可能性(DfE,2014,p.47)。

在四项提案中,首项提案提出,职前教师教育仍将由现有的四家供应机构共同承担,但要求英国圣玛丽大学学院、英国斯特兰米利斯大学学院与英国贝尔法斯特女王大学之间加强合作伙伴关系,以此作为获取资助的条件。同时,提案明确,英国阿尔斯特大学将继续负责在英国北爱尔兰西北地区提供教育服务。

第二种提案是构建一个双中心模式,旨在英国北爱尔兰地区设立两个核心的教师教育基地。其中一个中心将设立在英国西北部的英国阿尔斯特大学,而另一个则将设在英国贝尔法斯特女王大学的教育学院。教师教育中心由英国圣玛丽大学学院、英国斯特兰米利斯大学学院以及英国贝尔法斯特女王大学的教育学院共同组建。英国圣玛丽大学学院和英国斯特兰米利斯大学学院将维持其现有的地址不变,但所有相关的学术人员将迁移至教师教育中心,以此为中心开展教学和办公活动。

第三个提案是成立英国北爱尔兰职前教师教育联合会。该联合会的主要职责是确保各教育机构通过优化资源配置来实现更高的运营效率,并致力于将教学质量提升至世界一流水平(DfE,2014,p.53)。尽管每个机构都会保留其独特的"精神与使命",但这一切都将遵循一个共同的指导框架,以减少重复工作,并加强机构间在课程设计与规划上的合作,实现更高的效率。

第四个提案是成立一个独立的教育学院,该学院将享有独立的财政预算、设计专属的学术规划,并配备专门的学术支持团队。这一机构的主要职责是协调并提供覆盖整个北爱尔兰地区的职前教师教育与在职培训服务。

然而,针对专家小组的报告,民主统一党与新芬党联手表达了反对意见,并坚决主张维持现状,特别是坚持对英国圣玛丽大学学院和英国斯特兰米利斯大学学院进行持续资助。审评结果还建议设立一个专门负责英国北爱尔兰教师教育战略方向的行政部门或机构，然而，即便是这样一项旨在促进务实合作的职能，时至今日也尚未得到实现。

民族主义与统一主义政党之间的政治分歧，在英国北爱尔兰长达百年的高度分裂历史中，对其复杂的学校类型模式产生了深远的影响。在20世纪70年代之前，由统一主义政党主导的政府在权力和国家基金资源分配上造成了显著的不平等。在这种背景下，天主教学校或许被视为保障宗教教育的一种途径，但更为关键的是，确保天主教/民族主义背景的学生能够有机会接受高质量的教育，这一过程促进了天主教/民族主义中产阶级的形成。从广义上来看，学校依然是按照宗教进行分类(Hansson and Roulston,2020)。在小学教育阶段之后，学生还会通过私人考试来根据其学术能力进行分班，这些考试分为两种不同类型，主要分别对应新教学校和天主教学校的需求，从而取代了2008年被废止的单一政府组织的11＋考试制度。

综合教育运动推动了综合学校的建立，这些学校吸引了来自不同宗教背景及拥有不同学术能力的学生。综合学校吸引了大约7％的在校学生。在爱尔兰，"共同教育"(Educate Together)运动创建了面向各种背景学生开放的学校，这一举措发生在教会学校数量和影响力均显著下降的世俗化时期(Educate Together,2011)。为了进一步扩大英国北爱尔兰综合学校的规模，必须进行广泛的基础设施改革，然而这一举措却与当前的政治风向相抵触，因为民族主义政党和统一主义政党在很大程度上都倾向于支持教会学校。最近兴起的共享教育(shared education)模式，旨在促进不同宗教背景的教会学校之间共享教学资源和学习经验。"共享教育"这一概念可能被视为对现状的维持，也可能是家长针对学校选择所做出的一种务实性回应。

Milliken 等(2019)在最近的研究中，探讨了研究生教师的就业模式，指出这些教师的就业状况往往不受公平就业立法的直接管辖，且他们中的大多数倾向于在与其宗教背景相契合的学校中寻求职位。根植于学校教育和教师教育领域的分歧，对教育研究的资助方向、研究重点及研究范围均产生了显著的影响。

教育研究

学校内部的政治分歧与提供职前教师教育课程的高等教育机构之间的政治分

歧紧密相连。尽管这些教育机构倾向于支持共享教育的模式,但在如英国贝尔法斯特女王大学和英国阿尔斯特大学等高校内部,师生群体通常呈现出较为一体化的特征。近期发表的两篇学术论文分别揭示了教师教育领域内存在的显著政治分歧。Gardner(2016)的论文对此进行了深刻的解构分析,而 Hagan 和 Eaton(2020)的论文则展现出对现状的相对尊重态度。值得注意的是,在后者的论文中,并未提及或引用前者的研究成果。

然而,在英国贝尔法斯特女王大学与英国阿尔斯特大学的教育研究领域内,却显现出了"共享教育"与"综合教育"理念之间的明显分歧,这一分歧具体体现在教育研究的资金分配策略及研究关注焦点的不同上。共享教育和综合教育的发展不仅获得了大学研究的积极支持,还得到了大西洋慈善基金会(The Atlantic Philanthropies)及爱尔兰国际基金会(International Fund for Ireland)等机构的资金资助(Borooah and Knox,2015)。共享教育课程由英国贝尔法斯特女王大学开发,并由一家美国慈善机构提供资金资助。共享教育与综合教育之间的分歧对英国北爱尔兰教育研究的重点产生了显著的影响。数百万美元的慈善基金被用于支持共享教育与综合教育的研究,这些投入不仅促进了优秀学术成果的产生,还在当地乃至全球范围内为该领域的研究赢得了声誉。

对教育研究的慷慨慈善资助备受欢迎,这既是因为其对和平建设做出了积极贡献,也是因为在英国高等教育体系日益市场化的背景下,英国贝尔法斯特女王大学和英国阿尔斯特大学的学者对获得资助的需求愈发迫切(Ball 2016)。然而,我们有必要对机会成本提出质疑——这些资助资金原本可能流向众多其他教育领域的研究项目,或是用于支持研究人员(Gardner,2016),使他们能够更深入地探索学术选择背后的社会经济动因及其广泛影响(Carlin,2003)。然而,这些类型的社会经济不平等问题往往并未引起慈善家(Giridharadas,2018;Reich,2018)的足够关注,同样的情况也出现在英国北爱尔兰强大的中产阶级群体中,他们拥有为那些最可能从文法学校体系中获益的孩子购买额外辅导的经济能力。学生享受免费学校餐的比例进一步揭示了社会经济差异:特殊学校为 51.7%,非文法学校为 37.8%,而文法学校则仅为 13.7%(NISRA,2020)。该领域内的其他关键组成部分,如教师教育,在资金分配上也处于相对劣势的地位,这些资金若得以合理分配,原本就能够助力北爱尔兰构建起一个更为广泛且坚实的教育研究基础。

相比之下,这种广泛的支持正是南北教师教育常设会议的核心所在,该会议作为一个独特的学术专业组织,跨越了有争议的边界进行运作(Clarke et al.,2020)。该组织成立于 1998 年《贝尔法斯特协议》【Belfast (Good Friday) Agreement】签署之后,在支持爱尔兰地区的教师教育研究方面扮演着举足轻重的角色。如今,南北教师教育常设会议不仅每年举办一次英国北爱尔兰-爱尔兰跨境师生交流活动和年度会议(期间邀请知名人士发表主题演讲),而且最为关键的是,每年都会举办教育研究项目的种子资金竞赛。项目团队必须包含边境两侧的成员。迄今为止,此类项目已超过 120 个,其中许多项目不仅成功获得了后续竞标资助,还在国际同行评审的期刊上联合发表了多篇研究文章。直到最近,南北教师教育常设会议一直在获得边境两侧政府部门以及成员单位(包括高等教育学校、持续专业发展提供者、教学委员会课程局和教师工会)的共同资助。然而,在 2017 年,由于政策紧缩导致的经费削减,加之当时英国北爱尔兰斯托蒙特议会处于暂停状态且政府部长缺席,英国北爱尔兰的教育部与经济部单方面(依据与南北教师教育常设会议的资助协议)决定终止了对该组织的资助。南北教师教育常设会议通过坚持不懈地游说,力求撤销该决定,并成功保留了一些最为关键的活动。然而,当前的资助模式依然呈现出不平衡的状态。

本章开篇即指出了英国北爱尔兰教师教育政策中存在的不足,但近期出现了一项具有潜在重要性的新发展,即《学习领导者战略》(*Learning Leaders Strategy*)(DE,2016)。该战略根植于专业学习框架,着重于强化协作能力、提升领导力,并在教师的整个职业生涯中系统地构建教师专业学习(Teacher Professional Learning,TPL)的体系框架。尽管《学习领导者战略》在其十年的推广期间面临资金匮乏的挑战,但英国北爱尔兰政府始终致力于修订《英国北爱尔兰综合教学委员会教师能力标准》(*GTCNI Teacher Competences*,截至 2021 年该标准尚未发布)。新标准的制定需审慎考量如何确立并维持教师专业学习中的最高水准,并确立未来教师专业框架应遵循的核心原则,这些原则包括平衡教师的自主权与问责制、确保从职前教师教育到入职培训再到持续专业学习的无缝衔接,以及促进各利益相关方之间的紧密合作,以支持教育研究,加速专业知识的广泛传播(Clarke and Galanouli,2019)。此外,近期学校与教学工会之间的纠纷已得到妥善解决,这为该领域的发展带来了积极且乐观的前景(Education Authority,2019)。本章末尾将深入探讨在全球社会形势不断变迁的背景下，教师教育方式的变革是标志着根本性的革新，还是仅仅是顺应形势的适应性调整。

疫情发生期间的教师教育：语用学和持续的影响

2020年3月，英国北爱尔兰所有教师教育专业的本科生及研究生均暂停了学校实习活动。四家职前教师教育机构的教师教育团队迅速介入了与教育部、教育与培训监察局以及英国北爱尔兰综合教学委员会的协商与谈判过程。各方达成共识，每家职前教师教育机构都将采用替代性评估方式，允许师范生基于在学校实习期间所展现出的能力，满足各自模块的学习成果要求，并顺利完成课程学习。随着2020—2021新学年的到来，很明显，向以在线教学为主导的模式转变将带来诸多额外的挑战与限制（Carrillo and Flores, 2020），尤其对于那些实践性较强的科目，如体育、技术与设计、音乐、家政学、艺术与设计以及科学等。尽管所有教育机构都在紧急情况下努力适应从面对面教学到远程教学的转变（Bozkurt and Sharma, 2020），但教师教育从业者已深刻意识到，必须超越当前紧急实施的在线教学模式，致力于开发高质量的在线教学和学习体验（Hodges et al., 2020）。最初转向远程教学的转变，主要是出于保护员工和学生健康与福祉的必要考量，然而，目前就断言这些变化是否对师范生的教育经历造成了不利影响，尚属为时过早（Flores and Gago, 2020）。

另一个重要的变化涉及英国北爱尔兰独特的公益性教师教育伙伴关系的中止。在这种伙伴关系下，尽管学校在教师教育过程中发挥了举足轻重的作用，但由于缺乏相应的经济补偿，它们有权拒绝接收师范生的实习申请。此外，班主任作为师范生的非正式导师，并不具备正式的考核权限。在疫情期间，学校所面临的诸多挑战进一步加剧了师范生获取实习机会的困难。为此，职前教师教育机构的老师常常依靠他们与学校建立的私人联系，协助学校的行政人员为师范生争取这些宝贵的实习机会。英国北爱尔兰所有的职前教师教育机构已再次与教育部、教育与培训监察局以及英国北爱尔兰综合教学委员会就应急计划进行了磋商。关于课堂观察方面，疫情期间面临的主要挑战在于，高等教育机构的导师需进行自我隔离14天，这导致他们无法亲临学校对学生的实习表现进行评估。为了应对这个问题，各方达成共识，鉴于直接观察受限，导师可以借助诸如英国阿尔斯特大学首次采用的Swivl摄像机技术这样的设备,对课程进行远程评估(McCoy et al.,2018)。为确保能够以一种更为简洁和统一的方式,基于教学能力对学生进行评价,各方已达成一致意见,将每一种教学能力划分为三个等级。然而,各职前教师教育机构均对这种评估方法的技术层面表达了担忧。值得思考的是,这些变革以及远程教学日益受到重视的趋势,是否预示着技术,特别是人工智能驱动的个性化学习,将迎来更广泛的应用前景。在2021年的南北教师教育常设会议网络研讨会上,主题演讲者尼尔·塞尔温(Neil Selwyn)就他的新书《机器会取代老师吗?》(*Should Robots Replace Teachers*?)对人工智能参与教学进行了深入探讨。人们或许会进一步推测,班主任的评估是否有可能被纳入师范生的正式评估体系之中。这些经过合作协商、基于务实考量的长期实践干预措施,可能会带来挑战,并具备改变传统教师教育伙伴关系的潜力。

在疫情期间,尽管参与合作的职前教师教育机构数量有限,各机构之间却能迅速且高效地协同工作,这给人留下了深刻印象。然而,同时也存在一些重要的分歧,这些分歧可能带来长远的影响。2020年,鉴于A-Level课程(英国普通中等教育证书考试的高级水平课程,同时也是英国学生进入大学的重要考试,该年考试因疫情被取消)的学生成绩改为由教师预测后,各学院纷纷大幅扩大了四年制教育学学士课程的招生规模。这导致英国圣玛丽大学学院和英国斯特兰米利斯大学学院接收到了更多符合其入学成绩要求的申请者。为了确保申请者不会因此处于不利境地,每所学院都额外分配了招生名额。这一变革产生了更为深远的系统性影响,由于这两所学院在未来四年内均需依赖这笔额外的经费支持,从而进一步加剧了大学与学院之间在教师教育经费分配上的不均衡状况。

Flores和Gago(2020)认为,在疫情期间,师范生所经历的教学学习过程呈现出多样性,而这些经历进而导致了"学习机会不平等"的现象(p.8)。他们强调,教师教育系统中的临时性解决方案可能会导致人们将教师视为"纯粹的实干者",仅关注"实用性任务",而忽视了教师作为以研究为基础开展实践和教学活动的专业人员的角色。如果这是疫情对教师教育领域产生的深远影响之一,且加之课程经费进一步向大学集中,那么疫情很可能意外地导致教师教育供给结构的扭曲。同时,实践领域的变革也可能对教学法则以及合作伙伴的关系产生深远且持久的影响。Boin等(2010)强调,危机为重塑与改革教师教育系统组织带来了独特契机,并指出目前对于危机后教师教育系统组织学习的深度与广度尚缺乏充分的理解与研究。同样地,也有观点认为，我们应当珍视花费了时间从危机中学习和汲取的经验教训（Deverell，2011）。

结论

本章深入探讨了英国北爱尔兰职前教师教育的现状，认为该领域在吸引备受尊敬的专业人才方面取得了显著成功。即便是在一个可能被视为存在分裂倾向的体系中，英国北爱尔兰的职前教师教育也展现出了高度的灵活性与合作精神，特别是在教育研究和应对疫情挑战方面。2021 年，随着英国北爱尔兰自治区建立一百周年的日益临近，教育领域成了一项"权力下放"的事务，由位于英国贝尔法斯特的北爱尔兰斯托蒙特议会（而非位于英国伦敦的英国议会）负责管理。英国北爱尔兰斯托蒙特议会在中断运作三年后，于 2020 年 1 月重新启动。首席部长满怀热情地重返岗位，并承诺对各种政策进行审议和改革。一份名为《新十年 新方法》(*New Decade, New Approach*)的文件（NI Assembly，2020）详细阐述了重新召集的大会的首要任务，其中郑重承诺将对教育系统进行全面且独立的审议，并明确指出，职前教师教育也将被纳入此次审议的范畴之内。教师教育工作者可能会认为，该文件中提及的审议与以往的审议在内容上存在诸多相似之处，这种看法情有可原，因为尽管过去一个世纪内进行了多次审议，但教育体系却鲜有实质性的变革。然而，《学习领导者战略》似乎在接续那些在当地政治纷争中被搁置的改革议程上展现出一定潜力，但这种潜力能否成功兑现，可能取决于能否为英国北爱尔兰实现更高质量的教育提供均等的物质支持与资金投入。疫情所带来的混乱可能会对教师教育政策与实践带来潜在的变革，特别是在教学法则和伙伴关系这两个对政策与实践均至关重要的领域上。在学术成为难能可贵的优先事项之时，针对地方教育的研究有助于我们明确区分"短期"与"长期""真正有益"与"仅具实用性"之间的差异。

Biesta（2020）在教育研究专业人员与民主之间构建了积极而有意义的联系。他将民主视为一个审议与教育的过程，旨在识别集体需求，并认为这一过程能够界定在我们集体生活中应被视为权威的内容（p.116）。如果关于英国北爱尔兰职前教师教育未来的决策能够基于集体需求所形成的权威关系来制定，而非仅仅受到权力基础中片面优先事项的驱动，那么最终的结果将会更加理想。

第十章 英国北爱尔兰教师教育：政策、实践和实用主义

本章编者

琳达·克拉克于 1983 年获得教师资格后，担任地理教师及主任长达 15 年。2001 年，她获任英国阿尔斯特大学教育学院的讲师职位，随后在 2009 年至 2013 年间，她担任了该学院的院长。克拉克的主要研究兴趣聚焦职前教师教育、教育技术的应用以及全球学习领域。目前，她不仅是英国阿尔斯特大学的教育学教授及研究主任，还是 2021 年英国研究卓越框架（Research Excellence Framework, REF）教育子小组的成员。

保罗·麦克弗林目前担任中学教师专业研究生证书课程的协调员以及体育教师专业研究生证书课程的课程主任。他的研究迄今为止主要聚焦于批判性反思在职前教师教育中的影响，以及指导在职前教师教育中所发挥的作用。此外，他尤为关注体育教学中针对特殊教育需求（Special Educational Needs, SEN）学生的教学策略，并正处于研究英国北爱尔兰小学后学校当前实践这一课题的初期阶段。麦克弗林现任英国北爱尔兰体育教育协会的主席，其职责涵盖推动体育学科的发展，并助力构建更为完善的持续专业发展体系。同时，他还兼任教育与培训监察局的助理评估员，为该领域的评估与监督工作贡献力量。

第十一章
博洛尼亚进程背景下葡萄牙教师教育的经验和面临的挑战

玛丽亚·阿松桑·弗洛里斯

摘要：本章深入探讨了葡萄牙在博洛尼亚进程实施后，其职前教师教育体系所经历的变革背景，同时总结并指出了在这一过程中获得的经验教训以及当前面临的挑战。在此，作者借鉴了自己作为教师教育工作者的实践经验，并融合了参与相关研究的成果。现有数据表明，葡萄牙在职前教师教育领域展现出了若干积极的、富有创新性的特征，特别是在采用基于调查的教学方法方面，然而该领域仍存在进一步改进和提升的空间。在探讨如何确保职前教师教育成为一个充满变革与创新的领域时，我们需要进一步关注以下几个方面：设立教师教育奖学金以激励学习，强化专业学习中的协作元素，加强课程与实地调查之间的紧密联系，深入关注伦理、社会和文化维度的教育，以及为职前教师的身份发展设计更为明确和有效的教学方法。这些方面都是当前亟待深入研究和实施的关键议题。

引言

虽然职前教师教育并非解决所有教育问题的万能钥匙，但它在提升学校和课堂教学质量方面确实扮演着至关重要的角色。高素质的教师对教育而言至关重要，因此在制定相关政策时，必须对教师教育给予充分的重视和优先考虑。在《欧洲教师教育杂志》过去四十年的文章综述中，Livingston 和 Flores（2017）着重指出"这些转变不仅重新界定了教育在经济与社会发展中所应扮演的角色，还从根本上改变了对教师在提升学生学习成效方面所寄予的期望"（p.555）。

尽管教师教育长期以来被视为推动教育变革的重要驱动力（Marcelo，1994），但人们对于教师教育在培养高质量教师方面的质量和效果仍存在诸多担忧，且对"质量"和"素质"这两个概念的具体含义也持有不同的见解（Darling-Hammond，2017；Flores，2016；Mayer，2014；Menter and Hulme，2011；Tatto and Pippin，2017）。在国际大背景下，全球化进程、标准化的定义、对绩效的日益重视以及教育市场化程度的不断提升等议题被广泛讨论。这些问题深刻地影响着人们在具体国际环境中对教师教育的理解和实施方式，正如 Tatto 和 Pippin（2017）以及 Townsend（2011）等学者所指出的那样。

在欧洲，高素质的教师被界定为那些能够融会贯通地传授知识、有效应对复杂教学挑战，并灵活调整教学策略以满足个体及群体学习者多样化需求的教师

第十一章 博洛尼亚进程背景下葡萄牙教师教育的经验和面临的挑战

(European Commission, 2013, p. 7)。反过来,高质量的职前教师教育与"教师的知识、技能及职业承诺"密切相关(European Commission, 2013, p. 8)。在国际舞台上,职前教师教育的多样化定位和目标与那些涉及控制和问责机制的政策紧密相连,这些政策鲜明地反映了特定的政府干预模式(例如,通过外部强制实施的限制性标准)以及对教学实践和教师身份的独特理解。在这种日益实用化和结果导向的教育环境中,教师被更多地视为行动者与技术专家,同时,也涌现出了更加开放和灵活的教学模式以及教师教育方法,这一点得到了Flores(2016)和Townsend(2011)等学者的支持。

为了充分理解教师教育的本质及其核心目标,我们不可避免地需要深入关注并考量教师教育所在的政治、文化、经济以及社会背景。同样关键的是,我们需深入探究教师在课程开发过程中所扮演的角色、课程实施所需的具体条件,以及教师在这些过程中享有的自主权和展现的能动性。换言之,教师教育应当具备对教师专业性的深刻理解,并明确界定"成为一名教师"所蕴含的意义与责任。本章将深入剖析葡萄牙职前教师教育的背景,特别是聚焦博洛尼亚进程实施之后的变化,同时基于作者作为教师教育领域从业者的实践经验及参与的相关研究,指出该领域所积累的经验教训以及当前面临的挑战。

葡萄牙教师行业概览:从教师数量饱和转向急需吸引新力量加入的迫切现状

在葡萄牙,无论是哪个教学领域(从学前教育至中学教育),想要成为一名教师均需持有硕士学位。这一严格要求是葡萄牙积极响应博洛尼亚进程的具体体现,该进程在葡萄牙明确设定了教师职业所需达到的"专业资格标准",作为教育领域内的一项重要改革举措。

尽管教师是一个对素质要求极高的职业,但其社会经济地位及公众形象却往往未能与其他具备同等资格水平的职业相媲美。同时,教师队伍还面临着老龄化的问题。葡萄牙国家教育委员会(National Council for Education)在最近发布的一份报告中,对教师职业的现状进行了如下概述:(一)教师队伍呈现出显著的女性化趋势;(二)教师群体存在老龄化问题;(三)教师的专业平均成绩为14分(满分20分),显示出一定的专业水平;(四)以服务年限计算,教师队伍普遍拥有丰富的专业经验;

(五)教师职业的吸引力有所下降;(六)据预测,到2030年,将有超过一半的教师(57.8%)达到退休年龄(National Council for Education,2019a)。最近一项名为"教师教学国际调查"(Teaching and Learning International Survey,TALIS)的报告,特别指出了一个"重大转变"——在葡萄牙,50岁及以上的教师比例从2013年的28%大幅上升至2018年的47%(OECD,2019)。

另一份报告(CNE,2019)着重指出了教师职业面临的几大问题,包括职业成长价值不足、普遍存在的职业倦怠现象、职业生涯初期工作条件的不稳定性,以及缺乏明确的职业前景规划。研究表明,葡萄牙的教师普遍对当前的工作条件持有负面评价,并表达了对这些条件可能随时间进一步恶化的担忧。具体表现为教师的经济与社会地位有所下滑,职业前景显得不够明朗,工作负担持续加重,同时伴随着官僚主义的加剧趋势。此外,教师工作还面临着更为严苛的批评,管理控制日益强化,而媒体在教学领域及教师形象上的报道也时常出现不当的负面倾向(Flores,2014a,2020a)。

因此,提升教师职业吸引力水平的必要性和紧急招募更多新教师的紧迫性,成了教师职业的两大显著特点。这些特点对教师教育产生了深远的影响,尤其是在过去十年间,师范生的数量相较于以往出现了显著的下滑趋势。葡萄牙国家教育委员会最新发布的一份报告显示,自2011—2012学年至2017—2018学年期间,由于教师职业的吸引力不足,教师候选人的数量大幅减少了约50%(National Council for Education,2019b)。因此,与几年前葡萄牙教师教育面临的教师数量过剩及新教师高失业率(即那些获得教师学位的人不得不转向其他部门求职)的状况相比,当前的现实已经发生了显著变化。如今,教师职业的未来发展充满了极大的挑战。

教师教育与政策语境:对统一性的理解

在过去的几十年里,葡萄牙的教师教育领域取得了显著的发展,这一点从相关研究与政策制定的成果中可见一斑。然而,这一发展图景既展现了诸多关键要素的进步,也不可避免地包含了一些有待改进的不足之处。

由于大众教育等因素的推动,招聘大量的教师及针对教师的专业培训和培养成

第十一章 博洛尼亚进程背景下葡萄牙教师教育的经验和面临的挑战

了迫切需求,这直接促使了 20 世纪 70 年代所谓"新大学"的产生,这些学府的主要目标即是投资教师教育领域。虽然这一过程的详尽细节超出了本章的探讨范畴,但值得注意的是,"新大学"引入了一种综合性的教师教育模式,摒弃了传统"经典大学"所采用的顺序性教育模式。综合模式指的是在课程初期,学科知识与教育学的学习便同步展开,两者相辅相成,并行不悖;而顺序模式则遵循一个明确的两阶段路径,即首先进行为期三年的学科知识学习,随后再转入教育学的学习阶段。

葡萄牙教师教育发展历程中的一个重要里程碑与第 344/89 号法令的颁布紧密相连,该法令正是基于《教育基本法》(*Fundamental Law of Education*)(LBSE, 1986)的精神与原则所制定的。此法令不仅确立了教师教育的法律框架,还创新性地引入了"灵活且动态的结构",旨在无缝对接并优化现有教育模式。该法令的一大亮点在于,它明确阐述了职前教师教育、入职培训及在职教育这一连续体系之间的相互关联性和重要性。事实上,另一项重要法令——第 249/92 号法令的颁布,正式确立了在职教师教育的法律基础,自此之后,为了持续提升教师的专业能力,在职教师教育已被明确列为所有在职教师的必修学习环节。然而,令人遗憾的是,尽管多项研究已经强调了入职教育在葡萄牙教师教育体系中的关键性地位,1989 年确立的法律框架以及 1990 年颁布的《教师职业生涯条例》(*Teacher Career Statute*)中明确规定的入职教育阶段,却并未在政治层面被视为优先事项加以重视(Cardoso and Ferreira,2008;Flores,1997,2000;Flores and Ferreira,2009)。在新的教师职业生涯条例正式颁布之后,"试用期"这一概念首次被明确纳入试用期内的监督、支持及监测计划中,不过不同条例中关于其具体内容和目的的规定存在差异(Roldão et al., 2012a,2012b)。然而,尽管葡萄牙国家教育委员会在 2016 年的一份报告中已经认识到正式入职培训计划的必要性,但截至目前,尚未有正式的入职培训计划得以实施。

为了深入了解葡萄牙的教师教育政策,第 240/2001 号法令是不可或缺的资料,该法令详细规定了适用于所有教学部门教师的"一般工作表现标准"。这是组织教师教育课程时的重要参考框架,涵盖了四个核心方面:专业、社会与伦理维度的培养;教学与学习方法的创新与发展;积极参与学校生活及与社区的有效联络;终身专业成长与发展。

博洛尼亚进程在欧洲的推进,对葡萄牙教师教育而言,是一个至关重要的转折点,因为它标志着葡萄牙国内所有教师教育课程面临重组与变革。

博洛尼亚进程和职前教师教育方案的改组

葡萄牙职前教师教育课程的结构与内容所经历的最新变革,显著受到了博洛尼亚进程的推动。这些变革依据的是第 43/2007 号法令,该法令是在第 74/2006 号法令(总体上确立了高等教育学习周期的组织框架)之后发布的,并特别设立了教学硕士学位。

采用连续模式意味着一个两阶段的学习过程,首先,学生需完成三年制的特定学科(如数学、历史)学士学位课程学习;随后,进入为期通常两年的教育学硕士学位课程,该课程融合了基于学科的教育学原理、教学法内容以及教师实习实践。若未来计划在学前或小学学段执教,师范生需首先完成基础教育学位课程的学习,随后进一步深造,完成教育学硕士学位课程的学习。在 2007 年之前,存在两种本科课程模式,第一种是五年制的综合本科课程,该课程自始至终并行开设学科知识课程与教育课程,最终以学生在校进行的一年实习作为结尾;第二种是顺序课程,学生首先需完成三年的学科知识相关教育,随后再进入为期一至两年的教师教育课程学习阶段。用连续模式取代传统的五年制综合本科课程并非毫无争议,因为这一转变凸显了一个潜在问题——职前教师教育可能会被压缩至仅两年的学位课程内,这引发了广泛的讨论与关注。因此,围绕如何在新法律框架的指引下更有效地组织与实施新的职前教师教育课程,各界展开了热烈的讨论。在博洛尼亚进程所倡导的以能力为导向、学生为中心的教育方法指导下,确立职前教师教育的目标、概览、内容及策略,势必要求我们深入探讨教学的专业本质属性,以及明确所需培养的教师类型(Flores,2011;Vieira et al. ,2019)。

鉴于职前教师教育被置于第二阶段(即硕士学位阶段),研究部分通常由教育机构负责开展,并受到外部评估的积极鼓励(Flores et al. ,2016)。实际上,第 43/2007 号法令已明确将研究作为职前教师教育课程中的必修组成部分,然而,该法令并未具体为其分配相应的学分。将研究纳入教育体系的目的,旨在培养未来的教师能够基于对教育研究的深入理解和批判性分析能力,形成专业的研究立场。2014 年实施的第 79/2014 号新法令并未将研究明确列为职前教师教育课程的必修内容,然而,在多数教育机构中,研究仍被视为实习经历中不可或缺的关键要素,尽管研究的具体形式可能多样化。

此外,采用新的法律框架以替代原有框架的核心动机在于强化教师教育,特别是聚焦提升学科专业知识和教学法技能这两个至关重要的领域。芬兰的实践经验充分证明,为了加强教师的专业素养,特别是深化教师的学科知识、提升教师的教学能力,并有效引导教师进入专业实践领域,有必要延长硕士学习阶段的时长,并相应增加相关课程内容的比重。

因此,就促进基于探究的教学方法的发展而言,当前的法律框架存在不足之处。在新的法律框架下,职前教师教育课程由以下几个核心组成部分构成,即学科知识、通识教育(涵盖课程设计与评估等内容)、特定教学法的学习、专业实践训练,以及文化、社会和伦理维度的教育。最后一个部分并未设定具体的学分要求,而是强调在教学课程的其他组成部分中,通过潜移默化的方式培养和发展相关能力。而学分占比较大的部分则聚焦于特定教学法的学习和专业实践活动的参与。新的法律框架不仅重申了职前教师教育的重要性,还明确提出了其必须达到的高标准,特别是在学科知识和教学知识方面。这一框架强调,教师的培养工作必须以严谨的态度进行,以此彰显教师职业的价值与尊严。

在葡萄牙的国家法律框架下,各教育机构遵循连续性的模式来组织职前教师教育课程。回顾并分析过去13年间,特别是在博洛尼亚进程推动下,自2007—2008学年起实施的新职前教师教育课程的经验则显得尤为重要。

经验教训及面临的挑战

随着博洛尼亚进程的实施,所有职前教师教育课程的重组过程均遭遇了诸多挑战,但同时也孕育了与专业学习环境构建及各利益相关者角色转变相关的新机遇。博洛尼亚进程作为一项具有影响力的外部改革举措,对所有课程的结构和内容进行了广泛的改革和重塑。同时,这也带来了一系列挑战和问题,这些问题不仅与变革本身的时机和过程紧密相关,还直接关联采用新的、基于连续模式的教育课程体系所带来的适应与调整需求。理论与实践之间的联系、课程组成部分的碎片化问题、实习地点的选择以及研究的作用等议题，均已被明确讨论过（Flores，2011，2018；Flores et al.，2016；Vieira et al.，2019）。这些挑战与机遇紧密交织，受到多种因素的影响，其中包括第一个学位阶段主要聚焦学科知识的深入，而第二个学位阶段则侧重课程理论、教学法、特定教学法等相关知识的获取，以及涵盖实习在内的丰富专业实践经验的积累。这种将学科知识与教学法、专业实践等分离的教育模式，无疑是一个显著的特点。尽管我们从中汲取了丰富的经验与教训，但面临的挑战依然不容忽视。接下来，我将对这些挑战进行概括性的总结。

采取研究立场是积极的但也是存在争议的

在 2007—2008 学年首次实施的职前教师教育新模式中，一个积极且富有创新性的特点是引入了基于研究的教学方法，特别是在教学实践环节中的应用。在职前教师教育模式重组的过程中，最为核心的观点是将教师视为专业人士，并着重强调他们应当能够在基于研究的教学领域内做出明智的决策。我所在机构的职前教师教育内部规定中明确指出，将研究与教学深度融合，是培育反思型教育从业者并提升其实践经验中变革潜力的关键策略（Vieira et al.，2019）。这种融合将促进对教学情境的深入批判性理解和有效干预，同时推动研究文化的蓬勃发展。我们倡导构建一个包含三维度的未来教师职业形象框架，即概念维度（涵盖专业实践所需的理论框架），战略维度（涉及专业实践中的方法论框架），以及价值观维度（体现于专业实践中的价值观，包括支撑教育行动的伦理和政治价值观）（Flores，2018；Vieira et al.，2019）。

实际上，师范生应在大学导师与学校合作教师的共同指导下，设计、实施并评估旨在将教学与研究紧密结合的"教学干预"课程。教学课程的设计与开发严格遵循了一系列核心原则，这些原则包括体现学校教育的人文关怀与民主理念，制定适应实践环境的干预策略以丰富教师和学习者的教育体验，通过数据收集与分析深化对教学法的理解并激发创新，以及构建一条基于反思、自我导向、协作、创造力及创新能力提升的专业发展道路。此外，师范生还需创建一份反思性档案，以详尽记录他们在整个实习期间的专业学习历程。他们还需撰写一份总结性报告，通过整合与分析学校收集的数据，系统地阐述其教学课程的设计思路、实施过程及评估结果。

通过对实践报告的深入剖析，研究表明这种探究式实践方法在促进人文素养与

第十一章　博洛尼亚进程背景下葡萄牙教师教育
　　　　　的经验和面临的挑战

民主理念有效融入专业学习、深化反思性实践能力以及助力制定明智教学决策方面展现出了巨大的潜力。学生在实践报告中能够灵活地调动并清晰地阐述多种类型的专业知识,涵盖情境知识、教育知识、学科知识及研究知识,并通过运用多样化的数据收集与评估模式,有效地阐明教学实践中教学与研究目的之间的紧密联系(Vieira et al.,2019)。

在学生的实践报告中,尽管陈述性的研究知识(即关于研究的知识)表现不突出,但他们的程序性研究知识(即研究方法的应用能力)却得到了显著的发展(Vieiraet al.,2019),即便是在多种不同研究方法并存的情境下。这种研究与教学方法的多样性,实际上反映了教师教育和研究领域中对于实践价值的不同看法,以及教师教育者/导师对研究本质和内涵的多元化理解。由课程主管精心策划的新实践研讨会,不仅有助于优化课程设计,还为学生提供了更加明确且深入的教学研究培训(Vieira et al.,2019)。

将研究元素与职前教师教育课程,特别是实践课程相结合的做法,既获得了支持者的认可,也遭遇了批评者的质疑。如何在职前教师教育中正确理解和融入研究? 具备研究素养究竟意味着什么? 而基于探究的教学方法又包含哪些不可或缺的核心要素? 这些问题在过去和现在都是教师教育工作者、研究人员以及其他相关利益方之间尚待统一认识的议题。一些批评者坚称,在职前教师教育中融入研究维度既不可行也不具备直接的相关性。对此,有的学者倾向于采用更为实证性的研究方法,而另一些则探索了采用更具解释力和批判性的研究方法的可能性。Vieira等(2019)指出,课程主任与主管对实践课程的性质存在不同看法,这些差异观点与教学和研究之间潜在关系的模糊性紧密相关,同时也关乎何种类型的研究最适合应用于实践领域(p.52)。

因此,教师教育的探究方法呈现出多样性和争议性。探究方法并非一种普遍适用的万能方案,它给教师教育的愿景带来了冲突与挑战,同时也引发了课程理论与实施之间(可能存在的)不匹配问题(Flores et al.,2016)。正如研究人员所指出,探究性学习需要时间的投入,然而(压缩的)两年制教育学硕士学位课程却呈现出一种悖论,尽管它强调专业实践的重要性,但实际上却缩短了学生在校的时间,这可能导致实践环节更加偏向于学术化,而非以职业需求为导向。为了使师范生能够掌握探究式教学所需的知识与技能，需要采用广泛且包容的教学与教师教育研究方法（BERA-RSA，2014），这一做法旨在将师范生既培养成为教育研究成果的消费者，也鼓励他们成为教育研究的积极参与者和生产者。

基于探究的教师教育方法需要督导者和导师发挥更广泛和更成熟的作用

师范生若要具备研究素养，就必须在课程学习和学校实践中积累相关的专业学习经历。在制定这种职前教师教育课程的组成部分（含实习环节）时，应更加聚焦探究式教学方法是否得到了更为有效的融入与发展。同时，对于研究素养的培育，还需探索并实施更为广泛且成熟的指导策略。硕士学位教育中新实践模式的实施面临挑战，主要是因为合作教师（即与师范生共同工作或指导师范生的教师）并非总能深刻理解并掌握博洛尼亚进程中关于职前教师教育模式的核心理念与基本原理。为了解决这个问题，我们在每个学年初都会为非合作教师提供一套非强制性的专业发展课程。该课程由大学教师或导师亲自指导，旨在帮助教师们熟悉并掌握基于探究的教学方法，同时激发他们参与协作项目的兴趣与积极性。

然而，对于督导者与合作教师而言，"重塑传统角色，转变为教学探究与革新的伙伴"（Flores et al.，2016，p.112）是一项具有挑战性的任务。尽管督导和指导对于创造富有成效的专业学习经历起着至关重要的作用，但实际操作中，投入督导和指导的时间和所需条件并不总是能得到充分保障。这两方面的实施给合作教师带来了挑战，因为他们在与高等学校合作开展教师教育项目的同时，仍需承担原有的教学工作量，工作负担并未得到减轻。对于大学的督导人员而言，他们在分配给自己的督导任务所需时间上也持续面临挑战。

最近，两项针对已实施十年的新实践模式的研究（Vieira, Silva and Vilaça, 2020；Vieira, Flores and Almeida, 2020）均得出结论，督导者、合作教师以及师范生的感受（即他们所体验到的教学质量）往往与该模式所秉持的基本原理（即预期的教学质量）相吻合。这一发现表明，尽管存在进一步改进的空间，但旨在提升该模式潜力的策略已经取得了积极的成效。实践模式似乎有效地培养了探究能力、多方面的专业知识，以及对教育的变革性认识，然而，目标和实际达成的结果之间仍存在一定的差距。Vieira 等（2020）研究发现，尽管大学导师和合作教师对研究能力的发展抱有怀疑态度，但几乎所有的分析报告均展示了基于人文主义和民主视角的教学理念所持

第十一章 博洛尼亚进程背景下葡萄牙教师教育
　　　　　的经验和面临的挑战

有的研究立场。他们还强调了行动研究方法的重要性,该方法要求教师教育工作者进行集体反思,并对研究周期进行更为清晰的规划。这些发现与早期的实证研究相一致,证实了课堂探究确实导致了师范生工作量的增加以及督导职责范围的扩大。同时,Vieira 等(2019)的研究还指出,部分合作教师对于自身能否满足基于探究的教学方法的要求表示了担忧。开发基于探究的教师教育方法要求合作教师与大学导师共同站在探究的立场,以便更深入地理解和研究自身的教育实践(Loughran,2007;Zeichner,2007)。

专业学习协作方面有待加强

在教师教育领域,尤其是在教学实践中融入以探究为基础的方法,其重要性不言而喻,然而,对此却存在着多样化的理解和观点。尽管新模式的实施过程中面临着挑战与局限性,但有确凿证据表明,该模式在培养师范生的研究习惯以及促进他们对自身专业实践持批判与探究态度方面具有显著潜力(Floreset et al., 2016; Vieira et al., 2019; Vieira, Flores and Almeida, 2020; Vieira, Silva and Vilaça, 2020)。然而,如何为师范生创造相关的专业学习机会,以促进他们知识、能力和态度的全面发展,进而在实践中能够做出明智的决策,这依然是一个需要解决的关键问题。一个值得深入探讨的重要方面是应该增加多样化的合作机会,这不仅要涵盖高等教育机构与学校之间的紧密协作,还应拓展至导师与合作教师之间,以及师范生之间的相互合作。师范生通常需结合个人兴趣与期望,并考虑实践环境的实际需求来设计和完成个性化的"教学干预"研究课程。因此,在某些情况下,教学和专业学习的协作可能受到阻碍,因为师范生可能会过于专注于个人课程开发和报告撰写,而这些成果最终将在公开考试中被评估,从而分散了他们在团队协作上的注意力。因此,制定更为明确且全面的策略,以强化实习环境下专业学习的协作机制,就显得尤为重要。在职前教师教育中,特别是在构建并发展学校与大学之间的实践学习社区的过程中(White and Forgasz,2016),采取集体行动以及设计并实施更为广泛的、基于研究的课程方案,将有效促进这一协作维度的深化与发展。同样重要的是,我们必须重视教学探究型课程对师范生实践能力及专业发展的潜在积极影响,以及这些课程可能为其实习或未来工作所在学校带来的正面效应。

共同努力开展教师教育学术研究既有回报又面临挑战

重构职前教师教育课程的过程总是充满挑战,因为它本质上要求打破现状并进行革新。这一过程复杂而艰巨,因为它不仅涉及权力关系的调整与制度因素的考量,还要求对传统过程和做法进行根本性的变革。博洛尼亚进程所推动的职前教师教育课程新结构的形成,同样无法回避这些挑战。虽然本章并未全面深入探讨所有教师教育课程重构的细微之处,但有必要强调的是,在职前教师教育各组成部分及其在课程规划中相对重要性的讨论上,既存在显著的争议与分歧,也不乏多方达成的共识点。正如 Vieira 等(2019)所强调的,在一种相对个人主义盛行的工作文化中,我们面临时间紧迫的挑战,需要协同努力,方能就提交给外部进行评估和认证的职前教师教育课程提案达成共识。机构内部的微观政治是变革过程中的一个关键变量,它往往低估了实践导向课程的重要性,并将教学监督视为次要或不那么复杂的任务。这种态度在决策中体现得尤为明显,如仅为每位学生分配每周 30 分钟的教学监督时间,或在机构评估中忽视对实践报告的充分监督,这些做法不仅令导师感到沮丧,还阻碍了教育创新的推进(Vieira et al. ,2019,p. 52)。

为了推动教师教育学术研究的进步,职前教师教育研究小组于 2012 年正式成立。作为教师教育工作者的非正式交流平台,该小组旨在通过分享和研究我们身为教师教育者的实践经验,采取多元化策略,包括但不限于自我反思、实践报告内容的深入分析以及与多领域利益相关群体组建焦点小组等方式,共同探讨并促进教师教育的持续改进与发展。2013 年底,该职前教师教育研究小组的活动被整合进一个正式的教育学研究与创新小组(Group for Studies and Innovation in Pedagogy)之中,该小组系应教育学院院长之倡议而设立,旨在推动学院教学实践的创新与发展。从某种程度而言,这一小组的成立标志着以教师教育工作者为主体的非正式且活跃的大学教师群体走向正式化,他们共同致力于对包括职前教师教育在内的现有方案进行反思、研究及改进。教育学研究与创新小组所开展的各类活动,如专题研讨会和会议,现已获得正式的财政支持。然而,到了 2016 年,包括教育学研究和创新小组在内的多个研究小组被裁撤,因为它们不再被视为重点发展项目。教育学研究与创新小组目前仍维持着非正式的运作方式,然而,由于缺乏系统性的制度支持,该小组的地位受到了削弱,导致其活动频率和规模也显著减少。尽管如此,仍有一部分教师教育工作者在继承该小组以往活动成果的基础上,持续进行职前教师教育的内部研究与探索。

总体而言,尽管这些活动缺乏正式的支持且参与者数量有限,但对于教师教育的专业发展与知识共享而言,由教师教育工作者自发组成的非正式小组,通过分享实践经验并深入反思职前教师教育模式的做法,无疑是一次富有成效且宝贵的经历。一个专注于教育学创新(特别是教师教育领域)的研究小组的正式成立,被视为增强教育学领域创新活力并促进相关课程发展的潜在契机。正式小组的解散固然令人感到失望与沮丧,但这一事件恰恰凸显了教师教育学术研究的重要性与不可或缺性:

尽管教师教育学术研究可能与当前某些现状存在不一致之处,但它对于支持和推动教育改革来说是不可或缺的。我们的经验表明,教师教育领域的学术研究搭建了一个对话与反思的宝贵平台,使我们能够深入探讨对教师教育工作者至关重要的议题。这一平台促进了职业关切的分享与愿景的展望,有助于重塑他们的知识结构与身份认同,并探寻如何更有效地支持未来教师成长为具备反思能力、致力于推动学校教育改革的实践者。(Vieira et al.,2019,p.53)

需要更加关注教学的伦理、社会和文化维度

毫无疑问,学科知识、教学方法以及通识教育内容(如课程知识、学校组织与管理、心理学等)共同构成了职前教师教育课程的核心组成部分。然而,鉴于教学专业的复杂性,教师不仅需要具备成为改革推动者的能力,还应拥有超越单纯技术层面的更为广泛和深刻的教学观念。教学是一项融合了理智性、文化性和情景性的复杂活动,它要求教师巧妙地决策如何传授学科知识、运用教学技巧、发展良好的人际关系,并在此过程中生成与利用知识(Cochran-Smith,2004,p.298)。此外,教学还不可避免地涉及价值观、判断及信仰的深刻考量。在博洛尼亚进程的框架下,职前教师教育的新模式已确实将伦理、社会及文化等维度纳入其中,但这些方面的教育内容仍需进一步加强和完善。成为一名教师,意味着要经历深入理解教育理念、构建扎实的专业学习背景,以及塑造稳固的道德和政治价值观的过程。因此,职前教师教育在聚焦师范生必须掌握的知识与技能的同时,也必须深入考量他们的情感体验、思想动态,并探究这些方面背后的深层次原因。鉴于教学本质上是一项道德事业(Tirri,2014),奉献精神、价值观及判断力等方面虽常被忽视或视为次要,但它们实则是构成教学专业性和道德性的核心要素而不可或缺(Tirri,2014;Maguire,2014)。因此,如果职前教师教育被视为一个需要改革的领域,那么其教学中的伦理、社会、文化以及可能的政治维度就更应受到高度的关注与重视。

在职前教师教育中,明确关于角色认同的教学法对于学习与教学过程而言至关重要

教学硕士学位课程被缩短为两年制,导致了职前教师教育各组成部分之间衔接不畅的问题,这主要是由于学科知识与教育研究之间未能充分融合与协调所致。同时,我们在平衡职业实践价值与减少在校时间之间的矛盾时,也面临着不小的挑战。这些挑战始终存在,因此我们需要制定并实施有效的策略,以最大限度地发挥当前教学模式的潜力。一个值得深入探索的方法是,在职前教师教育中采用明确的教学策略,以培养和强化教师的职业身份认同。成为一名教师的过程既复杂又充满动态性,它要求投入大量的时间与深入地思考。而两年制模式,作为五年制学位的一种替代方案,无疑在这方面是提出了一个显著的挑战。Russell 和 Flores(2021)着重强调了教师教育教学法的重要性,并倡导其应更具有透明度,鉴于师范生的学习方式至关重要,他们时常在反思并构想自己未来应如何实施教学。因此,在职前教师教育的背景下,教师角色认同的明确与学习教学过程的成功紧密相关,则是其中的关键环节。Beijaard(2019)将教师角色认同视为一种身份逐步塑造的过程,他着重指出,学习或教师角色认同主要受到诸多个人因素的深刻影响与推动,这些因素包括且不限于个人的生活经历、内心愿望、学习经验以及对教育的深刻信念。此外,学生个人对于教师教育的期望、梦想与职业志向也是不可忽视的影响因素(p.3)。相关文献已清晰阐述了教学方法的见解,并着重强调了深化教师教育研究的重要性(Russell and Martin,2014)。在此基础上,这些文献进一步强调,政策制定应聚焦师范生的全面培养(而不仅仅是课程设置),鼓励教师教育者探索并实施创新的教学模式,促进师范生之间的积极互动,并确保教师的教学实践能够根植于坚实的研究基础之上(Korthagen et al.,2006)。例如,Friesen 和 Besley(2013)对教师教育课程如何塑造并挑战师范生潜在且带有理想色彩的角色信念提出了质疑。他们认为,职前教师教育课程在个人和社会层面上,既有可能促进教师和学生的角色认同,也有可能对其造成干扰(p.31)。这一观点与其他研究人员的看法不谋而合,他们均认同通过挑战既有信念和经验等策略来开发支持专业学习的教学方法所蕴含的潜力,可以

第十一章　博洛尼亚进程背景下葡萄牙教师教育
　　　　的经验和面临的挑战

帮助学生掌握成为教师的技能与素养（Flores，2014b，2020b；Beauchamp and Thomas，2009；Schepens et al.，2009）。

　　社会对教师应该具备的知识和能力的观念与期望，深刻地影响着教师身份的塑造。因此，教师教育课程成了理想的起点，它不仅要引导师范生认识到塑造教师角色的重要性，还要促使他们深刻意识到教师角色将经历的持续转变（Beauchamp and Thomas，2009，p.186）。因此，职前教师教育可以通过明确的教学方法在塑造教师角色认同的过程中发挥重要作用，并提升师范生在专业学习上的潜力，特别是可以聚焦于引导师范生如何理解、发展、体验及思考其作为未来教师的身份与职责。

结论

　　本章基于作者作为教师教育工作者的实践经验，并结合对作者所在学校实施的职前教师教育模式的研究，简要概述了葡萄牙在博洛尼亚进程背景下职前教师教育的现状，同时尝试提炼出一些经验教训，并指出未来需要进一步关注与应对的挑战。自2007年以来，通过不断地研究与反思，我们揭示了诸多积极的特征，其中一些领域更是展现出了创新性，特别是探究作为基础的方法的广泛应用。尽管职前教师教育在上述多个方面展现出了显著的潜力，但仍存在诸多待改进之处。这包括但不限于推动教师教育学术研究的深入发展，加强专业学习中的协作维度，深化伦理、社会及文化维度的教育内容，建立课程与实际工作之间更为紧密的联系，以及为职前教师教育中角色认同感的培养制定更为明确和有效的教学方法等。这些挑战不仅涉及职前教师教育课程的形式与内容，还深刻关联到师范生与教师教育工作者的角色定位，以及高校在决策过程中如何响应外部影响（如博洛尼亚进程）所采取的教学策略与反应。

　　在博洛尼亚进程的宏观背景下，对教师教育政策及其背后的政治动因进行深入剖析显得尤为重要。尽管当前教师队伍存在老龄化趋势，且教师招聘面临吸引力不足的困境，但令人遗憾的是，针对这些问题的潜在解决方案之一——加强职前教师教育，却并未得到政策制定者的充分关注。入职培训并未被视为政治上的优先事项，它仍然是整个教育体系中一个被忽视或缺失的关键环节。在当前情境下，顺利引导新任教师融入职业轨道，并认可资深教师在这一过渡阶段中的贡献，是一项至关重要的资源和优势。在审视职前教师教育与入职培训之间的关联性及其潜在价值时，根据现有的研究成果与积极的实践经验，我们不难发现，加强这两者的联系对于显著提升课程质量具有重大意义。特别是在"为葡萄牙而教"（Teach for Portugal）等与国际接轨的教育项目已蓄势待发的背景下，对职前教师教育领域进行细致的考察与优化，将能更为有效地推动教育质量的全面提升。过去数十年间，教师去技能化和去专业化等问题严重威胁了葡萄牙职前教师教育发展的整体积极趋势。换言之，如果过于迅速地推广那些务实、短期及在职培训模式（如"为葡萄牙而教"项目），可能会导致我们重新评估那些过度强调技术和工具化的教学方法。这类方法通常在相对管理规范（Sachs, 2016）和组织严密的专业环境中（Evetts, 2009）较为普遍，然而，它们可能不利于将教学视为一种基于探究的高质量专业实践，从而可能制约教育质量的本质性提升。在如此充满挑战的时代，如果不加大对教师教育的投资，将会对葡萄牙教师的整体素质产生不利影响，并可能导致过去数十年在职前教师教育中积累的知识与经验被忽视。

此外，新型冠状病毒肺炎疫情导致高校暂时关闭，这一现状也给我们带来了诸多挑战。这种前所未有的状况促使在为师范生提供专业教育的过程中，产生了制度和教学法上的多样化应对策略（Flores and Gago, 2020）。这一变化不仅减少了师生互动的时间，还加剧了"真实实践"与"理想实践"之间实践体验的紧张关系（Flores and Gago, 2020）。这意味着，虽然师范生失去了实践教学的机会，但同时也为他们赢得了更多用于阅读、思考和写作的时间。因此，对教师教育虚拟化所带来的影响，特别是在实践环节方面，进行深入探索显得尤为重要。师范生应当超越单纯工具性的视角，从教学、政治及伦理等多个维度综合考量，尤其要聚焦于权力分配对学习过程控制的影响。在疫情发生期间及之后，教师教育的具体运作模式仍是一个待观察的问题。这是否意味着我们应维持现状不变，还是认为它提供了一个契机，让我们有机会挑战并改进既定的做法？即时的、灵活的反应可能会促使我们在遵循外部规则和法规的逻辑框架内，探索并实施更为高效的教学方法（Flores and Gago, 2020）。这种反应可能会促使人们仅将教师视为执行"有效"任务的实干家或实施者，而非那些积极投身于专业实践并致力于研究的教育者（la Velle and Flores, 2018）。

在这种背景下，我们既可以从累积逻辑或变革方法的角度深入理解教师学习（Flores and Gago, 2020），又可以审视那些常被视作缺乏创新视角的传统教师学习观念(Ellis et al.,2020)。因此,鉴于专业学习的新环境,特别是考虑到与学校的合作伙伴关系、共同构建专业知识的过程,以及师范生在教学领域中的新角色,重新定义教师教育显得尤为重要。面对当前和未来的挑战,我们必须将教师教育视为一个充满变革与创新的空间,并致力于实现更加可持续的教育策略。其中一个至关重要的因素在于深刻认识到教学是一个既复杂又动态的过程,这要求我们对其多维度的特性进行深入且系统的理解。采用探究的方法可能有助于师范生克服技术难题并避免教学观点的过度简化,从而促使他们发展个人的专业知识(Bullock,2016;Loughran and Menter,2019)。这种方法不仅能够为教学和教师学习开辟新的领域,还蕴含着巨大潜力,能够重新塑造并优化教师教育的既有做法。

本章编者

玛丽亚·阿松桑·弗洛里斯是葡萄牙米尼奥大学的副教授,她于2002年在英国诺丁汉大学获得博士学位。弗洛里斯的主要研究方向是教师专业化与角色认同、教师教育与专业发展,以及课程、评估与高等教育等领域。她在葡萄牙及国际学术界均发表了众多具有影响力的文章。自2013年至2019年,弗洛里斯荣任国际教师与教学研究协会的主席职务。目前,她还担任着《欧洲教师教育杂志》的联合编辑一职。

第十二章
英国苏格兰教师教育质量评估：特定情景下的尝试

艾琳·肯尼迪，保罗·亚当斯，马克·卡弗

摘要：本章概述了如何构建符合英国苏格兰社会实际的职前教师教育质量评估模式（Measuring Quality in Initial Teacher Education, MQuITE），该模式的建立过程受到了多方面因素的影响，包括由大学主导的职前教师教育体系、独特的政策环境，以及英国苏格兰对教学专业所持有的长远愿景。因此，在构建职前教师教育质量框架时，我们需力求与国际标准相契合，同时充分考虑英国苏格兰的具体情况，将普遍认可的职前教师教育评价模式进行"英国苏格兰化"的本土化改造。我们分享了两个采用此类评估标准的实例。第一个实例是语言能力自我评估问卷，该问卷不仅体现了英国苏格兰作为欧洲一员的身份特色，还充分考虑到了英国苏格兰作为一个以英语为主要语言使用的单一语言环境的独特性。第二个实例是职业动机评估标准，该标准的主要目的是为当前教师队伍选拔具备潜力的后备人才，以应对英国苏格兰教育职业领域的不断变化与挑战。本章结尾部分着重指出，将地区特色与国际标准相融合的做法，不仅为英国苏格兰的政策制定与教育研究领域带来了显著的裨益，还开辟了讨论的新视角，并为未来研究合作奠定了坚实的基础。

引言

本章概述职前教师教育质量评价模式的起源、发展历程以及当前的研究发现。"职前教师教育质量评价模式"是英国苏格兰的一项合作研究项目，其独特之处在于该项目致力于通过多方合作开发并随后实施一个综合性框架，旨在从政府层面全面评估职前教师教育的各个质量维度，而不仅仅局限于单一课程或特定院校层面。

首先，本章从地区背景出发，概述英国苏格兰职前教师教育的简要发展历程，并对近期发展进行深入的批判性分析。这些分析揭示了在经历了一段较长时期的相对保守与同质化之后，英国苏格兰职前教师教育的供给正逐渐展现出多样化的趋势。紧接着，本章深入探讨职前教师教育质量的概念化过程，并提出了一系列启发式方法，以辅助我们更全面地理解和把握这一议题。其次，本章深入阐述职前教师教育质量评价模式的框架，并详尽论述该框架的开发原理。这一框架巧妙地借鉴了 Appadurai(1996)提出的"本土全球化"(vernacular globalization)概念，旨在深入探讨并解析全球性的教育叙事与英国苏格兰本土历史、文化及社会背景之间复杂而微妙的相互作用与影响。再次，本章通过具体实例，阐述迄今为止从数据分析中得出的结论,这些结论揭示了职前教师教育质量评价模式框架如何在国际比较与本土背景之间寻求平衡,从而为英国苏格兰职前教师教育的公众认知提供了坚实的依据。最后,本章对当前职前教师教育质量评价模式所产生的影响进行了全面的总结。

职前教师教育质量评价模式项目

职前教师教育质量评价模式是英国苏格兰政府资助的一项为期六年的项目,该项目覆盖了英国苏格兰所有职前教师教育提供者,并与英国苏格兰教学专业委员会(General Teaching Council for Scotland, GTCS)紧密合作。职前教师教育质量评价模式项目聚焦于以下两个核心研究问题展开探讨:

1. 在英国苏格兰特定的社会背景下,我们应当如何构建并实施一种恰当且有效的机制来评估职前教师教育的质量?

2. 通过这一评价机制,我们能够获取哪些关于英国苏格兰独特职前教师教育路径质量方面的具体而有价值的信息?

尽管教师教育被广泛视为提升学校教育质量的核心要素,但在英国苏格兰地区的具体情境下,我们面临两大挑战,一是深刻理解"高质量"职前教师教育的有效途径相对匮乏;二是缺乏与国际或国内其他地区进行比较的基准数据。鉴于此,职前教师教育质量评价模式项目应运而生,旨在填补这一空白。该项目的协作性质不仅确保了主要利益相关者能够接纳项目的成果,还激励他们运用讨论过程中产生的新见解,不断优化其持续的供应流程。迄今为止的结果和反响表明,英国苏格兰范围内的职前教师教育质量评价模式已经激发了关于职前教师教育质量的深入学术探讨,这是该模式实施前未曾出现过的现象。

职前教师教育质量评价模式项目的启动源于一项文献综述(Rauschenberger et al.,2017),该综述为构建职前教师教育质量评价模式的框架提供了重要的讨论基础(这一基础将在本章后续部分进行详细阐述)。随后,项目启动了为期五年的实证工作计划,该计划聚焦对英国苏格兰 2018 届及 2019 届职前教师教育毕业生的纵向研究,深入探索并剖析职前教师教育的质量状况。在项目初期,我们向学校的指导老师和大学的教师教育工作者发放了问卷,收集他们对一系列职前教师教育情况的观点和看法。

在撰写本章之际,这个为期六年的项目已步入第四年的尾声。我们已累积了重要的数据,能够就英国苏格兰乃至其他地区职前教师教育所面临的一些紧迫问题提出具有权威性的见解。在此,我们深入剖析英国苏格兰职前教师教育的独特之处,并秉持开放的态度,将其置于全球职前教师教育的广阔背景下进行比较,力求为该领域的知识体系构建贡献我们的力量。

英国苏格兰教师教育简史

在概述英国苏格兰的职前教师教育之前,有必要指出的是,尽管苏格兰自 1707 年起一直是英国的一部分,但自 1885 年起,苏格兰便拥有了独立的教育立法权。这样的历史背景对英国苏格兰的教育体系,包括职前教师教育,产生了深远的影响。此外,自 1999 年起,英国苏格兰的教育权力已下放至苏格兰议会。对于这一拥有超过 500 万人口的政治实体而言,这种权力下放极大地促进了政策制定者之间的互动,尤其与那些权力相对集中但规模较大的司法管辖区相比,其便利性更为显著。

然而,地缘政治立场并非影响英国苏格兰政策运作的唯一因素。英国苏格兰的社会政策普遍以坚守平等原则和倡导精英治国理念为基础。McCrone 和 Keating (2007)在研究中将英国苏格兰政治体系描述为"社会民主主义"的代表(p. 18)。随后,Cairney 和 McGarvey(2013)则指出,英国苏格兰在公共部门支出方面,无论是财政经费的占比还是就业人口的比例,均显著高于英国其他地区(p. 154)。"苏格兰政策风格"的形成,是结构、地理、文化及历史因素综合作用下的产物,其显著特征在于强调对话、协商,并广泛吸纳利益相关者的参与,这一独特模式可称之为"网络治理"。这些关于英国苏格兰治理的观点映射了英国苏格兰普通教育政策,尤其是教师教育政策的"实施方式"(Kennedy and Doherty,2012)。尽管对话与协商常被视为治理的积极要素,但 Beck(2016)与 Humes(2020a)的研究揭示,这种运作方式可能潜藏着不易察觉的负面影响,其中之一便是可能催生出"人为制造的共识"。

英国苏格兰的教育拥有悠久的学术传统,自 20 世纪 80 年代末起,英国苏格兰的职前教师教育已完全转向以大学为基础的模式。所有职前教师教育课程均经过英国苏格兰教学专业委员会的认证,毕业生可获得该委员会颁发的临时注册资格。英国苏格兰教育界的大部分利益相关者均深信,教师教育(而非仅指"培训")在追求知识与实践两方面均有深远目标，其内在的复杂性应获得广泛承认与尊重。事实上，2017 年，当"教师第一"(Teacher First)这一以学校为基础的教师培养路径构想被提出之际，提供教师教育的大学教育学院在英国苏格兰教育院长理事会(Scottish Council of Deans of Education, SCDE)的支持下，委托编撰了一份名为《高等教育在当代教师教育中的角色与贡献》(*The Role and Contribution of Higher Education in Contemporary Teacher Education*)的报告。这份报告的结论是：

英国苏格兰教师教育的诸多方面均值得高度赞扬。展望未来，确保大学在所有教育领域保持深度参与至关重要，这不仅是为了让英国苏格兰的教师能够应对二十一世纪的挑战，也是为了在推动民众文化的持续发展和克服教育劣势方面发挥关键作用。(Menter, 2017, p. 2)

在此报告中，门特(Menter)并未仅仅附和当前状况，而是依据确凿的证据，有力地阐明了大学持续参与职前教师教育对于促进教育创新与改革所起的关键性作用。他坚信，大学的这种参与对于确保教师得到充分的准备，以有效应对当代社会纷繁复杂的挑战至关重要，尤其是在解决广大特殊儿童和青少年群体普遍面临的教育劣势问题上，其重要性更是不容小觑。

在英国苏格兰，所有教师均需持有规定的学位，并在英国苏格兰教学专业委员会完成注册，同时，他们的教学范围被严格限定在已注册的学科或部门之内。新任教师在完成职前教师教育专业的学习并获得苏格兰教学专业委员会的临时注册后，将继续参与入职培训，以期最终获得该委员会的正式注册资格。大多数符合资格的教师均可加入教师入职计划，该计划为他们提供为期一年的全职教学岗位，课程安排灵活多样，同时每位教师都将获得专属导师的指导以及由教育部精心设计的专业发展培训(Shanks, 2020)。

显然，英国苏格兰的职前教师教育体系受到严密的监管，长期以来，其做法一直被视作保持高标准教育质量的核心要素。然而，这种"悠久且令人自豪的传统"无疑也催生了保守主义倾向。Humes(1986)部分地将此归咎于英国苏格兰教育体系中"领导阶层"的存在，他认为这一阶层在一定程度上阻碍了创新，甚至在个别方面显露出反智主义的倾向。在休姆斯(Humes)最新的著作中，他显然继续秉持着这一观点。他明确指出，"高层人员的思维质量存在显著的不足"，"众多身居高位者往往是低效的时间管理者、顺从的官僚或是政治投机分子"(2020b)。

直至近期,英国苏格兰教师教育的历史始终映射出保守主义与同质性的特征(Hulme and Menter,2013;MacDonald and Rae,2018)。然而,《苏格兰教育的未来》(*Teaching Scotland's Future*,亦称"唐纳森报告")标志着本科课程领域的一次重大变革,其中第 11 条建议明确指出:

随着英国苏格兰各大学的新兴崛起,传统的教育学学士学位模式应当逐步转型,融入更多跨学科的深入学习内容与专业研究及发展元素。这一转变应当激励教育学院以外的教职员工及院系踊跃参与,携手合作,共同策划并落实这些融合了多学科知识的新学位项目。(Donaldson,2010,p.88)

目前尚不清楚这个建议的初衷是旨在使职前教师教育摆脱保守主义的束缚,还是意图将其定位为一项对智力要求较高的实践活动。然而,这一建议却引领了职前教师教育领域近年来最为显著的变化之一。据调查结果显示,无论是在实现教育内容与大学整体课程的更广泛关联上,还是在通过实施多样化的、基于学校的实践模式方面,本科生课程的形式均已展现出比以往更为丰富的多样性(MacDonald and Rae,2018)。

这些变革迅速吸引了公众对职前教师教育的持续关注,这一趋势在英国苏格兰议会教育和技能委员会(Scottish Parliament Education and Skills Committee)发布的关于教师队伍规划的调查报告中得到了充分体现(Scottish Parliament,2017)。同时,英国苏格兰政府对教师教育领域表达了担忧,这些担忧主要源自特定科目及地区所面临的招聘难题。这促使英国苏格兰内阁教育部部长向所有职前教师教育提供者提出要求,即提供一套"创新"的方案,旨在解决一系列紧迫问题,包括迅速应对招聘危机、招聘并留住更加多元化和更具代表性的教师队伍,以及应对教师教育领域中长期存在的文化和结构变革挑战。这一举措催生出的方案不仅拓宽了职前教师教育的现有范畴,还极大地丰富了其结构的多样性。尽管所有新路径均要求教师具备研究生学历,但其中一些路径现已能够提供完整的硕士学位课程(Kennedy 2018),而另一些路径则致力于探索让新教师更快融入教师队伍的新方法,以应对招聘难题。在 Shanks(2020)参与编辑的《英国苏格兰的教师准备》(*Teacher Preparation in Scotland*)一书中,作者对一些新的路径进行了深入的探讨与分析。

然而,在这一快速变革的时期,尽管政府投入了大量资源,却尚未制定出任何明确的战略来深入研究这些变革所带来的影响。尽管如此,我们仍需清醒地认识到,在大学及专业领域,职前教师教育已经受到一系列严格质量保证机制的约束。在大学中,质量保证机制涵盖了课程必须遵循的英国质量保证署(Quality Assurance Agency,QAA)所设定的标准,这其中包括了采用外部评估系统来确保教学质量。在专业领域内,职前教师教育课程必须遵循英国苏格兰教学专业委员会的正式注册标准,并通过其认证流程(GTCS,2012)。此外,这些课程还需根据英国苏格兰教育委员会与英国苏格兰教育院长理事会联合制定的最新自我评估框架,定期报告其进展与成效。然而,为了更深入地理解并超越当前法定的质量保证制度,英国苏格兰政府启动了职前教师教育质量评价模式项目。该项目不仅致力于评估职前教师教育的质量,还积极倡导所有职前教师教育提供者的广泛参与,从而融入了一个至关重要的能力建设要素。职前教师教育质量评价模式项目的一个核心基石在于对"质量"这一概念的深入理解和界定,接下来我们将就此展开详细讨论。

职前教师教育质量评价的概念化

鉴于英国苏格兰的职前教师教育以大学为基石,它自然吸纳了诸多既存的质量与评估框架作为参考。然而,这也引发了新的挑战。自20世纪80年代以来,全球高等教育领域频繁受到复杂多变评价体系的审视(Neave,1998),这促使人们开始探索将高等教育中教职员工与学生的体验进行系统化整理与评估的途径。这种对高等教育场所、形式及目的的定义,伴随着重要的中央监控策略与产出评价机制,对长期以来将大学视为智力发展、社会进步及个人成长核心场所的传统观念构成了挑战。因此,职前教师教育的定位与教师培养的目标相契合,其课程设计往往聚焦于两大方面,一是通过自我发展途径,致力于培养具有社会正义感的教师;二是为经济增长输送人才,并推动学术研究的进步(Bleiklie,1998)。重要的是,这两个职前教师教育目标在理论上本应和谐共存,但在实际操作中却往往产生冲突。

此处阐述的政治观点是,教学质量的提升有赖于将政策与实践相结合,具体而言,是通过实施"有效的教学方法"和"最佳实践策略"来实现的,而这些通常是由政府设定的目标和指令所界定的(Adams,2008)。就教师准备度而言,这通常意味着师范生在完成"教育"或"培训"阶段后,应达到"课堂就绪"的状态,即能够迅速适应并胜任课堂教学工作,实现"无缝衔接"的教学生涯开端。尽管人们普遍强调职前教师教育应当"目的明确",但实际上,职前教师教育的具体目标往往并不清晰且缺乏明确性。因此,为了确保职前教师教育的"质量",通常会采用多种机制,包括但不限于外部机构的审核、对"关键技能"(如识字能力)学习时间的评估,以及采用诸如学生考试成绩等可能过于简化的指标来评估职前教师教育课程或教师个人素质。这种机制的核心,尽管经常伴随着相互竞争,却在于确保职前教师教育的知识和技能既具备适用性,又能实现可持续发展。在多个方面,英国苏格兰正积极应对这些问题。然而,值得注意的是,将自我评价置于职前教师教育管理与监测的核心地位,并强化伙伴关系的构建过程,这一举措在某种程度上对传统上过于官僚化、简单化和审核导向的机制构成了挑战。

基于上述考量,职前教师教育质量评价模式项目旨在以一种贴近实际背景的方式,深入理解和准确识别整个职前教师教育过程中的"质量"内涵。至关重要的是,我们需要探索一种与教师教育紧密相关、贯穿教师职业生涯全程的质量评估方法。为此,我们依据 Adams 和 McLennan(2020)的研究,从三个维度出发来界定质量的内涵。这三个维度分别是:

1. 定义教学:教学可以被定义为一种综合性的活动,它涵盖了支撑个体步入教师职业所需的哲学理念、判断力以及具体实践方法。这一过程通过构建严谨的准入机制来实现,力求筛选出"适宜"的个体,并赋予他们教师这一重要角色。通常情况下,这一过程会伴随着"入职期"的设置,并可能通过制定教师资格的"标准"或"能力要求",进而贯穿于教师整个职业生涯的始终。然而,重要的是要认识到,这些措施是回应某些"宏大话语"(Big-D/Discourses)的迫切需求(Gee,2012),这些话语触及了决定教学内容时涉及的政治、文化和社会层面的复杂议题。在许多情况下,这种迫切需求能够被教师和师范生所接受。然而,偶尔也有人会对教学中固有的矛盾提出质疑,这种矛盾体现在我们既要应对连续性与变化的双重挑战,又要在可能性与限制的复杂考量中寻求平衡(Dall'Alba,2009)。

2. 从事教学:教学在本质上是一种深刻的社会活动。成为一名教师,意味着与他人共同在这个世界上生活,并助力他人在社会中发挥积极的作用。生活中充斥着一系列相互交织的语言片段,这些片段在特定情境(如教学环境)中承载着意义,宛如对话或故事中的组成部分(Gee,2012,p.112),构成了教师工作的核心要素。正如我们之前在其他场合所强调的:

教师在与儿童、青少年、学生及同事的互动中,于其教学环境中积极发挥作用并施加影响;他们不仅邀请他人进入自己的世界,同时也获得了进入他人世界的机会。通过教学实践,教师不仅与世界产生互动,还能够积极努力以改变世界,从而更好地融入其中并为教育事业贡献自己的力量。(Adams and McLennan,2020,p.7)

这些工作大致可以归结为教师如何自我定义以及他们如何被外界所定义的问题。然而,这种归类不仅关乎教师对自己角色的理解和定位,如"你是数学老师"或"你不是数学老师"的身份确认,还牵涉到对"数学教学法"的界定,以及对何为可接受的教学行为、适当的干预程度等标准的制定。在许多情境下,这些标准往往成为他人评价教师教学质量和方式的依据。实际上,教师的行为并非仅仅是对观察到的情况进行简单的解释,依据的是预先存在的分类,因为对这些分类的判断本身就受到多种解释和紧迫性因素的深刻影响。

3.认识教学:上述两个维度引领我们深入语境的广阔领域。这些定义在当地评判教学质量的过程中发挥着关键作用。正如我们所观察到的,这些问题往往具有深远的影响力,它们通过特定的知识形态来塑造教育和教学的理念。然而,实际上,各方并未能达成一致意见(Adams and McLennan,2020,p.7)。这一现状对所有教师构成了挑战,因为它似乎对理论如何在课堂实践中得到有效应用提出了质疑。事实上,Roth(2002)指出,新任教师常感困扰于职前教师教育中理论内容的繁重,这往往促使他们尝试过度简化这些理论,进而试图削弱理论在职前教师教育乃至整个教育体系中的核心地位,转而倾向于加强特定研究方法论形式的应用。

值得注意的一点是,教师依据他们可获得的视角来理解世界,并且实际上,他们是基于个人或当地独特的教学理念来构建其理论立场的。这种实践赋予了教师采纳、抵抗或修正的立场(Harré 2004)。正是通过这样的定位,教师能够深入理解当前的世界,并学会根据具体情境采取适宜的应对策略。

这个问题的关键在于师范生与所处情境之间的互动关系。通过实践,师范生能够构建出符合当地情境的理论立场,从而有意义地定位并开展自己的工作。然而,这要求我们将个人理解与社会、文化和政治背景相融合。因此,理论构建与实践是相互依存、不可分割的。但这样的观点很可能引发关于职前教师教育是否应局限于学校环境的争论,因为过度依赖本地实践可能会制约教师获取更为广泛和全面的专业经验。例如,关于课堂控制的理论,其基础不仅深深扎根于教学实践如演示和授课之中,而且广泛涉及对贫困、种族、性别等社会议题的深刻探讨,这些探讨构成了理论框架中不可或缺的一环。因此,完全将教育理念建立在实践之上可能仅是一种理想化的构想,或是受到特定意识形态的局限。例如,种族理论的概念并非凭空"突现",而是经过长时间的发展,逐步演变成为富有意义且目标清晰的生活方式指南。这一理论激励我们在实践中进行深入反思,以探究地方性教育实践如何反映和映射出更为广泛的教育背景及时代特征。这些理论并非与实践相脱节,而是与实践相辅相成,共同促进了个人认知构建过程的丰富与深化(Adams and McLennan,2020)。

职前教师教育"质量"的认定过程无疑是复杂而多维的,它跨越了国家或地区、高校、课程以及个人等多个层面。对于职前教师教育质量评价模式项目团队而言,其面临的挑战在于如何构建一个能够跨越不同意识形态界限的框架,以便为项目实证阶段的构建提供切实可行且富有指导意义的支持。

职前教师教育质量评价模式框架

在构建职前教师教育质量的多层次概念化体系时,职前教师教育质量评价模式框架的首要任务应是对职前教师教育进行全面的"健康评估"。在此过程中,必须充分考虑英国苏格兰教育体系所固有的价值观以及其独特的结构特点。该框架相应地将教师教育,特别是针对新师范毕业生的培养,视为更广阔社会系统中的一个有机组成部分,并进行了深入地概念化。因此,职前教师教育质量评价模式框架并非仅仅是一个用于审核单一项目或评判个别教师、教师教育工作者成效的工具集,而是具有更为深远和全面的意义。我们坚信,相较于表现性、个性化的问责机制,我们的方法更有可能推动持续的学习与改进进程。

因此,简单地从绩效框架中抽取流程并直接应用于职前教师教育质量评价被认为是不恰当的。具体而言,尽管增值模型(Value-Added Models,VAM)在美国备受青睐,但职前教师教育质量评价模式项目团队却决定不采用该模型。增值模型在衡量质量时,其方法根植于理性的经济模型之中,并秉持着一种认识论信念,即教师的个人投入最终会对学生的学习成果产生直接影响。因此,"增值"——即学生的学习进步——被视为一个可控且可通过统计学手段精确测量的变量(Amrein-Beardsley and Holloway,2019)。然而,将新任教师的教学实践测量结果直接视为衡量其教师教育课程质量高低的唯一标准,这种做法并不契合我们对教学、教师学习以及复杂教育过程所秉持的深入认识论观念。

职前教师教育质量评价模式框架的构建工作,其起点是对职前教师教育质量评价模式项目相关文献的深入研究与分析(Rauschenberger et al.,2017)。项目团队的每位成员均参与了该主题的研究工作,并各自总结了对于开发职前教师教育质量评价模式框架所获得的重要启示。经过团队内部激烈的讨论与深入辩论,我们决定在Feuer等(2013)的分类框架基础上进行进一步的拓展与创新。随后,我们着手对每个类别进行本土化改造,即"苏格兰化"处理,这一过程与Appadurai(1996)提出的"全球本土化"理念不谋而合。例如,在探讨Feuer等(2013)提出的"教师资格"类别时,我们观察到英国苏格兰广泛采纳了"教师教育工作者"这一概念,它不仅局限于大学环境,还广泛覆盖了学校中所有致力于师范生支持与发展工作的教职员工。此外,我们的关注焦点还超越了这些教育工作者的资格认定本身,深入探究了他们所经历的具体学习与发展过程。在众多类似案例中,我们对原有的分类进行了调整,以使其更加贴合苏格兰的社会背景与现实情况。

Feuer等(2013)明确了六个关键类别,包括录取与招聘标准、教学质量与内容、学生教学实践的质量、教师资格要求、有效培养适应教师职业需求的新教师,以及成功培育高素质教师队伍。

职前教师教育质量评价模式项目团队根据具体实际情况,对原有类别进行了相应的调整。在深入探究的过程中,我们还识别出两个在福伊尔(Feuer)等人分析中未涉及的类别,即"伙伴关系"与"制度背景"。基于此,我们构建了一个更为全面的框架,该框架涵盖了八个关键类别:伙伴关系、录取、招聘与留任、课程设计、实践/实习、教师教育工作者、就业导向、后续职业发展以及制度背景。

随后,针对这八个类别中的每一个,我们都明确了具体的维度以开展实证研究,并将每个维度与多种数据收集工具中的相应一种进行了匹配。

目前,我们正处于数据收集的第三个年度(预计总周期为五年),在此期间,我们利用职前教师教育质量评价模式的框架来指导而非束缚我们的数据收集计划。这一框架的动态性和高度适应性所带来的显著优势之一,便是使我们能够敏锐地捕捉到项目生命周期中涌现的新问题和新挑战。例如,在2020年的数据收集过程中,我们在年度群组调查问卷中新增了一个问题,旨在了解受访者如何应对突如其来的变化。同样地,鉴于英国苏格兰致力于推动教师职业的多元化(Scottish Government, 2018),我们在问卷中增加了相关问题,以便分析能够更精准地聚焦民族教育议题和反歧视实践,这些努力都嵌入在英国苏格兰职前教师教育所构建的更为宏大的社会正义叙事框架之中。

英国苏格兰的职前教师教育质量评价

在本节中,我们将通过实例阐述如何利用数据收集与分析手段来探究优先事项,同时展示这些分析如何促进国际间的比较成为可能。在这些案例中,我们采取了首先参考经济合作与发展组织发布的《教师教学国际调查报告》(2018)的方法,力求在可能的情况下保持开放性的比较视野,并在必要时对细微差异进行补充和调整。除了能够进行一些英国苏格兰可能感兴趣的国际比较外,这一做法还有助于解决英国苏格兰在经济合作与发展组织数据集中代表性不足的问题,因为经济合作与发展组织的数据样本中,来自英国的数据仅涵盖了英国英格兰的学校和教师。这些案例旨在阐明,随着英国苏格兰职前教师教育质量评价模式的构建与完善,该模式将如何高效运作,以期在维护国家或地区利益的同时,与英国苏格兰当前职前教师教育研究模式实现平衡,并同步深化国际比较与合作的举措。

外语准备

大部分欧洲国家已经采纳了欧洲语言共同参考框架(Common European Framework of Reference for Languages, CEFR),该框架为评估语言能力提供了一个统一且标准化的体系。为实现国际比较,这些国家采用了欧洲语言能力调查

(European Survey on Language Competences,ESLC)作为实践工具。具体举措包括对学生实施语言能力测试,并收集他们关于外语学习的看法的反馈,以全面且深入地了解他们的语言能力状况(European Commission,2016)。欧洲语言共同参考框架不仅促进了外语学习的普及,还积极倡导跨课程应用与多语言教学环境的构建,旨在将"从小就至少掌握两门外语"的理念融入日常教育实践,使之成为常态(Barcelona European Council,2002,p.19)。然而,当前这种强调从小学习语言的政策,其成效却仅在中学教育结束时通过欧洲语言能力调查进行评估,这种做法实际上仅聚焦于较高层次的语言熟练度,而未能充分考量语言学习的连续性以及早期基础阶段的重要性。尽管如此,这些数据仍积极地反映出外语学习的显著进步,平均有42%的学生在第二语言上达到了日常交流水平,而25%的学生则在第三语言上达到了这一标准。此外,值得注意的是,几乎所有国家或地区都将英语作为首选的第二语言来学习(比利时和英国英格兰是例外,它们都将法语视为最常用的第二语言)。

尽管欧洲语言能力调查的样本涵盖了英国英格兰,但由于英语作为全球性语言的特殊地位,其深厚的文化和经济影响力使得将其他语言国家的政策直接套用于英语国家变得相当复杂且难以实施。因此,在职前教师教育质量评价模式中采用欧洲语言能力调查评价方法,可能仅仅是对类似于英国英格兰地区普遍存在的低水平外语学习状况的一种反映,而非全面深入的评估。在英国英格兰,仅有10%的学生学习第二门外语,这一比例远低于欧洲的平均水平(42%),且在参与欧洲语言能力调查的16个国家或地区中处于最低位置。观察英国苏格兰的外语考试报名数据,我们可以合理推测出英国苏格兰也存在类似的情况,即仅有不到15%的学生参与外语考试,而这部分学生的考试通过率则高达约80%。

作为替代方案,职前教师教育质量评价模式直接评估教师自身的语言熟练度,具体聚焦于他们是否具备使用除母语外的其他语言进行"初级及以上"水平交流的能力。这凸显了英国苏格兰在推行类似"1+2"语言政策方面的相对滞后性,该政策虽于2012年得以通过,但相较于其国际先例的提出,已滞后了十年之久。对于目前刚开始参与职前教师教育课程的学生而言,他们可能尚未充分意识到这些变革的深远影响。因此,在评估教师的语言能力时,即便其目前水平尚未达到日常交流的高标准,我们也应充分考虑到教师语言能力潜在的进步空间和成长性。职前教师教育质量评价模式还揭示了一个独特的背景因素,英国苏格兰作为以英语为主要语言的地区,其语言特性可能在一定程度上限制了更高层次其他语言能力的发展,同时也影响了在外语教学上增加课时所需的经济考量(Caplan,2012;Saiz and Zoido, 2005)。因此,即便教师的语言能力仅略高于学生,也可能足以为他们提供一个适宜的语言学习环境(Little,2011)。

在职前教师教育质量评价模式实施的三年间,我们观察到约有三分之一的教师至少能够熟练使用一种除英语以外的其他语言。尽管样本数据显示学校提供了多达 31 种不同的语言课程,但学生可能仅能够稳定地接触到法语、西班牙语、德语或盖尔语等少数几种课程。这使我们认识到"1+2"政策的可持续性,该政策作为一项关键举措,旨在确保到 2020 年语言学习能够不依赖额外的资金支持而持续进行。简而言之,职前教师教育质量评价模式的评估结果显示,随着学生在校学习的深入,教师能够稳定提供给学生的语言选择相对有限。然而,与之相反的是,文化和语言多样性的政策目标可能更易于达成。

在职前教师教育质量评价模式中,应届毕业教师的年度数据收集同样体现了学校为提升语言能力所做出的努力。在实施职前教师教育质量评价模式的 3 年期间,能够教授其他语言的教师比例逐年上升(从 2018 年的 23% 增长至 2019 年的 25%,再到 2020 年的 29%),这反映出自 2012 年以来,学生在学校及职前教师教育课程中获得了日益增多的外语学习机会。作为一项附加的评估指标,职前教师教育质量评价模式还将考察教师在不同学科领域(包括其他语言)的准备充分性。这与教师教学国际调查规范中强调的教师效能领域(如评估能力、区分能力或管理行为的能力)形成了鲜明的对比。关于学科设置的提问,直接触及了当前苏格兰新课程背景下广泛讨论的议题,即在职前教师教育中,学科知识与特定学科教学方法应如何平衡其主导地位。同样,通过持续追踪同一批学生以及连续两届毕业生的动向,我们能够进行一段时间内的变化分析,这是其他方法所无法比拟的。

在语言教学领域的发现令人担忧,因为这是教师们普遍感到准备最不充分的一个领域。在一个五分制量表中,该量表范围从 1(表示"完全没有准备")到 5(表示"准备得非常好"),2018 年师范毕业生的平均得分为 2.86,其中高达 16% 的毕业生表示自己完全没有准备好。在 2019 年的师范毕业生群体中,这一情况持续变差,具体表现为他们的平均得分下降至 2.59,尽管感到"完全没有准备好"的毕业生比例略有下降,从 16％减少至 12％。当这些师范毕业生步入教学岗位时,我们观察到 2018 届师范毕业生的平均得分下降至 2.63,并且有 21％的毕业生明确表示自己完全没有做好教学准备。经过一年的教学实践,2018 届师范毕业生的平均得分略有上升,达到 2.88,但仍有 19％的毕业生表示自己尚未完全做好教学准备。相比之下,2019 届师范毕业生的表现更为出色,其平均得分提升至 3.17,且仅有 6％的毕业生表示自己对教学感到完全未准备好。

尽管这些比较目前仍处于数据收集与分析的初期阶段,但已足以预示,随着学校语言学习要求的提升,新任教师群体内部可能会显现出一定的差异性。数据还进一步揭示,在教师职业生涯的早期阶段,教师的语言熟练度仍有可能持续提升,而这一过程并不完全依赖在学校或职前教师教育课程期间所获得的语言学习。然而,这一领域的经验可能会存在显著的差异。随着教师队伍中新成员的持续涌入,职前教师教育质量的评价模式将持续收集数据,力求揭示能够使用其他语言进行"初级以上"水平交流的教师比例的增长趋势。这一变化应逐步映射出在英国苏格兰外语考试报名人数的大幅增长(自 2011 年以来已增长了 58％,尽管这一增长部分也归因于考试改革带来的所有科目报名人数的普遍增加,增幅达到 51％)。这种增长趋势可能促使我们重新审视语言熟练度的评价标准,以及教师所需达到的语言能力标准。进一步而言,它或许让欧洲语言能力调查中的"自主使用者"这一级别显得更加贴切,从而有利于在欧洲范围内进行更为广泛且深入的语言能力比较。

职业意向

评价教师的留任率是一项复杂的任务,因为没有任何一种方法能够完全适用于所有基于留任率数据做出的决策场景。职前教师教育质量评价模式的方法十分新颖,因为它突破了仅依赖快照数据采集点来捕捉教师行为硬数据的传统框架,而是借鉴了教师教学国际调查的前沿视角,着重询问教师在未来五年内可能采取的教学策略或发展目标等前瞻性选项,以此构建更为全面和深入的评价体系。为了充分阐述这种方法的优势,本节首先深入剖析了当前用于评价和比较留任率方法的若干局限性,随后,我们概要介绍了从软数据中挖掘出的一些重要发现。这样的结构调整有助于更清晰地展示新方法相较于传统方法的优越性。

职前教师教育质量的评价模式在构建方法上,深受 Weldon(2018)对澳大利亚留任率统计数据严厉批评的启发,他在批评中深入追踪了澳大利亚与英国多种出版物中引用的留任率数据,这些数据普遍揭示出教师的离职率高达 50%。在韦尔登(Weldon)的研究中,他明确指出了数据领域存在的一系列显著问题,这些问题包括循环引用的逻辑谬误、概念定义上的模糊不清,以及基于重复引用所构建出的缺乏坚实依据的估算等。此外,我们认为,仅仅通过计算英国苏格兰公立学校聘用教师的比例来评估相关情况,是一种过于简化的做法。结合韦尔登(Weldon,2018)所提及的缺陷,我们认为在通过捕捉更细微的差别来优化职前教师教育质量评价模式方面尚存在广阔的提升空间。尽管这可能会限制国际比较的可能性,但鉴于其他国家的留任率数据也可能面临相似的问题,并且它们常常依赖于韦尔登所质疑的引用数据,因此,我们采取的这一立场更容易获得理解和支持。

这一系列问题的部分成因在于分析过程中将教师供给与流失的数据混淆在了一起。McKenzie 和 Santiago(2015)在为经济合作与发展组织撰写的一份报告中,对教师供给问题进行了深入剖析,他们明确指出,教师供给的挑战不仅体现在整体教师数量的匮乏上,更重要的是在于关键学科领域教师数量的显著短缺,以及职业生涯初期教师面临的高离职率问题。对教师数量短缺问题的分析揭示了一个有趣的现象:在英国英格兰和英国威尔士,尽管在特定学科和地区确实存在教师短缺的情况,但从整体上看,教师的实际数量实际上是超出了教育需求的(See et al.,2004)。这一结论得到了英国苏格兰一项类似研究的有力支持(Hulme and Menter,2014)。因此,教师供给问题涉及两个层面,一是学校期望招聘到的教师数量与质量,二是实际愿意在这些学校任教并满足学校需求的教师供给。一项针对英国英格兰教师的研究强化了这一观点,该研究表明,离开公立学校的教师群体中,超过半数的人实际上仍然留在教育行业内,他们最常见的新角色包括在私立学校任教、担任教学助理,以及转岗至学校的非教学岗位(Lynch et al.,2016,p.4)。因此,将这些教师简单地视为不再从事教育行业,实际上反映了对教师职业范畴的一种过于狭隘的理解,即错误地将教师职业仅仅局限于课堂教学工作之上。

留任率和离职率不仅具有政治敏锐性,而且在技术上也难以评估。McDowall(2013)在研究英国英格兰教师留任情况时指出,该现象可能伴随着一系列复杂且易引发困惑的百分比数据,这些数据进而可能催生不同的观点或推论。例如,英国英格兰的"教学优先"项目宣称其项目完成率高达95%,并将这一高完成率作为衡量"培训期间学员完成情况"的关键指标。然而,在同一份报告中,还披露了与教师职业发展相关的多项数据,其中,仅有42%的教师表示"会长期致力于教育行业",54%的教师表示"目前仍在英国(特别是英格兰和威尔士)执教",57%的教师指出"在完成培训后的五年内仍继续从事教学工作",而68%的教师则"目前仍从事与教育行业相关的工作"(Parliament UK,2012)。

除了留任率的问题之外,这些衡量标准的实用性也颇受质疑,原因在于它们建立在一个假设之上,即持续担任课堂教学角色便等同于积极的职前教师教育经历或丰富职业经验的体现。美国的两项研究很好地阐释了这一问题。Manning(2016)指出,对于众多教师而言,由于个人或经济因素的考量,"留任最终可能成为一种'无奈之举'"(p.2)。而Kelly和Northrop(2015)的研究则揭示,在教学领域的前三年,高素质毕业生"离开教师职业的可能性比那些选择较为有限的毕业生高出85%"(p. 648)。Lynch等(2016)的研究强化了这一观点,他们发现实际上有更多教师在考虑离开教育行业,这透露出一种潜在的危机信号,教师对当前工作环境的不满可能并未充分体现在现有的离职率统计数据之中。

下面是一个简化的评价标准,我们请教师从一系列可选的选项中挑选出他们认为自己在未来五年内期望达到的职业发展定位。这些措施不仅保留了英国苏格兰公立学校传统的教师留任策略,还广泛涵盖了多样化的职业路径选择,包括但不限于转行至其他行业、赴海外或其他地区就业、选择与教育密切相关的职业,以及重返校园进行进一步深造(见表12.1)。

表 12.1 教师职业意向

意向(可多选)	在毕业时	第一年结束时	第二年结束时
苏格兰的班级/学科老师	71.9%	67.4%	62.5%
学校中层领导	34.9%	32.9%	36.9%
学校高层领导	4.2%	1.9%	1.2%
不再从事教育行业	6.5%	8.8%	9.5%
不在英国苏格兰任教	22.9%	17.6%	15.5%

续表

意向（可多选）	在毕业时	第一年结束时	第二年结束时
从事继续教育或高等教育工作	6.7%	7.5%	7.1%
从事教育工作，但不再教书	11.3%	11.6%	11.3%
正在攻读或已获得教育学硕士学位	32.2%	24.1%	23.2%
正在攻读或已获得教育学博士学位	4.3%	2.8%	3.0%
正在攻读或已取得非教育相关专业的硕士或博士学位	3.3%	1.9%	2.4%
其他	3.4%	5.0%	3.0%
样本数量	645	319	168

我们发现，在2018年和2019年的毕业生中，仅有71.9%的人表示他们认为自己在五年后仍将在英国苏格兰从事教学工作，并且这一比例随着他们教学经验的逐年增加而略有下降。事实上，样本的正向偏差，即那些离开教学岗位的人在随后的几年内将不再被纳入统计范围，可能导致对未来一段时间内教师留任率的预测过于乐观。这些数据与教师劳动力数据计算得出的标准留任率大致相符，这表明我们的研究与实际情况之间存在有价值的可比性。

然而，更为关键的是，这些数据揭示出离职可能并非一个突如其来的、戏剧性的人生转折，而是教师在数年之前就已有所预见的现象。因此，我们不妨探讨一下教师可能涉足的其他职业领域。其中，尤为引人注目的是教师对于海外任教机会的向往，有23%的教师将在海外任教视为毕业后的潜在职业选择，尽管这一比例在他们在英国苏格兰开始任教一年后出现了显著的下滑。同时，教师也展现出了开放的心态，他们乐于探索一系列对教育领域显然具有价值的岗位，即便这些岗位并不直接涉及传统的教学活动。因此，指责职前教师教育或教师职业"浪费"了这些教师的热情与潜力，可能是有失公允的。更详尽的数据还进一步揭示，教师在其早期职业生涯中展现出满足国家对其担任领导角色期望的巨大潜力（超过30%的职前教师认同这一点为可能实现)。另外,值得注意的是,选择继续深造,特别是攻读博士学位的教师数量出现了显著的下降,这一现象确实令人感到担忧。

通过考察教师是否将这些新的职业路径视为一种可行的选择,而不仅仅是聚焦那些选择继续传统教学活动的教师数量,我们能够从一个更宽广的视角洞悉教师群体对其职业发展的看法,这样的洞察或许能为政策规划提供更加有益的参考。特别是随着出生率和移民率的变化,我们需要在规划教师供给的灵活性时,更加广泛地认识教育职业的理念,以及教师可能参与的、超越传统课堂教师角色的多样化职业经历。这样的认识将有助于我们更好地适应和应对教育领域的变化与挑战。如果这能够促使政府采取更为细致和深入的政策措施来应对教师供给问题,而不仅仅局限于职前教师教育名额的简单分配,那么这些措施很可能会对缓解教师不充分就业或失业等问题产生积极的影响。

非"最终"报告:职前教师教育质量评价模式的持续影响

职前教师教育质量评价模式的协作特性在构建英国苏格兰各大学教育学院研究与发展能力方面发挥了关键作用,并且为职前教师教育政策与实践的交流提供了一个重要的平台。职前教师教育质量评价模式的建立,旨在不仅在国家政策背景下有效运作,更在于能够积极影响并塑造这一政策背景本身。尽管目前职前教师教育质量评价模式项目尚未结束,但其成效已初现端倪,通过提供宝贵的实证数据与概念性见解,有效反驳了针对职前教师教育的部分负面预设。例如,2017年,英国苏格兰议会的教育与技能委员会特别表达了对即将毕业的师范生计算能力方面的关切,指出这是根据《卓越课程》政策,每位教师都应具备的职责范围之一。职前教师教育质量评价模式迅速提供了实证证据,表明即将毕业的师范生及其导师对于该领域所需能力并不持有过分担忧的态度。项目组通过定期向政府教师教育战略委员会提交报告等方式,与政策制定者建立了紧密的合作关系,这一机制确保了实证研究成果能够顺畅地被纳入政府层面的讨论与决策中。职前教师教育质量评价模式近期的一个重要进展是,它力求在一切可行的情况下,将英国苏格兰的研究成果置于更广泛的国际视野中进行审视,比如之前提及的关于外语能力和职业意向的研究。这一做法有助于职前教师教育的各利益相关方从更宏大的角度理解和把握本土乃至国家层面的发展状况。

职前教师教育质量评价模式项目的设立不仅推动了国家职前教师教育质量保证机制的构建与发展，还为其注入了新的活力。以英国苏格兰为例，自英国苏格兰议会教育和技能委员会在 2017 年发布了关于教师队伍的深入调查报告后，英国苏格兰政府积极响应，着手制定并实施了一套全新的职前教师教育评价体系，以进一步提升职前教师的培养质量。这项原本可能被视作例行检查式审计的评价工作，最终演化为一年一度的政府会议。在此会议上，职前教师教育的提供者以及各界利益相关者齐聚一堂，共同审阅并参考各大学所采用的职前教师教育自我评价文件，深入讨论与特定主题紧密相关的进展与面临的挑战。2019 年的会议聚焦于"计算能力"作为主题，而 2020 年则转向了"多样性与健康"。这种政府层面的评估机制展现了一个成熟的体系，该体系以信任为核心，并建立在加强全苏格兰职前教师教育供给的共同愿景与合作意愿基础之上。

尽管上述讨论揭示了职前教师教育质量评价模式项目的诸多积极面及其对教育系统的深远影响，但我们也不得不承认，该项目尚不能为职前教师教育创新的运行状况提供全面而明确的阐释。随着我们持续不断地获取新信息，需要探索的领域日益扩展，项目团队已明确锁定了多个值得深入钻研的方面。与此同时，我们也定期接收到来自利益相关者的宝贵建议，他们指出了更多值得我们进一步聚焦和重视的研究领域。尽管职前教师教育质量评价模式项目的规模有限，未能涵盖所有建议，但其框架确实为启动相关衍生项目奠定了共同的基础。例如，目前英国爱丁堡大学的一名硕士生正在利用该评价模式的数据，并补充了额外的原始资料，以深入研究英国苏格兰各地体育教师的职业体验。同样地，英国思克莱德大学的一名博士生正在利用职前教师教育质量评价模式提供的数据进行分析，并辅以她个人收集的原始数据进行补充。此外，项目团队中有两名成员已成功通过英国教育研究协会获得资金资助，旨在研究新任教师在面对与疫情相关的实践变化时如何适应与应对。

该项目并未将最终报告的发布视为其影响力的顶峰，相反，职前教师教育质量评价模式已经演变成为一个持续的研究与开发项目，展现出超越其最初设定目标的能力。我们坚信这是一个在国际上独具一格的项目，其诞生很可能是上述"英国苏格兰政策风格"的体现。我们深感荣幸能在这个系统中工作，这里利益相关者与政

第十二章 英国苏格兰教师教育质量评估：特定情景下的尝试 185

策制定者紧密合作，全面考量各种情境因素，共同致力于实现惠及所有人的目标。

本章编者

艾琳·肯尼迪是英国思克莱德大学的一位杰出教授，专注于教师教育实践领域，并担任该校教师教育部门的主任。她的工作核心聚焦教师学习与发展的促进，旨在通过教育实践推动社会正义的实现。同时，她还积极投身于教学方法的创新与研发，助力有潜力的教师不断成长与自我超越。作为《教育专业发展》(*Professional Development in Education*)期刊的总编辑，她不仅在学术界享有盛誉，还深度参与了苏格兰政府资助的职前教师教育质量评价模式项目，担任联合首席研究员，为提升苏格兰乃至全球的教师教育质量贡献着重要力量。

保罗·亚当斯是英国思克莱德大学课程与教学法政策领域的高级讲师。在担任此职务之前，他曾在英国赫尔大学及英国纽曼大学担任教学与研究工作。他的研究和教学兴趣深度聚焦政策、教育学与教师教育之间的交叉领域。作为《教育 3-13》(*Education 3-13*)期刊的董事会成员，他定期为多个同行评审期刊提供评审意见。目前，亚当斯担任英国苏格兰政府资助的职前教师教育质量评价模式项目的联合首席研究员。

马克·卡弗是英国思克莱德大学的研究人员，同时担任该校职前教师教育质量评价模式项目的研究助理。此外，他也是英国圣安德鲁斯大学的一名副讲师，专门负责教授非英语母语者的英语课程。他的教学与研究兴趣主要集中在评估与反馈领域。

第十三章
美国教师教育：政策、途径、问题及相关研究总览

玛丽亚·特蕾莎·塔托

摘要： 从 20 世纪 90 年代起，美国迅速推行了多项对教师教育产生深远影响的改革。当时，由于学生在国际成绩测试中得分较低，政策制定者开始担忧美国的全球竞争力会受到影响。为了回应这些年来公众对教育质量的普遍担忧，政府已经出台了若干项官方政策。这些政策对于质量的理解呈现多样性，有的关注课程效果是否符合认证标准，有的强调教师应具备的知识、技能及性格特质，并考察这些方面如何在教学实践中得以体现，还有的则直接将学生的测试成绩作为衡量教师准备程度和教学表现的一个直观指标。本章回顾了过去十年间对美国教师教育产生重要影响的关键政策。在简要概述了美国教师教育体系之后，本章归纳了影响该领域发展的主要问题，并探讨了这些问题对未来研究方向的潜在影响。

引言

美国的教育体系具有高度分权化的特点，根据 1791 年美国宪法第十修正案的规定，各州被赋予了广泛的管理和掌控公共教育的权力。传统上，联邦政府并不参与各级教育机构的直接治理。截至 2009 年，超过 5000 万名基础教育阶段的学生以及超过 1700 万名大学生（含正在接受教师教育的学生）在缺乏全国性法律框架或统一课程大纲的分权教育体系中接受教育。尽管自 2009 年以来联邦政府试图增强对公共教育的控制力，但截至 2016—2017 年度，美国总额高达 1.3 万亿美元的教育预算仍主要由州和地方政府承担，其中联邦资金仅占极小部分，这鲜明地体现了美国地方治理权力相较于联邦治理权力具有更大的比重。截至 2013 年，从接受基础教育的学生人数来看，约 87% 的学生就读于国家资助的公立学校，10% 的学生就读于各类私立学校，而 3% 的学生则选择在家接受教育（Snyder et al., 2019）。在美国，小学、初中及高中的教育均被视为义务教育。

在教师配置方面，根据美国国家教育统计中心（National Center for Education Statistics）2017—2018 学年的数据显示，美国约有 9.8 万所学校，其中包括 300 多万名传统公立学校教师、20 多万名公立特许学校教师，以及 50 多万名私立学校教师。在公立学校中，拥有本科以上学位的教师占比接近 60%，相比之下，私立学校和特许学校中拥有本科以上学位的教师占比分别为 48% 和 46%。过去几十年里，公立学校全职教师的平均工资有所下降，从 1999—2000 学年的 5.97 万美元降至 2017—2018

学年的 5.91 万美元。截至 2011—2012 学年,公立小学的班级平均规模约为 21 名学生,而公立中学的班级平均规模则约为 27 名学生。

在教师培养方面,截至 2012—2013 学年,约有 50 万人参与了 25,000 多个教师培养项目,其中 70% 为高等学校的常规课程,20% 为高等学校的选择性课程,剩余 10% 则为高等学校以外的选择性课程。90% 的学生参与了传统的教师教育课程,5% 的学生选择了以高校为基础的选择性课程,而接近 6% 的学生则参加了高校之外的选择性课程。在这些完成学业、总数超过 19 万的学生中,近 75% 为女性和白人,这一比例未能充分反映学生群体的广泛性和多样性。在 2012—2013 学年,完成教师教育课程人数最多的五个州依次为得克萨斯州(占比 11%)、纽约州(占比 9%)、加利福尼亚州(占比 6%)、宾夕法尼亚州(占比 5%)和伊利诺伊州(占比 4%)(U. S. Department of Education,2016)。

政策举措及其对美国教师教育的影响

关于美国教师教育政策变化的详细阐述,可参阅 Tatto 和 Clark(2019)以及 Tatto 等(2018)的相关文章。本章着重探讨过去十年间对美国教师教育产生重要影响的政策,这些政策及其发布机构按照时间顺序排列如下。首先是美国国家专业教学标准委员会(National Board for Professional Teaching Standards,NBPTS),其次是《共同核心州立标准》(*Common Core State Standards*,CCSS),接着是《不让一个孩子掉队法案》(*No Child Left Behind Act*,NCLB),再次是《初等和中等教育法》(*Elementary and Secondary Education Act*,ESEA),最后是《高等教育法》(*Higher Education Act*)第二章的部分条款。

美国国家专业教学标准委员会

当我们提及"政策"时,通常指的是由官方机构制定并发布的规定或要求。在深入探讨这些政策之前,有必要先强调 20 世纪 90 年代在相关领域内兴起的一些重要举措,这些举措至今仍然具有深远的影响。其中,美国国家专业教学标准委员会扮演着尤为关键的角色,它专注于制定教师应掌握的知识与技能标准,并通过绩效评估体系来促进教学的专业化发展。在这个评估体系里,教师只有展现出卓越的教学能力,才能获得教学资格认证。更新后的标准被命名为"五项核心原则"(Five Core

Propositions),具体包括：

1. 教师需对学生及其学习承担全面责任。
2. 教师需精通所教学科内容，并掌握有效的教学方法。
3. 教师负责管理学生的学习过程并进行监督。
4. 教师应能够系统性地反思自身教学实践，并从经验中不断学习与成长。
5. 教师是学习社群中不可或缺的一员。

美国国家专业教学标准委员会为教师的职业发展构建了一条从职前教育起始，历经早期职业生涯阶段，直至成为该委员会认证的专业教师的连贯成长路径。这一路径为教师和领导力的培养开辟了众多潜在机遇。然而，在美国，教师资格的认证流程相当烦琐，通常需要 1 年至 3 年的时间来完成。其中，美国国家专业教学标准委员会的认证被视为教师所能获得的最高荣誉认证，但遗憾的是，全美国仅有约 3% 的教师（即大约 9.1 万名）获得了这一殊荣。获得认证的教师主要集中在加利福尼亚州、佛罗里达州、北卡罗来纳州、南卡罗来纳州以及华盛顿州等几个少数州。

美国国家专业教学标准委员会对教师教育领域产生了一定影响，这种影响在 20 世纪 80 年代中期至 90 年代尤为显著。在此期间，由一群杰出的教育学院院长组成的霍姆斯小组（Holmes Group）率先行动，对教师教育项目的课程管理、实践体验等方面进行了创新性改革。这些变革主要发生在专业发展学校（Professional Development Schools，PDS）中，并且也重塑了整体的学位授予和认证要求。直至今天，这些创新改革仍在持续地对教师教育项目产生深远的影响（Youngs and Grogan，2013，p.250）。

《共同核心州立标准》

在过去十年间，美国教师教育的格局经历了数项关键官方举措的深刻变革。其中尤为重要的是《共同核心州立标准》，该标准于 2009 年由美国 48 个州（在全部 50 个州中占据绝大多数）的领导人联合发起，并获得了美国州首席教育官员理事会（Council of Chief State School Officers）以及各州州长的强力支持与引领。《共同核心州立标准》有效地革新了基础教育的评价体系，并将课程内容聚焦于几个核心学科，尤其对英语语言文学、读写能力（涵盖历史、社会研究、科学和技术领域文本的读写)以及数学标准给予了高度重视。① 《共同核心州立标准》的实施,促使毕业要求、评价体系以及问责制度趋向更加统一。尽管在《共同核心州立标准》出台之前,美国已存在多种教育标准,但《共同核心州立标准》的独特之处在于其广泛的普及程度,这一特点对美国长期以来普遍存在的教育体系分权特征构成了挑战。这些标准清晰地阐明了其宗旨——帮助学生为大学学习、职业生涯及日常生活做好充分准备,并详细界定了学生在各个年级应当掌握的学习内容,从而确保每位家长和教师都能理解并支持学生的学习进程。

尽管这些标准曾引发争议,但《共同核心州立标准》仍被美国大多数州采纳,并对学校课程设置以及教师培养体系产生了深远的影响。目前,有几个州正尝试修订其课程标准,但尚难以断定这些新标准是否已经显著偏离了《共同核心州立标准》。《共同核心州立标准》的推行得益于此前的一项立法——2002 年至 2015 年间实施的《不让一个孩子掉队法案》,该法案增强了联邦政府对教育多个领域的监管力度。

《不让一个孩子掉队法案》

《不让一个孩子掉队法案》于 2002 年由时任美国总统乔治·沃克·布什(George Walker Bush 即"小布什")签署并正式生效。此法案是对 1965 年颁布的《初等和中等教育法》的一次重要再授权。美国两党均支持该法案的理由在于,他们认为每个孩子,特别是那些未能获得充分社会服务群体的孩子,都应获得高质量的教育。高质量教育被界定为学生在标准化考试中分数的提升所反映出的学习成绩进步,这一进步的实现依赖于高质量课程内容的提供、高素质教师的培养以及健全的公共问责制度的建立。实施公共问责制引发了考试次数和数据收集量的显著增长。考试成绩成了向公众,尤其是家长,报告其子女接受教育质量状况的主要依据,从而使得公众能够据此作出"明智的选择",例如,在特许学校与私立学校之间做出选择。在很多情况下,那些学生成绩不佳的学校会面临更严峻的挑战,因为它们必须为考试成绩较低的学生提供额外的辅导和支持,否则就可能会遭遇财政资助的削减。《不让一个孩子掉队法案》之所以受到批评,原因在于其实施缺乏充分的证据支持,资金严重匮乏,并且被视作有意图削弱公立学校社会地位之举(Ravitch,2007)。

---

① 与此同时,《共同核心州立标准》还制定了针对基础教育阶段的科学教学内容标准。

《不让一个孩子掉队法案》的核心策略基于增值模型（value-added model，VAM），即强调课程、教学质量等多种因素均能对学生的学习成效产生正面效应，而这些学习成效则通过标准化考试来评估。① 为了符合问责制的要求，标准化考试日益频繁地成为衡量学校和教学质量的核心指标。《不让一个孩子掉队法案》导致了过多的考试、应试教学和学习方式，这一现象进而挫伤了高素质人才投身教育事业的积极性，尤其是那些原本有机会从事其他更高薪酬职业的人才。《不让一个孩子掉队法案》因其过度侧重于课程和考试的局限性而受到了更多的批评。该法案被批评为忽视了多个对学生学习成效有重要影响的关键因素，这些因素包括但不限于学校设施的不足、班级规模过大，以及学生的家庭背景、社会经济状况和心理健康等对其学习的深远影响。

美国联邦政府通过《不让一个孩子掉队法案》加强了对教育系统各层面的监管力度。就教师职业而言，《不让一个孩子掉队法案》旨在推动建立一个采用增值模型来评估教师及学校教学质量的体系。此外，《不让一个孩子掉队法案》对"高素质教师"的定义进行了重新阐释，明确指出高素质教师通常需具备所教授科目的学士学位，并通过州级资格认证。这种新的定义忽略了教师的教学能力和实践经验，因此被视为对传统教师教育课程的一次直接挑战，它促使了高等教育体系以外替代性培养途径的迅速增加。《不让一个孩子掉队法案》标志着联邦政府在教师教育和培训领域进行直接规制的首次尝试。

《初等和中等教育法》

2015年12月10日，时任美国总统贝拉克·侯赛因·奥巴马（Barack Hussein Obama）再次签署了《初等和中等教育法》的相关授权，并同时废止了《不让一个孩子掉队法案》。这项新的国家法律名为《每个学生成功法案》（Every Student Succeeds Act，ESSA），其宗旨在于确保所有学生都能享有公平的受教育机会。与《不让一个孩子掉队法案》所体现的较强集权倾向相比，《每个学生成功法案》赋予了各州定义有效教师标准的自主权。因此，一些州在教师和学校的评价体系中，已不再将标准化考试的结果作为唯一或主要依据。尽管如此，仍有部分州在持续采用价值增值模

---

① 增值模型是一种基于计量经济学的近似方法，旨在评估教师对学生学业成绩的影响。在美国，这一方法在一些州得到了广泛认可，而在另一些州则引发了广泛争议，并因此受到了教育工作者的密切关注（AERA, 2015；Amrein-Beardsley et al., 2016；Harris, 2018）。

型进行教师评价实践。这一现状最近促使分析师得以利用增值模型来评估教师教育课程的效果(Noell et al.,2018),并使得非教育领域的利益相关者也能够参与到实际的教师教育评价过程中来。

美国联邦政府对教师教育提供者进行监管的尝试

2015年初,时任奥巴马政府教育部部长的阿恩·邓肯(Arne Duncan)公布了一项针对教师教育和培训课程(含替代性模式)的联邦监管方案。虽然监管措施将在地方层面得以执行,但这项监管方案是公开尝试建立一个由联邦政府控制的教师教育管理制度。联邦监管方案规定,教育机构需每年收集并记录其毕业生的相关数据,这些数据应涵盖毕业生所获得的知识、满意度、毕业后三年内的就业状况,以及通过标准化考试分数所反映的学生学业成绩(U.S. Department of Education, n. d.)。这一计划的实施是基于《不让一个孩子掉队法案》实施以来所积累的经验和取得的成效,并遵循着相同的增值逻辑。另一个重要的推动因素在于,人们大力推动创建一个单一的认证机构——美国教育者培养认证委员会,该委员会将传统的全美教师教育认证委员会(National Council for Accreditation of Teacher Education, NCATE)和教师教育认证委员会(Teacher Education Accreditation Council, TEAC)的工作进行整合。这一举措得到了教师教育界的广泛支持,其中包括美国教师教育学院协会(American Association of Colleges for Teacher Education, AACTE)。美国教育者培养认证委员会已经对全美教师教育认证委员会及教师教育认证委员会所采用的标准进行了修订与更新(参见表13.1)。美国教育者培养认证委员会正致力于将这些标准与一套经过修订的教师教育课程指南相融合,该指南源自20世纪90年代克林顿政府初期的一项重要成果,即"州际新教师评估与支持联盟"(Interstate New Teacher Assessment and Support Consortium, InTASC)发布的更新版标准。2013年,州际新教师评估和支持联盟对该标准进行了升级,推出了《核心教学标准与教师学习过程1.0》(Model Core Teaching Standards and Learning Progressions for Teachers 1.0),该标准详细阐述了"教师应掌握的知识与技能,以确保每位接受基础教育的学生在当今社会中都能达到进入大学或就业市场的标准。"

表 13.1　美国教育者培养认证委员会(2013)所采用的标准

标准类别	标准内容
标准 1	学科与教学知识:"教师教育提供者应确保教师候选人对所教学科的关键概念和原则有深刻的理解,并在完成课程后能够灵活运用特定学科的实践方法,以促进所有学生的学习,帮助他们达到大学和职业准备的标准。"
标准 2	合作伙伴关系与实践:"教师教育提供者需确保建立有效的合作伙伴关系并推行高质量的教学实践,这是培养工作的核心所在,旨在使教师候选人能够发展出必要的知识、技能和专业态度,进而对所有基础教育阶段学生的学习和发展产生积极影响。"
标准 3	教师候选人的素质、招聘与选拔:"教师教育提供者明确指出,从招聘初期到候选人入学、课程学习、教学实践,直至评估其是否已具备进行有效教学的能力并推荐其获取认证的全过程,教师候选人的素质一直是他们持续关注并重点投入的焦点。教师教育提供者强调,在整个教师教育课程体系中,不断提升候选人的素质始终是教育工作者培养工作的核心目标。而此目标的实现,最终取决于课程设计是否满足标准 4 的既定要求。"
标准 4	课程影响:"教师教育提供者需证明,教师候选人对基础教育阶段学生学习与发展的理解程度,以及他们在课堂教学与学校环境中能够产生的实际影响。同时,还需证明教师候选人对所接受培训课程的针对性和有效性的满意度。"
标准 5	教师教育提供者的质量保证与持续改进机制:"教师教育提供者建立并维护了一个由多项关键指标构成的质量保证体系,这些指标具体体现在教师候选人能否对基础教育阶段学生的学习和发展产生积极影响上。该体系强调基于实证的持续改进,通过评估完成课程学习的教师候选人的教学成效来确保其教学质量。此外,教师教育提供者还积极利用调查与数据收集的结果,以确定工作重点,强化课程要素与能力培养,并探索创新方法,旨在进一步提升完成课程学习的教师候选人对基础教育阶段学生学习与发展的正面影响力。"

来源:Tatto et al. ,2016。

尽管政府制定的监管计划与拟议的法规之间存在着明确的对应关系(参见 Tatto et al. ,2016,p. 7),并且该计划确实包含了一些积极的方面(特别是它要求对以往未受监管的替代渠道实施监管),然而,这一监管计划却遭到了教育工作者的强烈反对。这不仅仅是因为该监管计划被视为对传统上由专业人员自主管理的分权运作模式的干预,更重要的是,该计划的实施在很大程度上缺乏资金支持,并且要求教师教育提供者在数据收集方面付出前所未有的努力。对监管计划的一个主要担忧在于,它过度侧重于教师评价,并且将学生标准化考试的分数作为衡量教师表现的主要标准。为此,奥巴马政府对监管规定进行了修订,赋予各州自主决定如何评估其学校和教师的权力,以便评价教师教育的成效。随后,在 2016 年 1 月,美国国会废除了相关的联邦监管计划。

尽管如此,如何根据教师的学习情况来评价其教育成果,至今仍是教育工作者不断努力探索的方向,例如通过被称为职前教师表现性评价体系(Educative Teacher Performance Assessment,edTPA)的绩效评估方法来进行评估。职前教师表现性评价体系依据计划、教学和评价这三个核心任务来评估教师候选人。该体系要求教师候选人提交一段时长为 15 分钟至 20 分钟的教学视频,并附上在教学实践中积累的一系列材料,这些材料应涵盖课程计划以及对学生学习情况的分析。然而,尽管培生教育集团(Pearson Education)合作推出的职前教师表现性评价体系在评价质量上可能有所保证,但其高达 300 美元的评价费用,以及在提交评估材料、结果解读和向教师提供反馈等方面的复杂性,使得该体系在不同教师培训计划中的采纳程度呈现出显著差异。目前,美国仅有 41 个州以及哥伦比亚特区在其 919 个教师培训计划中采用了职前教师表现性评价体系(Connecticut General Assembly,2020)。

教师教育报告单:《高等教育法》第二章

尽管联邦政府在 2016 年初削弱了其在教师教育监管方面的作用,但根据 2008 年对 1965 年《高等教育法》第二章的修订,各州仍被要求每年报告其教师培训计划的主要内容,以及针对从幼儿园到高中阶段职前教师的资格认证要求。2013 年,《高等教育法》第二章中增添了新的要求,包括统计传统和替代性教师培训计划的数量,以及评估这些计划所采用的质量保证指标。《高等教育法》第二章属于《初等和中等教育法》的范畴,其中的第一部分规定了用于教师招聘、培养和支持的专项资金。

《高等教育法》第二章所形成的报告,已构建了一个全面的数据库。此数据库目前仍在持续收集数据。此外,在奥巴马执政期间,美国教育部发布了一份最新的官方报告(U. S. Department of Education,2016),该报告广泛涵盖了以下多个方面:人口统计数据、入学率与毕业率、教师培训课程的类型、指导课程开发与评估所依据的标准和政策、职前教师资格认证的要求及其评估标准、未来教师是否参与并通过各州评估的情况，以及各课程所颁发的资格证书数量。

尽管关于教师在培养过程中应当掌握的学科知识缺乏具体的必要内容描述，但《高等教育法》第二章所涵盖的数据库资料却揭示了美国教师教育体系中一个长期存在的重要问题。首先，不同的课程在保障未来教师素质方面采取了多样化的方法。举例来说，这些课程对于入学和毕业的学科要求存在差异，并且在评估未来教师是否掌握了必备的教学知识与技能方面，也缺乏一套完善的机制。其次，教师在获取资格认证的过程中所需通过的知识和技能总结性评价，其类型存在着显著的差异。然而，这些评价报告普遍缺少关于新手教师在学校实际教学表现的具体数据。尽管众多课程声称它们为未来的教师提供了宝贵机会，使他们能够学习如何教育具有文化多样性、处于不利环境、能力各异或英语为非母语的学生，并将技术有效地融入课程和教学中，但目前我们仍面临一个挑战——如何准确评估这些关键的教育成果，尤其是当它们与不同学科的教学实践相互交织时，这一问题显得尤为复杂。在新冠肺炎疫情发生期间，这些领域的不足之处变得尤为明显。

目前，我们尚不清楚如何评估课程的表现，以及如何利用数据来优化课程。在州级质量保障体系中，大多数课程均已达到合格标准，仅有极少数课程表现欠佳。尽管州报告为我们提供了关于教师教育总体状况的重要信息，然而，由于课程表现存在差异性，并且缺乏评价课程表现的统一标准，我们难以确切了解美国范围内未来教师的学习成果及其准备情况。具体而言，我们不确定这些未来的教师是否真正具备了向传统上处于不利地位的学生教授日益复杂课程的能力。此外，尽管每年编制州报告都需要投入大量精力，但目前我们仍不清楚这些报告是如何具体支持课程改进的。

美国的教师教育系统

在美国，职前教师教育是在传统的高等教育机构中进行，或是在高等学校之外的替代性课程中进行。职前教师教育课程旨在为基础教育、特殊教育、幼儿教育、英语/语言艺术、数学、科学、第二语言以及美国社会研究等领域的教师提供专业培训（U. S. Department of Education, Office of Postsecondary Education, 2016）。

获准参与高等学校传统教师教育课程通常需满足的要求包括提交达到一定标准的最低平均成绩、过往学习成绩单,以及完成规定数量的高等教育相关课程。根据各州所制定的标准,教师在完成教师培训课程后,将获得初级教学证书,这些标准具体规定了成为教师必须掌握的知识与技能。大多数州都实施了分阶段许可制度,该制度详细规定了教师在获取初级许可并开始教学后必须达成的进一步条件,这些条件包括通过州级绩效评估、完成规定的最低学期课程学习或取得硕士学位(Youngs and Grogan,2013,p.269)。美国在教师招聘和薪酬方面实行市场化机制,尽管美国各地的学区可能会竞相争夺教师资源,但仍有部分州规定,教师必须获得该州特定的教师资格证书方可从事教学工作。

虽然美国的学校体系分为小学(含幼儿园)、初中和高中,但非学科专家培养的小学教师最终也有可能在初中任教。同时,所有高中教师均为学科专家,其中部分教师最终也选择在初中继续他们的教学生涯。

与职前教师教育的正式体系相比,教师的专业成长与职业发展往往呈现出更为非正式的特点,同时,所提供的职前教师教育课程在种类、时长以及质量上均存在显著差异。在美国,一个悬而未决的关键问题在于新任教师的培养、入职指导及早期教学支持之间缺乏协调性与互补性。

基于高等教育的教师培训

中小学教师的职前教育主要在高等学校中以连续和并行的方式提供,包括所谓的传统课程(占70%)和替代课程(占20%)。此外,还有约10%的替代课程并非在高等学校内开展,这些课程将在后文详细介绍。在美国,大约有2,137个课程提供者,共提供了超过25,000门课程,这些课程主要集中在美国的东部和中部区域。[①]

传统课程通常为四年制本科教育,旨在吸引有志于从教的年轻人。在这类课程中,学生首先会学习广泛的大学课程,然后在第三年开始接受教育学原理及其未来

[①] 本报告的数据源自美国教育部部长于2016年发布的《教师素质综合报告》(Title Ⅱ Report on Teacher Quality),该报告涵盖了2013—2014学年期间,在全国50个州以及哥伦比亚特区、美属萨摩亚、关岛、马绍尔群岛、密克罗尼西亚联邦、北马里亚纳群岛、帕劳、波多黎各和美属维尔京群岛等地收集的信息(U.S. Department of Education,2016)。尽管数据收集工作仍在持续进行中,但自特朗普政府上台并任命贝齐·德沃斯(Betsy DeVos)为教育部部长以来,便未再发布此类报告。随后的拜登政府委任了具备资格的教育家米格尔·卡多纳(Miguel Cardona)担任教育部部长,为该领域的发展带来了极大的希望。在审阅了最新数据(即2017—2018学年的数据)后,本章决定采用2016年报告中的信息,并参考了后续类似的发展趋势(Title Ⅱ Report,2019,2020)。

教授科目的教学法训练。此外,还存在为期五年的课程项目,这些项目通过大学与学校的紧密合作,为学生提供更为深入的学科教学法训练及研究技能培养。

所有职前教师教育课程均包含实践经历,包括在学校进行的短期现场教学体验和较长时间的教学实践(通常先进行 100 小时导师指导下的教学体验,再进行约 600 小时的教学实践或实习)。其中一些教学体验可能发生在他们准备成为教师的早期阶段,或是课程学习的最后一年。由于美国对教师的实习及教学经验缺乏全国性的统一要求,因此这些教学体验的实际时长和质量存在很大差异(Youngs and Grogan, 2013, p. 264)。

替代性项目

这些项目通常能够吸引那些希望转行并已在某一专业领域获得学士学位的个体。相较于通过常规教育路径培养的教师,这类人群可能年龄偏大。然而,"为美国而教"(Teach for America)等项目则是一个特例,它们专门吸引一群年轻且在其专业领域被广泛认可为高素质的教师候选人,旨在让他们在教育一线工作数年后,能在教育领域内外担任领导职务。鉴于参加替代性项目的人员已拥有学士学位,因此这些项目的核心将集中在教学法的学习上。对于选择在高校内部接受替代性项目的人员而言,他们在教学实践方面的要求与传统课程保持一致。而选择在高校外部参与替代性项目学习的个人,则通常在注册课程的同时就开始承担教学任务。

其他途径

基于《不让一个孩子掉队法案》以及小布什政府所持的"高素质教师仅需具备扎实的学科知识和通过教师资格考试即足够"的观念,美国政府于 2001 年成立了美国优质教师证书委员会(American Board for Certification of Teacher Excellence, ABCTE)。美国优质教师证书委员会是一个由美国教育部设立的非营利组织,它获得了一笔 500 万美元的联邦拨款支持。该委员会允许考生无需参加高等学校的教师教育课程即可申请相关认证。根据美国优质教师证书委员会官方网站的信息,要获得教师资格认证,学生必须满足以下条件:持有国家或地区认可的高等教育机构颁发的学士学位;通过犯罪背景审查;在专业教学知识(Professional Teaching Knowledge, PKT)考试以及所教学科的领域考试中均达到及格标准。目前,美国优质教师证书委员会提供的课程费用为 1900 美元。此外,部分州对于获得美国优质教师证书委员会认证还设有额外的要求。

最新的两种途径分别被称为"新教师计划"(The New Teacher Project, TNTP)和"城市教师驻校联合计划"(Urban Teacher Residency United, UTR),它们的主要目标是吸引教师前往资源匮乏或需求迫切的学校任教,并在实际工作中接受专业培训。

教师专业和职业发展

多年来,教师的专业发展始终被视为美国的优先发展领域(Kennedy, 2016; Smith and Ingersoll, 2004),并持续得到重视以及联邦资金的扶持(依据《高等教育法》第二章第一节,联邦政府已向州教育部、地方教育局及州高等教育行政部门等机构提供了总计高达15亿美元的资助)。这些经费旨在通过提升教师和校长的专业能力,进而影响并改善学生的学习成效。尽管有联邦政府的指导和一系列扎实的入职培训项目作为支撑,例如美国伊利诺伊州的教师PLUS项目(Teacher PLUS program)、美国新墨西哥州阿尔伯克基公立学校实施的国家委员会认证教师计划,以及美国国家专业教学标准委员会推出的其他优质入职计划和专业发展项目,但由于美国政治体系的分权特性,这些政府指导和入职培训项目所取得的成果往往难以持续,并且缺乏累积效应(Garcia and Weiss, 2019)。

美国教师教育面临的问题

过去十年间,无论是在美国还是全球范围内,教师的培养都备受瞩目,这催生了一系列旨在促进创新和强化监管的政策计划。美国的主流教育讨论聚焦于实现向所有教育阶段提供公平且高质量教育的愿景。小布什政府时期,教育领域内的市场力量得到了显著增强,这不仅使得上述目标的实现难度加大,还在教育系统中引发了一系列重要的矛盾。尽管《不让一个孩子掉队法案》的核心议题聚焦"入学机会""公平性"和"问责制度",但在过去五年间,诸如资金短缺、贫困以及种族主义等导致学生学业成绩不佳的深层次问题依然未得到根本解决,反而还在持续加剧。批评者认为,《不让一个孩子掉队法案》是一项精心制定的计划,其目的在于推动公共教育

(包括高等教育)的私有化,并加强对它们的控制(Ravitch,2007)。因此,学校、教学以及教师教育被置于教育政策的中心位置。教育工作者对问责制的态度各异,但普遍认同的是,整个系统能否解决所有儿童和家庭公平获取优质教育的问题日益成为人们的担忧。简而言之,尽管联邦政府试图加强对教育的控制这一举措遭遇了抵制,但只要推动力源自美国各州且受各州控制,系统改进的想法便可能获得支持。

本节将回顾美国教师教育当前所面临的问题,特别是以下几个方面的挑战:

1. 各个课程需要回应规章制度的要求,证明其对美国公众负责,这包括要证实毕业生已掌握成为一名合格教师所必需的知识和技能。

2. 越来越多的替代性项目使得成为教师的道路多样化,这对传统的教师教育形式构成了持续的挑战,并导致教师教育提供者之间缺乏统一性和协调性。

3. 希望成为一名教师的人数在减少,同时教师在前五年的教学生涯中离职的比例在上升,这一招聘难度和留任率问题在 STEM 教育领域尤为严重。

4. 教师培养、入职和专业发展之间存在脱节,导致教师知识水平不高。

5. 教师教育行业内专业知识的探讨、生产和应用十分活跃,同时,在教育系统的宏观、中观和微观层面做出决策时,也广泛使用了多样化的证据来源。

问责制

在美国,针对教师教育的提供者和项目,已经通过加强质量保障措施并遵循认证指导原则作出了积极回应。《高等教育法》的第二章至今仍在持续施行中。尽管各个项目每年都需要向州政府提交报告,同时各州政府也需向联邦教育部进行汇报,但关键在于,这些报告制度是否真正促进了项目的改进,特别是能否有效地培养出准备更为充分的教师。问责制的一个重要前提是,遵守标准能够提升教育质量。尽管大多数州都报告了总体遵守标准的情况,但在涉及学科领域和年级水平的更具体问题上,情况却显得更为复杂(见表 13.2)。各州在依据学科标准培养教师方面存在显著差异。尽管在英语语言文学、数学、科学、社会研究和技术等学科上,各年级的标准呈现出一定的统一性,但要了解每个项目如何具体实施这些标准、如何评价其成功与失败,并据此进行持续的项目改进,却是一项相当困难的任务。

表 13.2　2014 年按学科对应相应年级的针对特定领域教师培养制定教学标准的州数统计

学科领域	年级					
	所有年级	幼儿园	一年级到三年级	四年级到六年级	初中	高中
所有学科领域 *	50	43	40	40	44	46
艺术	42	20	27	27	27	27
双语教育，英文作为第二语言教育	41	19	26	26	28	27
公民与政府	11	8	14	17	26	31
经济	10	4	11	15	25	32
英语或语言艺术	28	25	32	32	40	43
外语	36	15	27	27	28	31
地理	14	10	20	21	27	31
历史	16	11	21	21	31	35
数学	26	26	32	32	41	44
科学	24	24	30	32	41	43
社会研究	22	21	29	31	40	43
特殊教育	49	35	33	33	33	34
教学中的技术	36	21	25	24	30	31
职业和技术教育	11	6	8	13	31	41

资料来源：美国教育部高等教育办公室（2015 年），《高等教育法》第二章报告系统。

注释：美国 50 个州、哥伦比亚特区、波多黎各、美属萨摩亚、关岛、马绍尔群岛、密克罗尼西亚联邦、北马里亚纳群岛、帕劳和美属维尔京群岛均在 2014 年提交了一份州级报告。* 在所有年级和所有领域均有教师标准的州，已制定了一套适用于所有年级和领域的通用 K-12 教学标准，但不一定在每个领域和年级都设立了针对特定学科或特定年级的专门教师标准。

专业领域的分裂

对传统教师教育形式的持续批评以及成为教师的多种替代途径的不断出现，威胁着教师教育领域的统一。然而，与美国以外的一些国家（如英国）所遭受的负面影响相比，美国政府和教师教育的分权特性在一定程度上保护了该领域免受极端分裂的冲击（Tatto and Clark，2019）。虽然高等学校传统教师教育课程的注册人数有所减少，但作为培养未来教师的重要途径，它仍然培养出了很大一部分未来教师。这在某种程度上是因为，尽管不断有新的培养途径出现，但鲜有证据表明，通过这些新途径培养出的教师素质能与通过传统途径培养的教师相媲美或更胜一筹，或者这些新途径培养的教师留任时间会更长(Thomas et al.，2021)。高等学校中的传统教师教育持续受到来自联邦政府日益严格的监管。尽管如此，各州内部的教育工作者团体仍在积极寻求合作途径，并利用《每个学生成功法案》的第二章来增强教师职业的专业性和提升其地位(Johnson，2018)。

大学教师培养的削弱与教师职业的分裂现象是相辅相成的，这种共生关系在美国两个主要教师工会——美国全国教育协会(National Education Association，NEA)和美国教师联合会(American Federation of Teachers，AFT)的成员构成上得到了体现。在这一过程中，各州扮演了至关重要的角色，尤其是体现在集体协商的权限方面(目前，仅有39个州赋予了集体协商的合法性)。与在公立学校工作的教师相比，通常在特许学校或类似学校任教的教师工资更低，且面临的工作条件也更具挑战性。

招聘与留任

在过去十年间，有意向成为教师的人数经历了显著变化，与此同时，也有大量教师离开了教育行业(Partelow，2019)。Ingersoll等(2018)在研究中对比了1987—1988学年至2015—2016学年的教师招聘趋势，并指出相较于过去几年，学校招聘教师的比例有所提升(这得益于班级规模的缩小以及数学、科学、特殊教育、阅读、英语作为第二语言及双语教育等领域教师数量的增加)。此外，当前教师队伍主要由女性组成，女性教师占比高达76%，且预计在未来几年内这一比例将达到80%。年轻教师将填补退休教师遗留下的岗位空缺，但此举带来的效应兼具正负两方面。原因在于，众多年轻教师在从教后的五年内会选择离职，其中，少数民族教师的离职率尤为突出。导致教师高流失率的因素包括地区深度贫困以及较高的少数民族人口比例等。这一现象揭示了一个引人注目的趋势，当前学校教师的平均教龄仅为3年，与20世纪80年代末教师平均拥有15年教龄的情况形成了鲜明对比。

招聘与留住教师的难点在于缺乏有效的入职培训(例如导师指导)、薪资水平低、工作环境不佳，以及学校内部存在的不利因素，诸如考试负担加重和课程必须遵循严格规定等，这些都限制了教师在满足学生学习需求上的自主权。

教师培养、入职培训和专业发展的脱节

美国的教师教育供给展现出高度的多样性。研究表明,即便是在多年来致力于标准化建设的数学学科领域,各类教师教育培养项目也为未来教师提供了极为丰富多样的学习机会(Tatto and Bankov,2018)。这种多样性在教师的学科知识与教育学知识水平方面得到了体现(Tatto,2018a,2018b)。一项专门针对数学教师的大规模研究表明,许多美国教师在完成培养项目时,并未充分掌握必要的教学知识,这一现象在小学教师中尤为显著。然而,这一问题并不一定源自教师教育培养项目的设计本身,而是可能归咎于项目在录取时对数学、科学和技术知识等学科知识标准的放宽。对于初入职场的中小学教师而言,他们面临的挑战不仅在于学科知识的不足,难以应对日益复杂的课程内容,还在于如何适应学生文化和学术背景的多样性(Tatto et al.,2020)。

美国很早就意识到,新入职的教师在其职业生涯初期所具备的知识相对有限,这种知识的局限性可能会让他们难以胜任教学工作。作为支持和留住新任教师的一种手段,入职培训工作已持续多年。研究表明,学科导师在集体入职培训(如与其他教师共同规划和合作)中扮演着重要角色,并且在降低教师离职率方面发挥着关键作用(Garcia and Weiss,2019;Smith and Ingersoll,2004)。

教师的专业成长与职业发展一直是美国教育部议程上的重要议题,同时也是教育工作者密切关注的焦点。Wei、Darling-Hammond 和 Adamson(2010)研究了 2000 年至 2008 年间美国教师专业发展的全国趋势,并发现尽管有更多教师能够在他们所教授的科目上获得专业发展机会,但在其他关键领域,如阅读教学、技术应用、针对英语语言学习者及特殊教育学生的教学策略等方面,他们的专业发展却受到了限制(p. v-vi)。教师的专业和职业发展活动往往以短期研讨会的形式进行,而这种形式通常被认为效果不够理想。此外,教师们还反映,他们与其他教师合作的机会也有所减少。2017 年发布的一份报告为接下来十年的发展奠定了基调。Darling-Hammond 等(2017)在该报告中概述了有效职业发展的关键特征,这些特征包括专注于学科内容、强调主动学习的重要性、促进教师间的协作、展示有效教学实践、提供辅导和专家指导,以及给予反馈以促进教师的自我反思。同时,该报告还强调了确保教师有足够时间进行持续学习、实践及反思的必要性(p. v-vi)。这份报告对于推动教育行业专业发展,特别是在"协作与嵌入日常工作"方面,为政策制定提供了重要启示。

最后,在提升教师专业培训的连贯性方面,关键在于如何在不连贯的体系中实现连贯性,同时确保分权治理系统所提供的保障措施不被削弱。正如美国国家科学院在一份报告(U.S. National Academies, 2018, p.54)中指出的那样,在美国,专业学习途径之间缺乏协调性,而协调这一任务落在了教师领导的肩上,他们需要"管理这种混乱的环境",并协助其他教师明确所需的教学改革工具……教师流失率较高,特别是在那些需求迫切的学校,这导致许多学校可能面临经验丰富的教师领导匮乏的问题……除非有专业的领导者来引导讨论,否则共同的规划时间往往难以取得显著成效。综上所述,人们普遍认为,"美国教育系统在连贯性方面面临着挑战。"

专业知识的生产

过去十年间,教师教育领域的知识生产经历了巨大的转变,这一转变体现在从教育学家为推动政策与实践而开展的研究,到基于行政数据及采用评估视角的计量经济学报告等多个方面。尽管自杜威(Dewey)时代起,多学科交叉在教育领域就备受青睐,但教师教育领域当前面临的挑战在于,非教育领域的专家正依据行政数据来评估教师教育项目,且他们主要将学生在标准化成绩测试中的分数作为衡量有效教师教育的标准。这一做法是由阿恩·邓肯在2016年提出的,然而,它却在教育界遭遇了广泛的反对。尽管联邦政府赋予了各州自主评价教师及教师教育项目的权力,数据分析员仍然深度介入这些评价过程中的增值模型分析,并将分析结果以具有权威性的政策研究报告形式对外发布。

教育工作者持续开展着宝贵的研究工作,为教育政策与实践提供重要指导,然而,这些研究仍然频繁地受到非教育工作者的批评。教育工作者已发出强烈呼吁,要求加强教师教育项目中评价研究能力的培养,并为未来教师从事研究工作打下坚实基础。在这方面,芬兰提供了一个值得学习的范例(National Academies of Sciences, Engineering, and Medicine, 2018)。

在美国,教师这一职业不仅需要继续传授权威知识,还需重新培养自我监督的能力,并提升对教育政策与实践施加影响的能力。

本章编者

玛丽亚·特蕾莎·塔托现为美国亚利桑那州立大学教育领导与创新学院教授,同时兼任美国玛丽·卢·富尔顿教育学院(Mary Lou Fulton Teachers College)西南边境地区比较教育学教授。在此之前,她曾在美国密歇根州立大学(Michigan State University)担任教育学教授一职。此外,她还曾担任过美国比较与国际教育学会(Comparative and International Education Society)会长、英国牛津大学教育学院名誉研究员,并且是美国教育研究协会(American Educational Research Association)的资深会员。塔托博士的研究专长聚焦于教育政策对学校及教师教育系统的影响。

第十四章
英国威尔士职前教师教育的研究方法：目的、案例与反思

阿尔玛·哈里斯,米歇尔·琼斯,
约翰·弗朗,杰里米·格里菲思,
塞西莉亚·汉尼根-戴维斯

摘要:本章探讨英国威尔士职前教师教育的全面改革动力及其影响,概述了其改革的发展历程,以及这一历程所带来的职前教师培训项目的重大变革。同时,本章还详细阐述了基于研究的方法是如何重新构建职前教师教育的结构的,尤其是如何提升了对教师运用研究来指导教学实践的期望。三个关于职前教师教育合作伙伴关系的案例均凸显了以研究为导向的设计的核心地位,并且每个案例都详细阐述了如何将一线教学实践融入教学模式中的方法。本章认为,针对英国威尔士职前教师教育的研究,不仅为提高教师教育供给质量指明了方向,还极大地促进了教师职业朝向以研究为导向的专业化发展。

引言

教师教育正日益被视为提升教育系统绩效的关键因素(Mayer and Mills,2020;Menter,2019)。在全球范围内,政策制定者已将教师教育视作推动系统变革与改进的重要催化剂。因此,国际上针对教师教育的不同模式以及满足学校和学校系统需求所需专业知识的性质展开了广泛讨论(Tatto and Menter,2019)。鉴于一些国家普遍存在的教师数量短缺及教师招聘难题,人们正在重新聚焦提升教师的职前培养质量(Zarra and Zarra,2019)。

在关注教师培养工作的同时,国际上也开始就教育公平与教育机会的问题展开广泛讨论。在这场讨论中,教师职业被视作培养社会正义感与增强社会凝聚力的关键因素(OECD,2017)。有人认为,实现教育向更加公平的方向转变,在很大程度上依赖教育系统中对教师的精心选拔、有效培养及持续发展(Harris and Jones,2020)。尽管人们普遍认同社会经济状况和环境因素会对学生的学习和成就产生直接影响,但教师的专业素养和教学质量依然是学生在校内学习和成就方面最为关键的预测因素(Hattie,2008)。

研究指导实践

现有众多的证据(Schleicher,2012;BERA,2014)揭示了最有效的职前教师教育项目如何提供既严谨又系统的实践经历,同时赋予参与者研究机会和系统反思的空间。此外，有观点认为，要成为一名反思性实践者，就必须培养探究实践的技能，并树立研究意识(Cordingley,2015)。最近一项关于教师参与研究的证据回顾强调了"需要建立一支具备研究素养、能够主动开展研究、擅长在实践中反思，并且能依据现有最可靠证据为教育实践提供指导的师资队伍"(Tripney et al.,2018,p.3)。

总体来说，强有力的实证依据显示，为确保职业实践的有效性，教师与教师教育工作者必须持续参与研究。这种基于研究的实践是英国威尔士当前职前教师教育模式不可或缺的重要部分。从本质上讲，这种整合不仅意味着新任教师在学校的学习时间得以延长，而且还表明专业知识的生产过程受到了更多的重视。例如，可以让新任教师扮演研究人员的角色，并采取以解决问题为导向的实践方式(Mutton et al.,2018)。这并不意味着教师需要"转变"为研究人员，而是强调他们需要在自己的专业发展过程中融入研究元素。

越来越多的职前教师教育项目采用了以研究为导向的模式，其中，英国格拉斯哥大学(Conroy et al.,2013)和英国牛津大学(Burn and Mutton,2015;Furlong,2015)所提供的一线教学实践项目尤为引人注目。这些开拓性的工作为英国威尔士的职前教师教育改革提供了指导，并为借鉴一线实践模式以指导研究开辟了真正的可能性。尽管这种方法也伴随着挑战或潜在问题，但正如英国格拉斯哥大学和英国牛津大学的项目所展示的，参与研究能够为教师的教学实践提供指引，进而提升其教学水平。

在其他国家，一线教学实践方法在教师教育领域已被证实是成效显著的，尤其是那些全面推广此方法并将其深度融入教师教育体系的国家(Conroy et al.,2013;McLean Davies,2015)。有人认为，为新任教师提供持续的支持，以帮助他们构建基于研究的判断力，并提升对研究知识的应用能力，对其职前培养而言至关重要(Mayer and Reid,2016)。

Darling-Hammond 和 Bransford(2005)强调了"以研究为指导的反思型实践者"的特征，指出教师不仅需要简单地运用特定的教学技巧，更需具备从教学角度深入思考的能力。他们应通过分析教学困境进行逻辑推理，调查存在的问题，并深入分析学生的学习状况，以便为不同学习者群体开发出合适的课程(p.392)。

在英国威尔士,"研究指导"方法的发展成了构建众多新伙伴关系的基本要素,这些伙伴关系重新定义了职前教师教育的格局。因此,本章深入探讨英国威尔士职前教师教育的重大变革,并着重指出教师职前培养方式所经历的根本性转变。本章内容共分为三个部分。第一部分概述英国威尔士职前教师教育改革的背景,以及政策发展过程中各个阶段如何改变全国职前教师教育的性质、内容和教学方法。第二部分概述如何在职前教师教育课程中融入研究指导方法,并阐述在英国威尔士职前教师教育中,一线教学实践模式的具体运作方式。第三部分深刻反思职前培养项目中研究与探究的重要性,并强调指出,研究与探究应当成为教师职业生涯中长期专业成长与学习不可或缺的关键组成部分。

政策背景

在英国威尔士,职前教师教育的制度改革与完善在整体教育改革中发挥了核心作用。《英国威尔士的教育:我们的国家使命》(*Education in Wales: Our National Mission*)着重指出了"发展高质量教育专业"的重要性,并同时强调了通过卓越的职前教师教育以及加大对终身专业学习的投入来培育一支高素质师资队伍的必要性(Welsh Government,2017b)。这一关键政策体现了英国威尔士政府对教师职业的期望,即期望教师能够"积极参与研究、见多识广、追求卓越"(Welsh Government,2017b,p.11)。

英国威尔士的职前教师教育改革伴随着重大的课程变化,这些变化现在是改革格局的主导部分(Donaldson,2015)。这一重大的课程改革要求教师不仅在自己的学习过程中,而且在教育学生的过程中,都必须展现出创新性、创造性、适应性和灵活性。新课程对英国威尔士新任教师的影响十分显著。英国威尔士政府期望新任教师能够积极参与、支持并开发新的课程和教学法知识,同时在构成新英国威尔士课程结构的六大学习和经验领域(Areas of Learning and Experience,AoLE)中作出有意义的贡献。接下来,我们将概述在快速变化的政策背景下,英国威尔士职前教师教育改革的时间脉络。

2012年9月,英国威尔士教育和技能部部长宣布将对英国威尔士职前教师培训的质量与一致性展开评议,其主要目的在于提升威尔士学校的整体标准。此次评议

由拉尔夫·特伯勒(Ralph Tabberer)教授负责领导,他在评议报告中总结道:

当前英国威尔士的职前教师教育质量虽可接受,但仍具备进一步提升的空间。这一评价不仅基于英国威尔士教育和培训督察局(Estyn)的调研结果,而且在很大程度上也得到了教师教育提供者、政府官员及主要利益相关者的广泛认同。(Estyn,2013,p.36)

英国威尔士教育和培训督察局的首席督察员同样表达了这一观点,他指出:

我们目前尚未招募到足够数量且具备最优资格的师范生,与此同时,我们还需要确保为这些师范生提供质量统一、高水平的职前教师教育和培训,以保障他们在教学生涯中能够顺利开启并取得最佳成效。(Estyn,2013,p.41)

除了上述批评之外,经济合作与发展组织在2014年也指出,教师教育领域仍有待进一步改善。经济合作与发展组织认为,当前亟需吸引更多优秀人才投身教育事业,并提升教师教育培训的质量,以此来增强教师教育行业对潜在教师候选人的吸引力(OECD,2014)。

特伯勒建议英国威尔士政府任命一名专家顾问,该职位随后于2014年由约翰·弗朗担任。弗朗在其发表的报告《未来教育的教师》(*Teaching Tomorrow's Teachers*)(Furlong 2015)中,指出了英国威尔士现行教师教育模式的不足之处,并提出了一种基于伙伴关系和协作的研究指导新理念。该报告充分借鉴了过去30多年间的教育研究成果(例如 Furlong,2013;Furlong et al.,1988,2000)。

弗朗的这一具有开创性的报告提议对英国威尔士的职前教师教育系统进行全面改革,建议设立新的认证体系,并主张在高等学校与中小学之间构建新的合作伙伴关系,以确保职前教师教育课程和项目的质量。弗朗还建议改进职前教师教育的评议方法,大力加强教育研究并增加投资,以支持职前教师教育的供给。2015年,时任英国威尔士教育与技能部部长休·刘易斯(Huw Lewis)完全采纳了这些建议。他指出,《未来教育的教师》报告提出了一系列旨在改革英国威尔士职前教师教育培训的方案,而英国威尔士政府正在制定的相关措施将确保这些建议能够转化为切实有效的行动,从而培养出未来一流的合格教师从业者(Lewis,2015)。

2016年,英国威尔士政府组建了一个由弗朗担任主席的"特别任务工作组",旨在制定职前教师教育的新认证制度。新的认证标准直接借鉴了弗朗之前的研究成果，将有效的专业学习定义为多种不同形式教育知识的综合应用，并强调未来所有职前教师教育项目都应兼具严格的实践性和高度的智力挑战性（Welsh Government,2017a）。新标准的宗旨在于明确如何在教育教学实践中实现既定目标。经过正式的协商流程，该新标准于 2017 年得以发布。此后，新的法规强制规定教师必须进行资格认证，并促成了英国威尔士教育从业者委员会（Education Workforce Council, EWC）内部成立了教师教育认证委员会（Teacher Education Accreditation Board, TEAB）。弗朗被委任为教师教育认证委员会的首任主席。

在 2017—2018 学年，所有有意在未来提供职前教师教育的高等学校及其合作学校，均须向教师教育认证委员会提交申请，并详尽阐述其修订后的课程如何达到新标准的要求。经过审评，包括现场访问以及与教职员工的面谈后，教师教育认证委员会对当年申请认证的 6 所威尔士高等学校中的 4 所合作学校，给予了有条件的认证。2019 年，教师教育认证委员会再次回访了这些合作学校，以确认它们是否符合既定的条件。同时，委员会也对第一轮未成功获得认证的合作学校所提出的请求进行了重新评估，并接受了它们的再次认证申请。

教师教育认证委员会认证了由 6 个职前教师教育合作学校于 2019 年 9 月推出的 11 门课程，并在一年后再次认证了另外两门新推出的课程。总体而言，这些合作学校涵盖了英国威尔士各地 80 多所主要学校，并且与数百所其他学校建立了联系网络。为了达到新的认证标准，学校必须获取所需的资源和开展相应的培训，确保将参与职前教师教育纳入其"核心"职责之中。与此同时，高等学校应当发挥引领作用，传授那些在学校中不常教授的知识，比如研究、理论和实践相关的课程。为了提供此类基于研究的支持，高等学校必须构建合理的人员架构，制定教师发展政策，并在所有"一线"职前教师教育人员中培育一种"学术文化"。

《未来教育的教师》还建议对英国威尔士教育和培训督察局的审评框架进行评估，以确保该框架能够支撑起新的职前教师教育理念和新的伙伴关系模式。2019 年春季，英国威尔士教育和培训督察局颁布了更新的职前教师教育评议指南，该指南将认证标准与《教学和领导专业标准》（*Professional Standards for Teaching and Leadership*）的要求融合为一个统一的框架（Welsh Government,2017b）。在所有审评领域中,新的指南均体现了认证标准的核心要素,并倡导采用统一的语言和理念来强化和支持关键概念的实施。

因此,英国威尔士当前的职前教师教育模式是以稳固的伙伴关系模式为基础的,该模式"在理论与实践之间建立了紧密的联系,力求帮助学生理解并探索教育理论与课堂实践之间的关联"(Furlong,2015,p.8)。

当前,英国威尔士的职前教师教育兼具广泛性与包容性,目的在于培养教师所需的技能、知识和素养,以便他们能够引领教育改革(Furlong,2015,p.38)。《教学和领导专业标准》进一步强调,英国威尔士的教师应展现出专业知识、教学技能以及理解能力,并通过反思和保持开放的心态来应对挑战,以此促进自身的专业发展,并不断优化教学方法(Welsh Government,2018b,p.9)。

现今,英国威尔士的职前教师教育聚焦理论与实践的结合,并高度重视研究素养及研究指导教学。英国威尔士新推出的职前教师教育课程,通过鼓励教师参与研究和接受研究指导的教学,来助力其早期专业发展,但并不仅限于此种方式。接下来的部分将概述三个合作伙伴关系的案例,具体阐述研究指导教学在实际操作中的应用情况。

英国威尔士的研究指导教师教育

在国际教师教育格局发生深刻变革的背景下,人们对职前教师教育项目的兴趣日益浓厚。这些项目为职前教师提供了将"研究指导"融入"一线教学实践"的宝贵机会(Burn and Mutton,2015)。Darling-Hammond 与 Bransford(2005)在其研究中指出,相较于那些仅由一系列相对独立的课程简单拼凑而成的项目,那些秉持统一的教学与学习理念,并将课程与教学实践相关策略进行有效整合的教师教育项目,对未来教师的初步教育观念及其教学实践能够产生更为深远和持久的影响(p.392)。

目前英国威尔士的职前教师教育致力于培养能够积极参与研究的教师,这些教师不仅能够投身有意义的研究过程,还能够设计出恰当的教学方法并付诸实践,同时,他们还能够对研究过程和结果进行批判性反思。如前文所述,当前英国威尔士教师队伍中的研究能力建设和研究素养提升已成为职前教师教育的核心组成部分。然而,评价其成功与否的标准将取决于教师如何为承担研究型角色做好准备,以及他们在整个职业生涯中所获得的支持力度。

以下是从英国威尔士选取的三个不同职前教师教育合作项目的简要示例,它们解释了研究指导方法在职前教师教育中的具体应用,并阐明了其发挥的作用。显然,无论采用何种新方法,在实施以研究为基础的教学方法时都会面临固有的挑战和困难。尽管我们已经充分意识到了这些挑战与困难,但接下来的讨论将主要聚焦三种不同的合作伙伴关系是如何成功地将"研究指导"方法融入英国威尔士职前教师教育体系之中的。

这些例子是关于职前教师教育的合作项目,其中两个源自英国南威尔士地区(分别是英国卡迪夫的职前教师教育合作项目与英国斯旺西大学的职前教师教育合作项目),另一个则来自英国北威尔士地区(即 CaBan 学校合作项目)。这三个职前教师教育合作项目都采用了"一线教学实践"的方法,旨在培养师范生具备社会所期望的研究知识和研究素养。在教育领域,一线教学实践方法明确地将重点放在教师研究能力的提升上,是为了使教师具备独立开展研究的能力,并能根据自己在课堂中遇到的实际情况来评估他人的研究成果。

英国卡迪夫的职前教师教育合作项目于 2019 年 9 月正式启动。该项目由英国卡迪夫城市大学及其附属学校主导,并与英国牛津大学、英国卡迪夫大学、中南联盟(Central South Consortium,CSC)、教育成就服务组织(Education Achievement Service,EAS)、区域教育工作组(Education through Regional Working,ERW)以及英国卡迪夫理事会携手合作。该合作项目旨在通过严格的实践训练和高质量且具有挑战性的专业教育,确保师范生能够达到并超越合格教师资格的专业标准。

在这一合作项目中,职前教师教育项目包含了一个被称为教学实践的实习环节。在英国卡迪夫合作项目中,一线教学实践是所有职前教师教育项目的核心环节,旨在帮助师范生发展实践教学技能,并验证和完善他们关于教学与学习的个人理论。一线教学实践方法是由我们与主要合作学校/联盟(Lead Partnership Schools/Alliances,LPS/A)联合设计的,这些方法的制定参考了 Burn 和 Mutton(2013)所概述的研究指导原则。主要合作学校/联盟的重点主要聚焦学校主导的培训、教学知识的深化、基于学校的研究项目设置以及一线教学实践的强化。相比之下,一线教学实践学校则更侧重于循证教学策略的实施,并专注于评价这些策略对学生产生的实际影响。

在一年制的教师专业研究生证书课程中,师范生可以在两种类型的学校进行实践——主要合作学校(或联盟)以及一线教学实践学校。这两个实践阶段分别被命名为"基础教学实践"和"深化教学实践"。在一线教学实践中,师范生承载着创新的使命,他们需要参考并评估研究证据,以此为依据来优化自己的教学实践,并最终借助团队协作的力量来实现教育目标。无论是在大学还是中小学,这些专业期望都是职前教师教育项目在学校合作框架中不可或缺的要素。

从本质上来说,英国卡迪夫的学校合作项目模式将一线教学实践与多种不同活动相结合,这些活动对师范生的专业发展大有裨益。从广义上而言,这些活动涵盖了独立教学、团队教学、研究探索、由主要合作学校或联盟所主导的培训与规划、准备与评价时段等多个方面。这些活动通常在学年结束时举行,为学生提供机会去参与并探索他们感兴趣但尚未被纳入正式课程的领域。师范生在学习初期的进步速度呈现多样性,处于一线教学实践的初始阶段,他们享有学习空间上的灵活性,这有助于他们顺利适应新的专业环境。在此过程中,他们得到了来自学校导师、研究导师、大学学科导师以及大学个人导师的全方位支持。教师专业研究生证书课程的核心是在全学年分布的 15 个由学校主导的培训日,其间每组师范生人数上限为 30 名,他们将在同一所学校接受培训。学校主导的培训日重点聚焦唐纳森提出的 12 项教学原则(Donaldson 2015),并由英国威尔士东南部在教育和专业发展方面表现卓越的中小学负责实施。一线教学实践模式的成功,在很大程度上取决于各利益相关者的协同组织以及他们共同的责任感。

下一个案例是英国斯旺西大学的学校合作项目(Swansea University Schools Partnership,SUSP)。该项目设立于 2020 年,专门开发了一项职前教师教育课程,该课程以一线教学实践为导向,融入了研究指导的教学方法。该项目的研究指导模式使师范生能够迅速诊断教学问题,批判性地评估现有证据,并利用经过验证的教学策略来找到最合适的解决方案。英国斯旺西大学学校合作项目中的教师专业研究生证书课程,主要强调教师探究以及"反思与行动",并将这两者视为培养教师批判性思维和自我评价能力的基石,同时也是教师专业学习旅程中不可或缺的组成部分(Schön,2010,p. 3)。

英国斯旺西大学学校合作项目的核心目标是培养具备研究和反思能力的高素质教师,旨在为英国威尔士的学校和教育系统的改进贡献力量。参加英国斯旺西大学学校合作项目的师范生,通过对课程、教学法和评价的结构化调查,能够接触到研究证据,并获得支持来发展自己的研究素养。从项目实施的第一天起,这些师范生就投身于以研究为导向的实践活动,并将其作为评价工作的一部分。同时,他们还能获得研究支持,以提升自身的研究素养技能,进而学会根据一线教学实践的方法来评估不同形式的证据。

英国斯旺西大学学校合作项目的一个独特且重要的特点是,大学指定学科的学术顾问直接与中小学及师范生展开合作。师范生能够接受中小学和大学学科专家的指导,深化学科知识,发展有效的教学实践,并有机会在专门的学科研讨会或学校高级讲习班上与学科学术顾问进行一对一交流。此外,他们还能与大学研究团队合作,了解各自学科领域的前沿研究。

最后一个案例是英国北威尔士的 CaBan 学校合作项目,该项目自 2019 年起实施,覆盖了该地区的六个地方政府辖区。此次合作涉及英国班戈大学与英国切斯特大学(University of Chester)之间的合作伙伴关系,通过两校在职前教师教育领域的协作,共同提升双方的学术与专业知识水平。CaBan 学校合作项目还囊括了英国北威尔士地区的学校改善服务机构、该地区内的优秀学校以及多家研究机构。得益于英国北威尔士这种独特的合作模式,英国班戈大学与英国切斯特大学展开了紧密的合作,并共同为项目的设计与实施方法做出了重要贡献。

CaBan 学校合作项目表明,英国威尔士新职前教师教育项目认证标准成功实施的一个关键要素在于采纳了"一线教学实践"模式的概念,并强调了学校与教育机构在共同培育自信、有能力且充满奉献精神的新合格教师方面所发挥的重要作用(Welsh Government,2018)。因此,CaBan 学校合作项目是以基于探究的专业学习理念(Cordingley,2015;Darling-Hammond,2017)和基于课堂的学员探究模式(Cochran-Smith and Lytle,2009;Campbell and Groundwater-Smith,2009)为基础。该项目秉持的愿景是,未来的教师应成为"教学方法的学者",并持续参与对研究证据的探讨与分析(Furlong,2015)。

为了实现其愿景,CaBan 学校合作项目需对导师的角色进行重新定义。如今,在 CaBan 学校合作项目中,导师制被看作是一个双向互动的过程。在这一过程中,导师通过协作、对话、观察以及批判性反思和探究等方式,引导师范生掌握反思性的学习方法(CaBan,2020)。这种导师制的关键特征被视为师范生学习基本驱动力,有助于培养师范生的专业自主性和认同感(Harrison et al. ,2005)。导师精通反馈式的对话模式,这不仅使师范生能够通过对自身教学的研究来学习(Jones et al. ,2018),还帮助导师了解师范生的看法,从而更好地支持他们。

据弗朗所述,CaBan 学校合作项目倡导一种质疑性的教学法,旨在激励并支持师范生对当前教学方法进行批判,并勇于尝试新方法(Furlong,2015)。在 CaBan 学校合作项目的指导之下,师范生主要采用的专业学习方法有观摩优质教学(Gore and Bowe,2015),进行课程学习(Lewis,2000),以及开展专业探究(Cochran-Smith and Lytle,2009;Campbell and Groundwater Smith,2010)。这三种方法已被广泛证实为教师研究的高效途径。例如,教学观摩作为一种有效的专业学习模式(Gore et al. ,2015),允许新手教师透过诸如教学核心(City et al. ,2009)等关键视角,观察并学习专家的教学实践。这一过程中,新手教师能够培养起对自己正在逐步形成的教师角色的深刻认识(Mockler,2011)。

CaBan 学校合作项目的愿景广泛涵盖了基于证据的专业学习理念,它致力于将教学提升为一项融合道德追求与理智探索的崇高事业,而非仅仅将其视为一系列需要掌握的专门技能(Ponte,2010)。因此,通过集中的课堂探究所获得的认识,旨在协助师范生将研究成果转化为教学实践,并培养他们形成解决问题的导向性思维(Burn and Mutton,2015;Darling-Hammond,2017)。通过探究过程,人们期望师范生能够解析并理解特定学生的个性化需求,进而制定和实施具体的教学行动,同时评估这些行动的效果。

CaBan 学校合作项目认为,教学学习并不会在职前教师教育课程结束后就终止(Berliner,2004;Darling-Hammond,2017;Welsh Government,2017)。新任教师需要在完成职前培训阶段后,继续参与有指导的教学实践研究,以应对教育领域的新发展趋势,并探索创新的教学方法。在成功的职前教师教育基础上,CaBan 学校合作项目将继续支持教师职业生涯中的专业学习和以教师为主导的研究。这对于英国威尔士地区而言至关重要，因为它不仅能够满足新课程的要求，还能有效应对后疫情时代的教学挑战。

总结

上述三个职前教师教育合作案例清晰地表明，提升教学专业中的研究能力以及培养研究素养，构成了英国威尔士职前教师教育供给的重要理由或核心目标。正如本章所强调的，尽管研究指导的职前教师教育方法面临诸多挑战，但三个职前教师教育合作案例均全力以赴地致力于培养教师，确保他们在职业生涯伊始就能掌握研究方法，并善于利用证据来指导教学实践。教师如何为自己的角色做好充分准备，以及他们在整个职业生涯中能够获得何种程度的支持，是衡量这一研究指导方法实际效果的关键性、长期性和实践性的检验标准。弗朗已明确指出这一点：

要获得最高质量的职前教师教育，需要大学提供坚实且以研究为导向的课程；需要一个在所有关键课程领域都勇于担当、发挥引领作用的学校系统；同时，必须确保大学和中小学校之间的各个要素能够紧密且周详地结合起来。（Furlong, 2015, p. 8）

本章着重强调的职前教师教育课程的核心目标，在于培育一批兼具研究素养与积极研究实践的新型教师，从而在学校内部营造出一种以研究为导向的文化氛围。然而，也有人对这种方法提出批评，认为在教学中完全采用研究导向是不切实际的。例如，Wiliam（2019）指出，课堂环境极为复杂，研究往往难以为教师提供具体的行动指南。当然，这并不意味着教师应忽视研究，相反，他们需要了解研究，以便更明智地规划自己的教学实践和时间分配。然而，教师和学校领导应当成为研究的重要应用者——在相关研究证据既可用又相关的情况下积极采纳，但同时也要清醒地认识到，教师在做出决策时，往往不得不面对缺乏直接研究证据支持的困境。此外，他们还需意识到，现有的研究成果有时可能并不完全适用于特定的教育情境，因此，教师职业并不能总是完全依赖研究来指导实践。

这一论点极具说服力，它凸显了让所有教师，尤其是新任教师，参与研究所面临的复杂性和挑战性。然而，需要明确的是，英国威尔士提供职前教师教育的主要目的并非将教师培养成为专职研究人员，而是如同其他职业一样，旨在使教师能够广泛且理性地运用研究成果，以指导他们的教学实践。Stenhouse(1978)指出，研究是"一种公开且系统的探究活动"，而教师的探究或研究活动，与任何其他学术或专业领域的探究或研究活动一样，享有同等的合法性和重要性。

自那时起，研究者倾注了大量精力，旨在确保教师和教学能够以探究为基础、以研究为指导。然而，这些方法的成功度和影响力却各不相同，原因在于教师对于探索或探究的观点、模式及解读存在差异。这种差异常常令教师感到困惑，并可能引导他们走上徒劳的探索之路(Harris and Jones,2020)。

因此，在职前教师教育中构建一个明确的、以研究为指导的实践模式，对于解决以下两大问题至关重要，一是解决教师职业在研究与探究的解释和实践方面存在的差异；二是应对这一行动所带来的结果和影响的多样性。

人们期望在英国威尔士的职前教师教育中，构建一个坚实的研究导向基础，并在此基础上，为整个教师职业生涯确立一套连贯的教师研究与探究方法。当这种以研究指导实践的理念融入职前教育及持续专业发展之中时，已有证据表明，它展现出显著的有效性，有产生深远的影响以及形成推动改进的强大能力(Mayer et al.，2017)。

现有充分的证据表明，英国威尔士的职前教师教育正在采纳以研究为导向的方法来培育未来的教师。尽管以研究为指导的方法在职前教师教育中确实具有复杂性和挑战性，但经验证据显示，该方法不仅在实践中切实可行，而且能够有效培养出具备思考力、反思能力和研究素养的教师。英国威尔士的职前教师教育合作项目可能仍处于起步阶段，但以研究为指导的方法已展现出了巨大的潜力，并且随着时间推移，有望带来深远的变革。

本章编者

阿尔玛·哈里斯曾在英国华威大学、英国伦敦大学学院、马来西亚马来亚大学、英国巴斯大学以及英国斯旺西大学担任教授职务。她在教育领导力、教育政策、教师教育与学校改进领域的研究和著作在国际上享有盛誉。自 2016 年起,哈里斯一直担任英国苏格兰首席部长及副首席部长的国际顾问。此外,她还曾担任国际学校效能与学校改进学会(International Congress of School Effectiveness and Improvement, ICSEI)的主席。

米歇尔·琼斯是英国斯旺西大学教育学院院长及领导与专业学习系的副教授。她在专业学习、专业学习社群、教师教育与领导力领域享有国际声誉。琼斯长期担任英国威尔士政府专业学习认证小组的主席,为英国威尔士的教育发展做出了杰出贡献。此外,她还是新国家硕士教育项目(英国威尔士)的学术引领者。

约翰·弗朗是英国牛津大学的名誉教授及前教育系主任。他的研究主要聚焦于职前教师教育、教育研究政策以及这两者之间的关联。他撰写并发表了大量文章,深入探讨了教师教育政策和实践的多个方面。2014 年,约翰·弗朗被英国威尔士政府任命为职前教师教育顾问。2017 年,约翰·弗朗成为英国威尔士教育委员会职前教师教育认证委员会的首任主席。

杰里米·格里菲思是英国班戈大学职前教师教育的执行主任,拥有在中小学、地方政府及大学教育部门长达 35 年的工作经验。他不仅是英国国家教育领导研究院(National Academy for Educational Leadership)的副研究员,还是英国特许管理公会(Chartered Management Institute)的资深会员。格里菲思积极参与了构建学习型学校战略及国家教学与领导专业标准的制定工作,并且为英国威尔士 2022 年新国家课程的开发做出了重要贡献。

塞西莉亚·汉尼根-戴维斯出生于爱尔兰,拥有超过三十年的学术研究经历。目前,她担任英国卡迪夫城市大学卡迪夫教育与社会政策学院的副院长一职。汉尼根-戴维斯的教育背景丰富,她先后在爱尔兰都柏林圣帕特里克学院获得学士学位,在英国贝尔法斯特女王大学取得计算机科学硕士学位,并最终在英国阿尔斯特大学获得了计算机科学博士学位。她的研究成果显著,已在国际期刊和学术会议论文集上发表多篇关于技术在学习中的应用与促进的文章。

第十五章
教师教育政策:未来研究、超多元化背景下的教学与早期职业教学

黛安娜·迈耶,葛文林,妮科尔·莫克勒

摘要：本书是全球教师教育联盟的首部集体力作，各章节分别由来自澳大利亚、比利时、加拿大、英国英格兰、芬兰、中国香港、荷兰、新西兰、英国北爱尔兰、葡萄牙、英国苏格兰、美国及英国威尔士的杰出教师教育研究专家精心撰写。在全球范围内，教师教育正被提升为一个需要国家或地区层面提供解决方案并实施大规模改革的政策议题。在此背景下，全球教师教育联盟致力于研究各国及地区内部，以及跨国及跨地区间教师教育政策的影响，并探讨这些政策与教师教育研究之间存在的联系与脱节现象。在本书中，作者深入剖析了 13 个国家或地区当前的政策环境及教师教育研究现状。作为总结章节，本章概括并分析这些国家或地区所面临的问题、挑战与机遇，同时探讨未来教师教育研究的政策导向、研究潜力与新机遇，并就如何在高度多元化的社会背景下促进教育公平、加强教师培养以及助力新入职教师的职业发展提出见解。

引言

本书中，来自澳大利亚、比利时、加拿大、英国英格兰、芬兰、中国香港、荷兰、新西兰、英国北爱尔兰、葡萄牙、英国苏格兰、美国及英国威尔士的顶尖教师教育研究人员，深入探究了他们各自地区在教师教育政策与研究领域的现状。在世界上的众多地区，教师教育被视为一个政策议题，众多国家或地区已经推出了大规模的改革举措来应对并改善这一领域的问题（Cochran-Smith et al.，2018；Furlong，2013；Furlong et al.，2009）。这通常伴随着更复杂且更严格的问责制和管理制度的引入。在这样受到严格监管的环境中，尽管目前几乎没有确凿证据表明教师教育的具体有效性，但政府和资助机构仍目标明确，正以系统化的方式构建所需的教师教育研究框架。例如，政府鼓励教师教育研究人员依据政府的优先事项以及相关的研究资助机会，去探索教师教育项目的影响与成效。这些优先事项和资助机会通常会列出首选的有效性评估指标，这些指标普遍涵盖毕业教师的就业率、新任教师的离职与留任比率，以及那些据称直接受到教师素质影响的学生学业成绩水平等。

全球教师教育联盟认为，必须采取一种更加全面的视角来理解各类教师教育政策及其实践所带来的后果，且应重点关注这些政策与实践对整个教育系统产生的广泛影响，这涵盖教师与教学、教师教育工作者的发展、学校及其所在社区、学生的学

第十五章　教师教育政策：未来研究、超多元化背景下的教学与早期职业教学

习成效，以及教育体系的整体运作。我们认为，将教师教育视为一个复杂的系统（Cochran-Smith et al., 2014），将有助于我们更深入地理解教师教育政策的影响。这些政策不仅塑造和重塑了教师教育的结构与内容，而且最终对教师的职业发展产生了深远的影响。这样一项国际性的研究工作能够全面剖析各类教师教育政策的影响，并为未来的政策制定与实践提供宝贵的参考信息。

本书各章节深入分析了澳大利亚、比利时、加拿大、英国英格兰、芬兰、中国香港、荷兰、新西兰、英国北爱尔兰、葡萄牙、英国苏格兰、美国及英国威尔士的教师教育政策及其相关研究，为本项研究构筑了坚实的基础。作为全书总结，本章概述各国或地区所面临的主要问题、机遇与挑战，并探讨未来教师教育研究的政策导向、研究潜力与机会，以及在高度多元化环境中如何促进教育公平、加强教师培养以及助力新入职教师的职业发展。

13 个国家或地区的教师教育政策

在这 13 个国家或地区中，教师教育政策存在显著的相似之处。尽管这些国家或地区在推动教师教育改革方面大多有着深厚的政治意愿，但同样值得注意的是，许多教师教育工作者通过他们的研究、能动性、合作以及实践，也展现出了强大且富有影响力的领导力。以下是对这些国家或地区所面临的问题、机遇和挑战的简要叙述与讨论。当前，教师教育正日益成为关注的焦点，相关政策不仅在塑造教师职业形象方面，还在推动教师教育专业的不断发展与专业化方面产生影响。

教师教育成为焦点

关于教师教育的全球讨论在众多政策中均显而易见，这些讨论有时也被提出作为本地化的解决方案。然而，将教师教育简单地定位为"一个亟待解决的问题"这一论调，显然存在缺陷。这种论调源自对国际评估结果的忧虑，同时也源于部分研究（有时更确切地说是委托进行的评估）以及公众和媒体对教师教育价值的低估与质疑。持续的政府委托评议也强化了这种论点，并将其中提出的建议视为亟需解决的问题之紧急应对方案（例如，辛普森等人在本书中的相关论述）。这为政府干预教育提供了背景，这些干预通常伴随着在新自由主义改革框架下的大规模改革。这些改革的主要目标是强化问责制、提高教育标准以及优化绩效管理。许多教育政策受到

问责制话语的主导,这突显了建立更多、更严格机制以提升"教育标准"的必要性(Cochran-Smith et al.,2018)。

有时,这些政策会引发政策环境的混乱,导致政策信息变得相互矛盾且错综复杂(例如,马顿等人在本书中的相关论述)。举例来说,一方面,针对教师教育中存在的问题,有人提出了加强监管和增强问责力度的解决方案。另一方面,由于职业生涯初期的教师流失严重,且选择投身这一职业的人数持续减少,实际及预期的教师短缺问题已成为政策制定的出发点。然而,这些政策在实际操作中却绕过了更严格的监管和问责制,转而采取了如提供进入教师职业的替代途径等措施。此外,在社会环境因素复杂性占据主导地位的情境下,教师教育政策的制定与实施同样展现出一定的复杂性,这种复杂性在诸多论述中均有所体现(例如,邓怡勋和郑美红,以及克拉克和麦克弗林等在本书中的相关论述)。

构建教学专业

这些政策和改革往往与教师角色的规范性界定紧密相关,且倾向于运用狭隘的评估标准来衡量教学质量及教师教育质量,这些标准主要体现在表现性话语体系之中。例如,本书第三章的作者埃利纳·瓦纳什等指出,当前比利时佛兰德大区的教师教育政策已经构建了一套特定的教师专业化话语体系。在这一体系中,专业化被视为教师个人获取、持有并展现的一种素养。专业化不仅涵盖了对"何为有效的教学策略"的理解与实践,而且其成效可以通过评价和检查来进行量化评估。关于教师角色及其成长路径的规范性讨论,常常深受技术主义倾向和"有效性"导向方法的影响,这种影响有可能导致对教师工作复杂性的过度简化(例如,瓦纳什和梅杰在本书中的相关论述)。专业标准的制定并不总是以相关研究为依据,而更多地是受到与政策制定意识形态相契合的考量的影响。当研究聚焦于阐述新教师应具备的知识与技能时,往往会采用"何为有效"的教育研究框架(Biesta,2007)。这些做法在一定程度上导致了教师工作的去知识化现象(例如,费伦等在本书中的相关论述)。教学专业正逐渐被构建为表现性话语的一部分。在澳大利亚和美国,所有即将毕业的教师需要接受教学表现性评价,这一评价通常依据他们能否在最终的学校实习中展示出符合毕业教师标准的能力(例如,辛普森等在本书中的相关论述)。

所有这些都引发了一系列问题,关于教师的专业化和能动性,以及他们如何在

第十五章　教师教育政策：未来研究、超多元化背景下的教学与早期职业教学

超多元化背景下满足学生的特定学习需求。在某些情况下，硕士课程的学习内容包含了探究或研究部分（例如，托姆和胡苏等在本书中的相关论述）。当然，更广泛的共识呼吁教师应具备研究素养，以便能够评估公开可用的研究对其教学实践的价值，并且要求他们有能力亲自开展研究，以探索和改进课堂教学方法（British Educational Research Association,2014）。这两种方法共同塑造了一种专业化模式，该模式融合了理性的专业判断与力求促进学生学习的教学决策。然而，在本书各章节所分析的政策中，并未广泛显现出对这种重点的强调。哈里斯等人在本书中指出，在英国威尔士，以研究为导向的教师教育方法不仅提升了教学质量，还极大地促进了教师职业向研究导向型发展。

构建教师教育专业化

实例表明，教师教育工作者在应对和试图影响社会政治干预、引领教育变革方面扮演着举足轻重的角色（例如，辛普森等，费伦和莫里斯，以及埃尔等在本书中的相关论述），并且他们与政府及教育体系紧密合作，共同推动这些变革（例如，哈里斯等在本书中的相关论述）。然而，日益严格的监管和问责制度正挑战着教师教育工作者的学术自主权，同时也反映出人们对教师教育工作者能否承担起确保教师教育项目质量责任的怀疑与不信任。

在一些国家或地区，高质量的教师教育被定义为更加贴近教学实践的教育形式（即所谓的"实践转向"）（Zeichner,2012）。在极端情况下，这种教师教育完全由学校主导或在学校内部实施（例如，马顿等在本书中的相关论述），而关于"实施地点"的议题成了两极分化政策辩论的焦点。在另一些国家或地区，所谓的"大学转向"趋势开始显现，这涉及硕士层次的学习及探究（例如，托姆和胡苏，以及肯尼迪等在本书中的相关论述），并涵盖了多种形式的探索与研究（例如，弗洛里斯等在本书中的相关论述）。本书第八章的作者梅杰强调，投资对于高质量的教师教育项目来说至关重要，而不应仅仅着眼于如何让人们快速、轻松地成为教师，因为那充其量只是一个短期解决方案。本书第十章的作者克拉克和麦克弗林特别指出，在当前这个特殊时期，对教师教育实践进行仓促修改可能会留下潜在的严重问题。

因此，本书中的章节揭示了教师教育长期以来如何经受政府审评，并持续受到政策层面的高度关注。日益严格的问责制通常被视为解决教师教育问题的关键所

在，其中多个章节均强调了教师教育是如何被工具主义思维以及一种普遍观念所主导，该观念认为教师教育的主要目标在于服务于经济需求（例如，费伦和莫里斯等在本书中的相关论述）。这些政策和改革通常与教师角色相关的规范性论述，以及局限于教学质量和教师教育质量衡量标准的狭隘表现性论述紧密相连。然而，确实存在一些政策在努力通过多种途径培养新任教师的研究素养和理性的专业决策能力，旨在将教师塑造成为能够支持每位学生学习、知识渊博的专业人士。同时，也有证据表明，教师教育工作者正积极参与政策辩论，并致力塑造教师教育的专业形象。基于上述各章节的内容及本章小结，我们接下来将探讨教师教育研究的未来可能性与机遇，并讨论如何在超级多元化的背景下促进教育公平、加强教师培养，以及推动新任教师的职业发展。

教师教育研究的未来可能性和机遇、超多元化背景下的教育公平和教师培养及新任教师的职业发展

教师教育研究

关于教师教育研究的综述常常指出，这一领域的发展尚不成熟，规模相对较小，理论支撑不够充分，且存在一定的局限性（Menter et al.，2010；Sleeter，2014）。随后，一种假设逐渐形成，即由于缺乏关于教师教育有效性的充分证据，教师教育可能被默认为无效。一些人指出，教师教育研究往往被误用和误解（Zeichner and Conklin，2017），用以构建失败的叙事，从而为加强教师教育的问责制以及推动重大改革议程提供所谓的正当化理由（Cochran-Smith et al.，2018）。总体而言，正如本书中各章节所呈现的，教师教育研究似乎与教师教育政策并行演进，却鲜少对政策制定产生直接影响，更几乎未被纳入教师教育的问责体系中（例如，迈耶等在本书中的相关论述）。大多数受到关注的研究都局限于探讨"何为有效"的教育这一框架内（Biesta，2007）。

然而，在当前的政策背景下，有两个关键领域亟需未来研究进一步探讨。首先，政策文件及其配套的问责机制中频繁提及的对教师教育有效性的证据要求，不仅为未来的研究指明了恰当的方向，而且有可能同时满足问责制的需求。然而，通过审阅相关文献并深入分析教师教育政策话语，我们发现，在达成既定目标之前，教师教

第十五章　教师教育政策：未来研究、超多元化背景下的教学与早期职业教学

育工作者和政策制定者都需更为深入地审视并界定"有效性"这一概念（Mayer et al.，2017）。此外，正如 Helgetun 和 Menter（2020）所指出的，在当前以"证据为本"的政策背景下，证据往往因社会政治目的而带有意识形态特点，这可能导致在主题选择、研究方法及研究目的上对某些类型的研究给予特别的重视。

迄今为止，政策思考的主要特征大多源自将教师教育视作一个复杂系统的观念。在这个观念框架下，人们试图将教师教育拆解为各个组成部分，并逐一进行分析，以期通过调整这些部分来优化整个系统（即教师教育系统）及其运作机制。然而，事实上，教师教育更加贴近一个复杂系统的本质。正如 Cochran-Smith 等（2014）所指出的，当一个复杂的系统被拆解时，由于各部分之间存在着动态交互，可能会产生一系列意想不到的后果。这种拆解过程往往会导致系统运作的关键方面以及驱动其运作的原始因素被忽视或丢失（p. 107）。当我们把教师教育看作是广泛教育系统中一个错综复杂的构成部分时，必须承认它包含多个相互关联的环节，并深入理解这些环节之间的相互作用。然而，更为关键的是，我们必须认识到，整体的价值远远超出了其各个部分简单相加的总和。倘若仅将教师教育视为"新任教师的提供者"，而忽视了它是更广泛教育体系中不可或缺的组成部分，那么其在整个教育系统中所扮演的角色及产生的影响就很可能会被低估（Ell et al.，2019）。我们需要全面审视基于大学的教师教育对教育系统所产生的多方面影响，进而认识到教师教育的功能远不止于培养新任教师。Ell 等（2019）基于复杂性理论，构建了一个更为精细的概念框架，用以深入理解教师教育的影响。该框架充分意识到了教育系统的整体性，并强调了所有利益相关者需共同努力以改善学生学习成效的重要性（例如，埃尔等在本书中的相关论述）。

这为研究开辟了新的途径，得以探讨教师教育和教师教育工作者如何与教师、校长、其他教师教育机构、学校及其所在社区、政策制定者、监管流程和政策环境，以及教育研究机构进行互动，并深入分析这些互动所产生的具体效果。通过这种方式，教师教育的有效性证据将涵盖对这些元素与教师教育之间内部及跨领域互动的深入调查。这些证据将全面反映教师教育的影响、教师教育工作者对教师及其在学校教学中的作用，以及校长和其他学校领导在学校领导力方面的表现。同时，它们还将探讨学校社区所带来的多方面影响及其所产生的效应。这样的框架不仅能够为探究教师教育工作者的实践、政策、研究及其相关知识体系之间的内在联系提供

证据,而且还将为教师教育工作者开辟新的研究议题,从而能够对教师教育工作进行更为全面的评估。例如,它将有助于我们更精确地理解教师教育中有效的合作项目。

当前政策中普遍存在的证据话语,正深刻影响着哪些数据和信息被接纳为证明教师教育有效性的依据。然而,对于支撑监管和问责机制的线性关系假设,以及界定何种信息能被视为有效证据的假设,其合理性却难以令人信服。如果将教师教育视为更广泛教育系统中的一个组成部分,那么我们可以对证据进行更为有效地解读,进而在教师教育政策与研究之间建立起有益的联系。

超多元化背景下的教育公平与教师培养

毫无疑问,在全球追求"世界一流"教育体系的进程中,高质量教师占据着举足轻重的地位(例如,埃尔、费伦和莫里斯等在本书中的相关论述)。这一观点得到了广泛认可,即高质量教育是建立在拥有高质量教师的基础之上(Akiba and LeTendre,2018;Asia Society,2016;European Commission,2018;OECD,2019)。鉴于人们对招募和培养既符合质量标准又已做好课堂准备的最佳候选人抱有浓厚兴趣,国际上对职前教师教育的密切关注是完全可以理解的(例如,辛普森等在本书中的相关论述)。然而,在快速全球化的当今世界(例如,邓怡动、郑美红和瓦纳什等在本书中的相关论述),种族主义已成为"一个普遍存在的国际问题"(例如,埃尔等在本书中的相关论述)。在此背景下,我们不禁要问,构成优质教师的标准究竟是什么? 在当前社会,学生群体展现出高度的多元化特征(Vertovec,2007),与此同时,经济不公正现象广泛存在,导致众多来自不同文化和语言背景的学生在学业成就和学习机会上持续存在差距。在这样的背景下,培养优质教师以追求教育公平,其重要性何在?

本书的各章节均聚焦探讨不同特定背景下的教师素质议题,以及教师专业化概念的不断演进。每一章都深入剖析了教师应当掌握的知识与技能。这些章节不仅承认并揭示了长期存在却常被忽视的社会不平等现象,而且着重强调了"为日益多元化的社会培养教师"(例如,瓦纳什等在本书中的相关论述)以及"对社会正义的深切关注"(例如,辛普森等在本书中的相关论述)的重要性。这是因为当今的教师群体正面临着由社会经济背景和文化差异日益显著的学生群体,以及数量不断增长的

第十五章　教师教育政策：未来研究、超多元化背景下的教学与早期职业教学

特殊需求学生所带来的挑战（例如，梅杰等在本书中的相关论述）。教学是一项充满道德责任的事业（例如，弗洛里斯等在本书中的相关论述），因为它赋予了教师"关心人、生物及环境"的责任（例如，邓怡勤和郑美红等在本书中的论述），并且教师在"推动社会正义与增强社会凝聚力方面的能力建设"上扮演着至关重要的角色（例如，哈里斯等在本书中的论述）。教师确实肩负着消除（教育）不平等的重大使命。在过去的一年里，国际社会深刻见证了社会严重分裂与不平等所导致的严重后果——长期存在的歧视现象和医疗资源分配不均，导致有色人种死于病毒的人数远高于其人口比例；低薪劳动者因缺乏必要的安全保障而艰难求生。此外，年轻学生群体，特别是来自有色人种家庭的学生及残疾学生，因缺乏互联网接入和适当的教学支持，在远程学习过程中遭遇了学业上的严重滞后。

这些严重的社会不平等现象并非教师的过错，同时，教师也不应被要求独自承担改善这些不平等现象的全部责任。然而，教师们每天都在与社会中最弱势的群体——儿童和青少年进行互动。众多证据表明，教师们在支持弱势学生学习方面尚存在准备不足的情况。经济合作与发展组织在其最近的国际教师教学调查中揭示，来自48个国家或地区/经济体的26万名教师反馈称，他们在"多元文化/多语言环境下的教学以及教授有特殊需求学生"方面需要更多的准备（OECD, 2019, p. 14）。许多研究和报告均达成共识，认为迫切需要培养具备能力且能公平教育多元化学生的教师（Cochran-Smith et al., 2016; Moore and Slee, 2020; OECD, 2010; Public Policy and Management Institute, 2017）。大量文献指出，学校在确保多元化学习者平等获得高质量教师支持方面，以及社会在此方面的支持体系上，均存在不足（Carter and Darling-Hammond, 2016; OECD, 2018; Goodwin, 2020）。

教师素质的提升、教师专业化的推进以及教师教育改革的深化，都应致力于消除种族主义（及其他形式的歧视）、打破服务于特权阶层的社会结构，并终止对穷人和被剥夺权利者的持续压迫与剥削。对于所有从事教师教育工作者而言，一个核心问题在于确定哪些质量指标能够证明教师已经具备了充分准备，可以为那些遭受"边缘化、贬低、隔离和能力否认"境遇的儿童及其家庭发声（Liu and Ball, 2019, p. 71）。公平应当成为教师培养的核心理念，贯穿教师工作的始终，并视为其核心职责之一。然而，实现这一理念面临着诸多挑战，同时它将在教师的知识结构、专业技能以及职业态度上产生深远的影响。

新西兰和英国苏格兰提供了两个以公平和社会正义为核心的教师教育范例。在新西兰,对"殖民化和种族主义对教育系统及社会不平等所造成的影响"的承认,催生了许多变革,其中包括了教师培养方面的改变。在这种情况下,"高质量的教师能够维护《怀唐伊条约》的精神,采用文化上可持续的教学方法,并确保教学不具有种族主义色彩"(例如,埃尔等在本书中的论述)。这并不意味着优质教学的其他方面,如出色的课堂管理或深厚的学科知识会被忽视,而是强调在诸多可能作为优先考虑的"教师素质"指标中,"毛利语和毛利习俗"被置于核心地位(例如,埃尔等在本书中的论述)。英国苏格兰的一个案例揭示了关于优质教师的讨论与疑问,该案例显示,"为适应国家推动教师职业多样化的举措……关于优质教师的讨论与疑问已经得到调整,以便更清晰地聚焦种族教育与反歧视问题,并且这些问题也融入了英国苏格兰教师教育中早已根深蒂固的社会正义叙事的广泛框架之中"(例如,肯尼迪等在本书中的论述)。在本书中,关于新西兰与英国苏格兰的章节深入剖析了"全球宏观叙事是如何与当地的历史、文化及社会背景相互交织,并产生深远影响的"(例如,肯尼迪等在本书中的论述)。同时,这也揭示了尽管各方不懈努力,"众多源自全球视野的职前教师教育话语要素"仍不可避免地渗透并影响着当地教育政策的制定,这些要素"往往被包装成解决地方问题的'灵丹妙药'"(例如,埃尔等在本书中的论述),由此引发了一系列复杂困境与挑战。

因此,在当代全球关于优质教育的讨论中,普遍出现了将优质教师、学校教育与经济健康相提并论的新自由主义纲领。在日益重视市场和货币化的全球背景下,这种趋势引发了教师培养领域的紧张关系(例如,克拉克、麦克弗林、马顿、伯恩、汤普森和蔡尔兹等在本书中的论述)。教师教育正逐渐趋向于更加政治化、规范化和标准化的方向发展(例如,弗洛里斯等在本书中的论述)。然而,一个令人担忧的趋势是,随着"教育和公平问题日益被经济学话语所主导并解决"(例如,费伦和莫里斯等在本书中的论述),公平似乎被生硬地塞入了讨论范畴之中。此外,国际基准评价项目,如国际学生评估项目等,促使政策制定者朝着追求"有效性"的方向迈进,从而进一步加剧了教学的技术化和工具化趋势。教师教育工作者发现自己陷入了一个具有挑战性的境地,他们认识到学习教学是一项复杂、精细且需要理智投入的工作,它要求在研究、理论与实践智慧的交织下进行专门的系统培养(例如,马顿等在本书中的论述)。

第十五章 教师教育政策：未来研究、超多元化背景下的教学与早期职业教学

研究被视为教育工作者展示素质教育成果的一个重要途径，因为"强有力的实证基础表明，教师和教师教育工作者必须在他们的整个职业生涯中持续参与研究，才能成为有效的实践者"（例如，哈里斯等在本书中的论述）。越来越多的人认为，"教师的专业性体现在能够运用应用研究指导的知识来解决问题"（例如，瓦纳什等在本书中的论述），这一观点促使人们更加重视研究工作，并且这种重视通常在教学标准中得以体现。例如，在英国北爱尔兰，教师的角色被界定为"研究人员和改革推动者"（例如，克拉克和麦克弗林等在本书中的论述）。同样地，英国威尔士正致力于"将新手教师培育成研究人员"（例如，哈里斯等在本书中的论述），而中国香港则强调研究是"教师不可或缺的一项能力"（例如，邓怡勋和郑美红等在本书中的论述）。然而，除了"迫切要求提升教师教育项目的标准，以培养未来教师具备研究能力"（例如，塔托等在本书中的论述）之外，对于"将研究整合到职前教师教育项目中"的做法，既存在支持者，也存在批评者（例如，弗洛里斯等在本书中的论述）。此外，"教育工作者所开展的宝贵研究工作"日益受到"非教育工作者的质疑与批评"（例如，塔托等在本书中的论述）。这些非教育工作者将"研究"塑造成为教师教育的"失败叙事"，并将其描绘为"一个充斥着有争议的实证论断、缺乏依据的规范性声明、谩骂与夸张的复杂混合体"（Cochran-Smith et al., 2018, p.21）。

因此，在转向基于证据的教师教育的过程中，我们应当对所谓的"证据"进行批判性地评估。我们需要思考这些证据所涉及的内容、是由谁提供的，以及它们的目的何在。在培养教师的过程中，我们需要寻求在两个核心目标之间的平衡，一是培养能够审慎解读与运用证据、具备扎实研究素养的教师；二是培养那些能够深入探究实践中的关键问题，理解其成果意义，并据此创造新知识的教师。此外，我们还需要关注那些看似备受重视与实则被低估的证据之间的鲜明对比。如前所述，众多证据表明，那些被定义为"多元化"背景的学生往往接受的是质量不达标的教育。同样，也有强有力的研究表明，采用公平和自我发展的教学方法能够显著改善边缘化及少数族裔青年所面临的不良教育实践和结果（Aronson and Laughter, 2016; Carter and Darling-Hammond, 2016; Faltis and Valdés, 2016）。然而，在完成教师培训项目后，新任教师往往展现出更愿意教授与自己背景相似学生的倾向，同时对与自己背景差异较大的学生持有较为负面的态度，并且在平等对待及教育所有学生方面显得准备不够充分（Cochran-Smith et al., 2016; Carter and Darling-Hammond, 2016;

Faltis and Valdés，2016；Goodwin，2020）。在一个"充斥着对有色人种学生的非人性化和种族化偏见观念"的学校环境下（Kohli，2019，p.39），教师教育承载着以公平为核心，在高度多元化背景下培养教师道德责任的重任。我们拥有能够指导这项工作的研究，也具备深入开展这项研究的能力。我们有责任重新认识和提升教师教育的价值。然而，只有当身为教师教育者的我们也将公平置于核心地位时，我们才能确保教师教育的核心同样是公平。

教师早期职业生涯

在探讨教师早期职业生涯的议题时，本书各章节揭示了支撑全球职前教师教育改革两大核心假设的基础，并指出这些假设是教师教育者应当质疑的。第一个假设认为，"课堂准备"是职前教师教育的核心目标与最终归宿。换言之，即期望处于职业生涯初期的教师在完成职前教师教育后，能够全面具备专业教师应有的素质与能力。第二个假设是，与教师短缺问题广泛存在于不同国家或地区相关联的是，教师在职业生涯早期的留任或流失，主要是由于他们在职业生涯初期准备不足，而非完全归因于接受职前教师教育之后的其他因素。

课堂准备不是最终解决办法

澳大利亚本土对"课堂准备充分"的过度强调现象十分明显，同时，这一现象也体现在其他地方向以学校为基础的教师教育项目（如英国的"学校直通"课程）和替代性资格证书项目（如全球范围内的"为世界而教"项目）的转变中。近十年来，这一现象逐渐受到了越来越多的关注。就在二十多年前，澳大利亚参议院发布的一份关于教师职业现状的调查报告明确反对了一种后来成为传统观念的"课堂准备"理念。该报告指出：

所有相关人员——包括大学教育工作者、实习教师、教育部门职员以及新任教师自身，均普遍认同，无论何种形式的职前培训，都无法确保新任教师在入职首日就能充分发挥其全部能力。这一现象既不反映新任教师的个人素质问题，也不代表职前培训的质量高低，而是深刻体现了对教学复杂性的认识，以及认识到有多种变量

第十五章　教师教育政策：未来研究、超多元化背景下的教学与早期职业教学

（如学校类型、学生的社会经济及文化背景、学校的整体氛围、学校工作人员及校长的支持程度等）共同影响着教师的工作表现。(Commonwealth of Australia, 1998, p. 204)

该报告进一步凸显了为新任教师在全新职业环境中提供切实有效的入职培训的重要性，这一点我们将在下文中继续探讨。

将课堂准备视为唯一目的存在两大问题。首先，正如前述报告所着重指出的，尽管新任教师从踏上岗位的第一天起，无论面对何种环境就应当"准备就绪"，但这种观念却忽视了教学的复杂性，并且基于一种假设，即学校环境和教师工作都可以且应当实现标准化。从这一视角出发，课堂准备指的是新任教师所需的知识、技能及态度应具备有限性、可量化性和可评估性。因此，正如辛普森、科顿和戈尔在本书中所述，当前对教师"课堂准备"的评价往往过度侧重于那些易于量化的特质（这些特质常被视作"关键要素"），却忽略了诸如创造力或教学上的探索精神等更难以具体衡量的方面。这样的评价体系可能无法充分展现教师的教学潜能和综合能力。

其次，课堂准备的不足源于职前教师教育中理论与实践之间被错误地二分，这种二分法根植于对教学工作的传统认知，而这种传统认知则建立在洛尔蒂（Lortie）所提及的"观察学徒制"基础之上(1975, p. 62)。然而，教师的早期职业生涯往往被视作"课堂准备"的阶段，其关键并不在于职前教师教育的"实践性"本身，而是更多地取决于他们在职前教育过程中如何有效地掌握并应对教师工作的复杂实践框架(Kemmis and Grootenboer, 2008)。这些实践框架涵盖了文化话语、物质经济以及社会政治等多个方面，从国家或地区的特色延伸至地方学校的具体层面。此外，它们还囊括了新任教师所处的政策环境以及所在学校的本地条件。需要再次强调的是，这要求职前教师教育不仅要着眼于直接的、工具性的实践技能，还要重视实践中的关系维度。此外，新任教师能否理解和成功驾驭教学实践框架，很大程度上取决于他们对教学背景的深刻领悟，以及他们如何在这些框架内，将"语言""行为"和"关系"等要素融合成独特的实践模式，并在特定的教育环境中加以塑造和运用的能力。

"课堂准备"这一表述背后隐含了一种对职前教师教育的工具化倾向，本书在多处对此表示了质疑。例如，肯尼迪、亚当斯和卡弗等曾着重指出了这种工具化方法如何忽略了职前教师教育的更广泛的自我发展的目标以及教学实践本身的核心价

值,这一见解与费伦和莫里斯等在加拿大背景下观察到的工具主义趋势加剧的现象不谋而合。

教师在职业生涯早期的流失与"培养"

在许多国家和地区,教师在职业生涯初期的流失与留任不稳定现象普遍存在(Perryman and Calvert,2020;Rajendran et al.,2020),这一现象往往会因预估或实际的教师短缺问题而进一步加剧。在许多地区,针对教师流失和教师短缺等政策性问题的应对策略之一,是推行职前教师教育的改革,而这些问题的根源往往被归结为教师在职业生涯初期准备不充分(或缺乏必要的准备)。然而,尽管普遍认为教师在职业生涯早期的流失与缺乏准备有关,但几乎没有研究能证实这一点。正如本书第八章的作者梅杰所阐述的,教师流失的原因更多地归结于除教师准备不足之外的多种因素,其中涵盖了教师的就业环境、工作条件以及专业学习机会等方面。

类似于课堂准备不充分的情况,将职业生涯初期教师的流失归咎于准备不足这一假设,实际上是基于一个前提,即认为"优质教学"是一种可以具体量化、明确界定的标准,且这一标准能够普遍适用,并被所有潜在的教师队伍成员所掌握和普及。同样,这种假设未能充分意识到情境因素在学习如何进行优质教学中的重要性,也未能充分认识到良好的早期职业入职培训在协助新任教师"融入"当地教学环境实践中的关键作用。这并非意味着理论与实践、或职前教师教育与教师实际工作之间存在脱节,而是凸显了将教师专业学习视为一个始于职前教师教育,并贯穿乃至超越早期职业生涯的连续且不断发展的过程的重要性。正如邓怡动和郑美红在本书中所述,学习如何教学是一个迭代的过程,这一过程"以复杂且循环的方式在多个空间中展开"(Mayer et al.,2017,p.129)。

课堂准备被视为职前教师教育的一项关键目标,而教师流失现象则常被归咎于职前教师教育质量的欠缺。这两个方面紧密相关,共同揭示了工具主义视角下对教师职业理解的狭隘性,以及这种理解在制定或构思教育政策解决方案时可能带来的深远后果。正如瓦纳什在比利时佛兰德大区、费伦和莫里斯在加拿大、马顿、伯恩、汤普森和蔡尔兹在英国以及梅杰在荷兰各自的研究中所强调的那样,工具主义在全球范围内受到了广泛的追捧。然而,为了质疑并反驳这些前提或假设,教师教育工

第十五章 教师教育政策：未来研究、超多元化背景下的教学与早期职业教学

作者需采取更为批判性的视角来审视那些基于工具主义视角而制定的教师工作与学习的政策解决方案。他们应当摒弃这些方案，转而采用一种更为丰富多元，且深入关注具体情境背景的方法来理解教学实践。这种方法不仅要适用于职前教师的教育阶段，也应贯穿于教师职业生涯初期的全过程。

结论

我们强烈呼吁教师教育工作者勇于挑战那些导致教师及教师教育工作者工作去专业化的改革措施。我们应当致力于通过深入研究和丰富实践，建立一个更加专业且有效的问责制框架，而非摒弃问责制的理念（Cochran-Smith et al. , 2018）。我们需要通过深入研究，积极应对关于教师教育缺乏有效性的论断，质疑相关政策中对于质量和有效性的既有观念，同时挑战政策环境中将证据视为线性联系的假设。我们主张将教师教育视作一个复杂且至关重要的系统，它是更广泛教育体系不可或缺的组成部分。基于这一深刻认识，我们有必要深入探究教师教育项目及其教育工作者如何促进教师个人成长，如何影响他们在学校中的教学实践，以及这些实践如何进一步作用于校长和其他学校领导者的领导效能，最终对学校社区产生广泛的积极影响与推动力。此类调查的目的在于全面理解并优化教师教育的各个层面。我们拥有能够为这项工作提供指引的研究，同时也具备深入探究的能力。因此，我们有责任重新认识和提升教师教育的价值。此外，在这项研究与实践中，我们必须对支撑教师教育改革的两个核心假设提出质疑，一是认为我们的主要目标是培养"课堂准备充分"的教师；二是认为教师在职业生涯初期的留任与流失问题主要归咎于教师教育本身。我们提议，以这些质疑为导向来开展教师教育研究与实践，以确保教师教育政策与研究之间能够相互促进、协调一致。

本章编者

黛安娜·迈耶是英国牛津大学教师教育学教授、哈里斯·曼彻斯特学院教授级研究员。她的研究和学术成果主要集中在教师教育和教师早期教学生涯研究，以及与教师工作和教师教育的政策和实践相关的问题。

葛文林是中国香港大学教育学院的院长。在加入香港大学之前，她曾担任美国纽约哥伦比亚大学教师学院的副院长。葛文林的研究领域主要集中在以下几个方面：教师及教师教育者的信念、身份与发展；移民和少数族裔青年的教育公平问题；国际范围内教师教育实践与政策的比较分析，以及亚裔/亚裔美国教师在美国学校中的经历与现状。

妮科尔·莫克勒是澳大利亚悉尼大学教育与社会工作学院教授，专攻教育学领域。她的研究和著作主要集中在教师专业角色认同与学习、教育政策与政治方面。莫克勒已参与撰写或编辑了 14 本书籍，并现任《澳大利亚教育研究员》杂志的主编。

参考文献说明

本书参考文献一共 57 页,秉承环保理念,本书纸质版将不附加参考文献,而是为您提供参考文献的电子资源。如需要,请扫描下方二维码获取资源。